思想

REFLEXION 12

族群平等與言論自由

編輯委員會

總編輯：錢永祥

編輯委員：沈松僑、汪宏倫、林載爵
　　　　　陳宜中、單德興

聯絡信箱：reflexion.linking@gmail.com

網址：www.linkingbooks.com.tw/reflexion/

目次

思想劇場

思想訪談

阿敏小集

回應與討論

書評書序

見證人類歷史的大轉折

朱雲漢

巨變時代的來臨

當前人類社會正處於一個數百年難遇的歷史分水嶺。我在最近的一篇演講中，把這個重要歷史關頭稱之爲「巨變時代」[1]，這是我們熟悉的歷史座標迅速消失的時代，也是我們視爲當然的歷史趨勢出現轉折的時代。

在這個歷史轉折關鍵期，我們同時面臨四重歷史趨勢的反轉，這四重歷史趨勢出現與存續的時間差別很大，而且彼此之間未必形成有機的聯繫，但這四重歷史趨勢之所以在今日同步式微與反轉，都或多或少跟中國崛起有關連。

第一重趨勢反轉就是以美國爲核心的單極體系之式微。這個歷史結構形成於後冷戰時期開端，到目前不過20年，所以是一個很短暫的歷史週期。1990年代波斯灣戰爭後，美國被公認爲唯一的超級強權，一手主導蘇聯瓦解後的新國際秩序，但是這個單極體系，不

1　朱雲漢，「身處巨變時代的政治學者」，中國(台北)政治學會2008年會主題演講。

到20年就面臨解體，所以嚴格說來並不是一個歷史趨勢，而更像是一個特殊歷史空隙中出現的例外（aberration）。我也把它視為一個歷史趨勢，因為這個單極體系曾經被認為是順天承運、結構牢固與無可逆轉[2]。

第二重趨勢反轉就是「第三波民主」的退潮。第三波民主的起點是1970年代中期，高潮是1990年代初期。大家都還記得當年福山的蓋棺論定論述，斷言人類已經走到文明演變的終點站，沒有其他體制可能超越西方的自由民主體制[3]。這樣一種志得意滿的情緒，今天來看是明確過頭了，這個歷史趨勢只維持了將近40年就出現退潮。

第三重趨勢反轉是資本主義全球化的困境，也可以理解為國際經濟秩序自由化的危機。就像第三波民主化一樣，這不是一個新的歷史週期，而是資本主義發展過程中多次出現的歷史週期。二次世界大戰後，由美國所主導的國際經濟秩序重建，為新階段的資本主義擴張打下了基礎，這個國際經濟秩序自由化的趨勢更在社會主義陣營瓦解後，發展到前所未見的高峰，地球上幾乎所有的國家都被吸納進入這個全球經濟體系，所有國家的政治與社會秩序都被全球資本主義的邏輯所宰制。但是隨著「華盛頓共識」的破滅，世界各地反全球化社會運動的興起，以及美國金融體系的崩解，這個推進了將近60年的歷史趨勢，正面臨前所未見的危機。

第四重趨勢反轉是西方中心世界（West-centric world）的沒落，也可以說是「非西方世界」的全面崛起，這是一體的兩面。這是四重歷史趨勢中最根本層次的結構變化，這也是一個300年長期歷史大

---

2   Joseph Nye, *Bound To Lead: The Changing Nature Of American Power* (New York: Basic Books, 1991).

3   Francis Fukuyama, *The End of History and Last Man* (Harper Perennial, 1993).

趨勢的反轉。在18世紀初期，中國、印度與回教世界仍與西方分享世界舞台，但是隨著工業革命以及殖民主義的擴張，非西方世界一一落入西方的宰制，西方國家主導了人類歷史長達300年。然而，正如李光耀公共政策學院院長馬布巴尼教授在其新書《新亞洲半球》所言，進入21世紀世界權力的重心明顯向亞洲移動，亞洲將成為人類歷史舞台上的要角。「新亞洲半球」的崛起，可以跟20世紀崛起的西半球一樣，撐起半邊天；在世界舞台上西方國家獨占鰲頭的時代已經告一段落[4]。

　　特別是這兩三年，這四重歷史趨勢出現反轉的跡象越來越明顯，也難怪許多歐美社會的有識之士，不約而同地提出警世之論，提醒自己國內的讀者，西方國家所熟悉的世界已經一去不返。從《新聞週刊》總編輯札卡利亞所宣稱的我們正進入「後美國世界」以及我們正面臨人類近代史中「第三次重大的權力移轉」[5]，到加州柏克萊大學國際研究中心主任偉伯與另外兩位年輕同事所描繪的「沒有西方的世界」[6]，到美國外交關係協會會長哈斯所宣稱的「美國主導的單極世界已經結束，21世紀將是一個無極世界」[7]。他們的共同語言沒有別的，就是西方國家要準備迎接一個嶄新的全球權力結構。

4　Kishore Mahbubani, *The New Asian Hemisphere: The Irresistible Shift of Global Power to the East* (Public Affairs, 2008).

5　Fareed Zakaria, *The Post-American World.* W. W. Norton, 2008.

6　Naazneen Barma, Ely Ratner and Steven Weber, "The World without the West," *National Interest*, Jul/Aug 2007.

7　Richard Haass, "The Age of Nonpolarity: What Will Follow U.S. Dominance," *Foreign Affairs*, May/June 2008.

美國單極體系的式微

後冷戰的單極體系為什麼維持不到20年？美國作為唯一超強的
局面為什麼沒有辦法持續？從近因來看，911事件和美國進軍伊拉克
發動戰爭當然加速了整體的頹勢。而最近爆發的「次貸危機」可能
是壓垮駱駝的最後一根稻草。但從遠因來看，大概可以歸納成幾點：

一個是經濟上，美國的經濟競爭力跟其他國家的差距在縮小，
尤其它的科技領先力和產業競爭力保持優勢的領域越來越有限。反
過來說，美國過去15到20年，它的高生活水準以及每年3-4%的增長
率，其實很大一部分是靠海外轉包生產以及虛擬財富，也就是靠中
國與印度的廉價勞力以及金融資產泡沫。它需要資產泡沫和美國向
國外借貸來支撐它的繁榮。然後到了最近，它的三大赤字：國債、
貿易赤字和家庭借貸都累積到了一個臨界點。

政治上，過去的十幾年，美國的新保守主義當道，尤其是布希
政府的單邊主義，獨斷獨行，讓美國的軟實力大幅消退，在全球領
導地位的道德基礎受到嚴重的打擊，更必須倚賴軍事投射力量。美
國對俄羅斯和中國的安全圍堵，也使它陷入了一種過度擴張，也就
是保羅‧甘乃迪或詹隼所說的imperial overreach[8]。美國在單極體系
下，不斷的試圖去擴張海外軍事基地，試圖支配所有地區的安全結
構與秩序，並試圖對於它未來所有可能潛在的對手做嚴密的圍堵防
範，當然也讓它備多力分，到一個臨界點，就出現捉襟見肘，以及
引發其戰略對手的伺機反彈。總之，美國的資源與國內的政治支持

---

8   Chalmers Johnson, *Blowback; The Costs and Consequences of
    American Empire* (New York: Henry Hotl & Co., 2000).

的基礎，都不足以支撐這種無止境的全球範圍內的圍堵政策。

例如美國把北大西洋公約組織逐漸往東擴張，把前社會主義國家的中東歐國家都納進來，而且進一步準備在這些國家包括波蘭、捷克佈置反導彈防禦體系，這就逼近了俄羅斯忍讓的極限，導致俄羅斯在軍事戰略上全面性的反彈，正式與美國攤牌。普京把戰略結盟延伸到美國的後院，與委內瑞拉的查維斯簽署軍事合作協定。最近俄羅斯海軍的「彼得大帝」核動力巡洋導彈艦，第一次進入拉丁美洲水域，與委內瑞拉進行聯合演習。這是顯示單極體系解體過程的重要徵兆。

另外在意識型態上來講，美國主導的全球經濟秩序，後面所依賴的核心思想，有些學者稱之為「華盛頓共識」，這種經濟自由主義核心思想也開始退潮，在世界各地都出現反全球化的社會運動。拉丁美洲最近幾年很明顯的左翼勢力一一興起。去年年底第一屆拉美與加勒比海國家首腦會議，在巴西舉行，有36個國家參加。這次會議跟以往所有拉丁美洲首腦會議最大的不同是，美國沒有被邀請，但古巴被邀請了。這是拉美向「門羅主義」挑戰的一個起點。拉美已經開始尋求掙脫美國在西半球的獨霸，而這是美國的後院，這更清晰的說明美國單極體系的頹勢。

第三波民主化的退潮

《民主季刊》的主編拉瑞・戴蒙，在2008年《外交事務》發表的文章，首度提出全球進入民主蕭條期的警告。他認為在很多新興民主國家，民主政治正處於不進則退的狀態，民主越來越退化為一種表象，各種劣質的治理是很普遍的，許多國家的司法機構與軍隊濫權，很多寡頭精英透過民主程序完成權力的獨占，這些偏離民主

法治常態的嚴重缺失非常普遍。他所談的民主的退潮現象，在東亞也十分明顯，泰國與菲律賓就是最好的例證。民主的門面可能還勉強維持，但它內涵都已經被腐蝕或掏空。這種現象在很多第三世界新興民主國家也很普遍[9]。

戴蒙的分析是從政治運作的角度出發。新興民主治理危機的根源之一，是因為在大多數新興民主國家，憲法與民主程序缺乏文化與社會根基，是從西方全盤移植過來的，不是自己社會土壤或文化土壤中成長出來的。所以它的政治菁英的民主信仰與法治觀念是非常薄弱的。這些人並不真正相信這些東西，對他們而言選舉競爭不過是取得權力的必要手段。所以如果只要任何情況下能夠躲過制裁或者願意冒風險的話，政治菁英經常違背民主程序與破壞法治。在競爭的過程中，你不遵守遊戲規則，那麼我也不會遵守，最後這個競爭就會變成鬥爭。另外，惡質的競爭手段是很容易感染與模仿的。不同國家之間經常會學習別國種種惡質的競爭伎倆，惡質競爭模式的到處擴散，煽情、抹黑、造謠、買票、舞弊、甚至刺殺等手段都上場，到頭來選舉不但不能解決社會衝突，反而變成加深社會對立與矛盾的機制，這與原來民主理論的預設不太一樣。原來說是「選票替代子彈」，這是一種理性和平競賽想像，但實際上它的運作結果可能不全是這樣。

同時，大多數新型民主國家的現代國家建設（modern state-building）過程不充分，官僚體系缺乏治理能力和獨立性，軍隊與司法也無法超越黨派，所以不具備做一個法治國家的條件。在國家機能不健全的情況下推行民主，就像在一個地基不穩的基礎上蓋房

9　Larry Diamond, "The Democratic Rollback: The Resurgence of the Predatory State," *Foreign Affairs*, April/May 2008.

子。最後還有，在網路時代政府能力跟不上網路時代資訊傳播跟社會動員的速度。這也會讓民選政府經常面對政治供給與需求之間出現巨大落差。

如果挖得更深一點，戴蒙所談的這些現象，實際上還忽略掉了第三波民主的兩個結構性困境。這兩個結構性制約讓第三波民主註定在很多國家難以成爲一個良好治理的政治體制，這是因爲第三波民主出現的歷史大環境使然。

第一道結構性障礙是，美國作爲推動民主的唯一超強，卻不能提供一個良好治理民主的示範。特別是過去20年，美國的民主遭受市場原教主義與基督教原教主義的雙重侵蝕，價值衝突對立嚴重，法治與人權倒退。而且美國本身也干預很多其他國家的政治，在干預的過程裡面，當然有的時候是從人權民主的角度，但更多的時候是從戰略利益出發，也就是說基本上是扶持親美的而打擊反美的政治力量。在這個過程裡面，親美政權就算是做票贏得選舉美國也會縱容它，反美的力量即使真正符合民意的需求上台，美國也會制裁它，甚至試圖推翻它。這樣，美國就不可能幫助這些國家的民主走上正軌。而且很多中小型的國家都面臨這樣一個困境，也就是說多黨競爭反而提供外來強權一種干預機會。也因爲國內的競爭團體各自有後台老闆，他們也更不願意進行妥協，所以他們的鬥爭更加劇烈，而且會深化社會內部的分裂。這是大時代的環境所造成的民主困境。

另外一個困境也很重要，我們要問第三波民主與前兩波最大的不同在哪裡？尤其我們看第二波民主化的時候，是由工人和農民經過很長時間的鬥爭，反抗資產階級的政治壓制所爭取來的參政權，才取得民主化的成果。第三波民主化看起來很平順，很多國家舊體制一瞬間可以被替代。在很多原來採行市場經濟體制的國家，資產

階級不對民主化有任何疑懼或抵制，甚至是擁抱民主。爲什麼呢？因爲這一波的民主化，對資產階級的利益毫無威脅：第三波民主是被新自由主義的意識型態所綁架的。市場化與民主化結合成一個連體嬰兒。徹底市場化、徹底私有化、徹底自由化，讓勞工群體不可能透過民主真正改變他們不對等的經濟地位。從這個層面來講，進一步的經濟全球化不斷地加速掏空國家的社會保障職能。所以雖然政府是民選的，但是選出來的政府能做的事情很有限，因爲它受制於全球市場力量與跨國機構的強大箝制。同時民選政府面對社會裡面越來越多的兩極分化、貧富分化，能夠著力的地方也非常有限。假以時日，社會內部的矛盾與衝突是很難避免的。在過去，民主社會主義是可能的，比如說在戰後頭20年的話，資產階級跟勞工至少在福利國家達成一種妥協。但現在這種妥協從資產階級看來是一種奢侈，並不需要。因爲經濟自由化與全球化給他們前所未有的移動能力，一種在全世界可以到處自由移動的選擇權，一種制定基本社會遊戲規則的特權。這樣它根本不需要跟國內其他團體做任何妥協，它甚至不需要長期待在特定的一個國家。這是第三波民主化的一個特殊的時代背景，也造成它一種必然的困境。

全球資本主義的危機

目前全球遭遇的經濟危機，到底是資本主義擴張過程中暫時的挫折，還是真正進入一個結構劇烈震盪的階段？我覺得兩個可能性都存在。思考當前全球資本主義擴張所遭遇到的危機，一個很重要的分析框架是阿里奇的經典性著作《漫長的20世紀》。阿里奇的累積週期理論從歷史的角度，也是從馬克思的分析架構，演繹與歸納出這樣一個歷史分期。他把當前這個以美國爲核心的擴張週期，相

對於之前以義大利城邦及西班牙、荷蘭、英國為核心的三個歷史週期，每一個週期大概都是100年或者是100年多一點，而且週期似乎有縮短的跡象。這四個週期都有類似的特徵，通常都是經過一定的物質資本擴張的時期，然後進入金融資本擴張的轉換過程。尤其核心國家，其經濟結構表現非常清楚[10]。

這種現象後面推動的力量主要有兩個，一個是資本要求自由，最自由的資本就是金融資本，因為所有的工業資本會固定在一個特定的生產過程上，不容易隨時隨地變現。另外一個就是利潤逐漸下滑的必然趨勢。因為這兩個趨勢，物質資本的擴張在初期可能會產生巨大的增長動力和累積速度，但到越來越多的市場變成商品競爭市場，它的利潤會不斷下降。那麼過去累積的資本要尋求新的出路，自然會進入金融資本擴張時期。資本主義擴張時期，最終都會由於金融危機的爆發而出現整個累積週期的斷裂，這是過去前三個週期都出現的歷史循環。

當前全球資本主義是否已經走到這個週期的尾端，可以做進一步的思考。不過基本上可以看得出來，這個轉化從物質擴張到資本擴張，尤其從核心國家的經濟結構的調整來看的話，可以說是從1970年代後期開始的。它表現在金融國際化，最早開始出現就是石油美元為基礎的美國回流過程。這種回流過程是跨國金融機構開始進行主權國家借貸，這是第一期的金融國際化，它後來導致了拉丁美洲外債危機。不過金融國際化的動能還是非常強，尤其還有華爾街對美國財政部的影響力，加上財政部對國際貨幣基金會的影響力推波助瀾。所以基本上說起來，美國尤其從1990年代開始全面推動金融

10 Giovanni Arrighi, *The Long Twentieth Century: Money, Power and the Origins of Our Times.* London: Verso, 1994.

全球化，要求每一個國家開放資本市場，然後讓跨國資本以及各種金融創新工具無止境的擴充。結果虛擬經濟的增長達到一種難以想像的規模和速度，在這個過程中資產泡沫也不斷膨脹。

我們先舉個例子看看。以2008年為例，全球外貿交易市場每天的交易量大概是3.9兆（萬億）美金，這個數字是很難去想像的數字。而這裡面有將近2/3都是衍生性的交易，也就是說都是高杆槓的投機套利，或者說把外匯交易轉換成賭博工具。去年全球全年的貿易總量也不過30兆多一點，而每天的交易量就有3.9兆。一年大概有200個交易日，也就是說一年將近有800多兆的外匯交易量，所以說虛擬經濟的交易總量是實體經濟交易總量的26.7倍。過去7年平均起來，每年全球金融商品交易總量也是全球GDP的35倍到50倍之間。這幾年最流行的一種衍生商品叫做CDS，這個CDS是導致了美國最大的保險集團AIG倒閉的地雷，這叫做信貸違約掉期。

今天雖然信貸違約掉期市場已經開始萎縮，從去年的高峰開始萎縮，但是仍舊很大。到了2009年初它的部位還有多大呢？還有54兆美金那麼大的部位，就是單單這一項衍生型金融商品，就等於全球GDP的總和。在這個金融高度擴張的時期、虛擬經濟快速膨脹的時期，全球大多數主要投資銀行的避險基金，它們的杆槓都是高達35倍到50倍，現在正在進行去杆槓化(de-leveraging)的過程，必然產生巨大的金融摧毀力量。難怪最近保羅‧克魯曼寫了一篇專欄文章說，最近20年的美國經濟趨近於一種「老鼠會」經濟(Ponzi economy)。

這一波金融危機可能引發一場類似1930年代全球性的大蕭條，這種可能性在今天這個時點上來說還不能完全排除。如果全球經濟陷入長期性的蕭條，戰後所建構的自由貿易體系一定會逐步崩解，經濟全球化過程也會出現倒退。同時，民主體制的脆弱性也將一一

暴露。在1930年代，很多歐洲的民主體制在經濟危機中應聲倒下，德國、奧地利、義大利、西班牙、葡萄牙、希臘等均出現右翼獨裁或法西斯政權。

非西方世界的崛起

我們現在正進入一個非西方世界全面崛起的時代。也就是說西方國家獨占世界或人類歷史舞台的時期結束了。這個觀察其實也不僅僅是我有這樣的判斷，不少美國以及美國以外的公共知識分子都看到了。去年11月G20高峰會的召開，也印證了我所講的這個新時代的開端。不用說20年前，也不用說10年前，5年前都無法想像這個畫面會出現。這個畫面是美國為了解決全球金融危機，11月在華府邀集全世界重要的工業國家的領袖來召開的G20會議，這個會議的主角都是非西方世界的領袖。這個會議的形式意謂著，西方國家承認這些非西方世界重要國家在全球事務上的舉足輕重的力量，而且準備要跟他們分享這個決策權。當然，在這個階段更多是想讓他們多承擔，來幫助西方世界國家解決所面臨的金融危機。

我們在思考這個大歷史的轉型過程時，需要一個更寬廣的視野，需要更長的歷史座標，一個像是荷蘭經濟學家麥迪遜世界千年經濟史這樣寬闊的歷史座標。如果我們說，美國在後冷戰的20年裡面，曾經短暫的維持了一個單一超強，這個短暫的歷史空檔所出現的這樣一個結構，乃是人類歷史的一種例外，而不是常態。麥迪遜的長程歷史觀點，也等於在告訴我們，如果把歷史的尺度拉長為一千年的話，西方國家獨占人類歷史舞台可能也是一千年裡面一個特殊的而不是一個常態的時期。世界經濟的版圖正出現一個明顯的結構重組過程，而且重組的腳步在過去50年內在加速進行。

　　以西方爲中心世界的沒落，一方面固然可以理解爲全球的權力
與財富分配結構終於回復到西方興起之前更長時期的歷史常態。畢
竟在過去一千年裡，在大多數的時間，中國、印度與中東這三個板
塊一直發揮世界文化與經濟重心的角色，而多半時間西歐在世界舞
台上反而只是配角。根據麥迪遜教授的估算，在西元1400年前後（明
成祖派鄭和下西洋的年代），中國與印度兩國的國內生產毛額占全世
界GDP的75%。雖然自此以後比重逐步下降，但遲至西元1700年，
印度和中國仍占有世界GDP的46%左右，各自都比今日美國在世界
經濟的21%（購買力等值估計）的份額略高一些[11]。所以，從這個最
寬廣的角度來看，今日中國、印度與中東的崛起，嚴格說起來不是
「崛起」，而是這三大文明板塊「恢復」他們歷史上享有的地位。
根據麥迪遜對2030年全世界GDP比重的預測，按照購買力等值計
算，美國占世界經濟的比重將逐漸降到17.7%，中國將上升到18.4
%，印度將占10%,西歐將下降到13%，這對全世界人類來講是更公
平一點的經濟資源配置結構，也更接人類千年歷史的常態。

　　全球生產力的重分配或者財富的重分配，也必然帶來權力結構
以及意識型態場域裡更多元化的格局。這幾年也有一些西方學者也
在思考這個問題：如果全世界經濟結構出現這樣的深刻變化，它對
全球秩序會帶來什麼樣的意涵？可能出現什麼樣的秩序與權力結構
變化？過去，我們對整個世界的理解，對於全球事務應該遵循什麼
樣的秩序與規則來進行管理，大多是一種西方中心的思考。如果西
方中心的這種觀點正逐漸被淘汰或被迫調整的時候，接下來可能是
一個什麼樣的世界？當然西方國家是比較憂慮的，他們擔心混亂與

11　Angus Maddison, *The World Economy: A Millennial Perspective* (Paris:
　　OECD Development Centre, 2001).

衝突，或者從他們的角度來看是一種文明的倒退。這種憂慮本身也還是西方中心思想下的一種反射，包括「一個沒有西方的世界」這篇文章，也代表這樣一種思維。偉伯與他學生2007年發表的這篇文章，就是憂慮非西方世界會根據不同的世界觀與價值觀，另外建構一套國際交往的規則，然後把西方國家建構的國際規範擺在一邊，當然他的憂慮是非常深刻的。

我們如果跳脫西方中心思維來理解非西方世界崛起的意義，有好幾個角度可以來思考。它當然意味著傳統的南半球與北半球的貿易關係或分工體系關係會出現根本性的變化。南方國家長期以來受制於一種不公平的交換，那樣一種不對等國際交換體系會出現根本的改變。也就是因為中國和印度以及很多新興國家加入了這個工業化的過程，工業產品價格會更趨於合理化，相應地，農業礦產資源生產國家也會得到比較合理的回報。

更重要的是，因為中國和印度的崛起，他們的人口和經濟規模以及他們潛在對地球資源使用的需求，讓很多第三世界知識分子看得更清楚，西方國家的發展歷程，尤其是西方基於功利主義與個人自由的物質文明，是沒有辦法在全球範圍複製的，尤其是美國的消費主義是不能複製的；因為複製的話，我們便需要6個地球，而不是一個地球，才能維持這樣一個物質文明。也就是說，後進國家沒有其他選擇，必須找尋一條不同於過去西方國家的發展道路跟社會發展模式，來解決絕大多數人的生存問題，社會公正問題，以及可持續發展的問題。

四重歷史趨勢轉折的共通性

導致這四重歷史趨勢出現轉折之原因相當複雜，但基本上都是

因為內部的結構性矛盾不斷累積，最後「物極必反」。當美國的新
保守主義將「市場原教主義」與「民主帝國主義」(democratic
imperialism)的教條推進到了極致時，也就無可避免加速了美國主導
的單極體系的崩解，無可避免的引發了世界各地反經濟全球化的社
會力量反撲。當華爾街無止境地追逐虛擬經濟中的投機暴利時，無
止境地在全球推動金融投機商品的自由買賣時，也就無可避免的引
發了1929年經濟大恐慌以來最嚴重的金融危機，並將戰後長達60年
的全球資本主義擴張期，帶入一個深不可知的震盪收縮期。

　　導致這四重歷史趨勢出現轉折的另外一個共同原因是，這些看
起來浩浩蕩蕩無可逆轉的歷史趨勢，其實都存在浮誇與虛擬的成
分，最後必然要「反璞歸真」。過去世人對這四重歷史趨勢的理解
與體驗，多少都受到意識型態框架與選擇性認知的影響。等到一連
串不尋常的重大歷史事件出現，世人受到刺激，乃重新檢視這些習
以為常的意識型態架構，乃重新發掘出過去被扭曲或掩蓋的真實。
接下來，為這些歷史趨勢提供動力來源的信仰基礎就會鬆動。過去
世人為美國無以倫比的超強國力所震懾時，就無法看清這個單極體
系的結構脆弱性。當選舉式民主被樹立為唯一具有正當性的政治模
式時，大多數人就選擇性的忽視「民主門面」背後的權力腐化、寡
頭壟斷、與民意操弄，同時輕易接受西方媒體對「非民主體制」近
乎妖魔化的描繪。在過去「西方中心主義」長期支配解釋非西方世
界現代化經驗的話語權，所以非西方世界多樣的現代化經驗經常被
「一元現代性」分析架構所刻意忽略或排斥。其實，「多元現代性」
本來就是一個更貼近20世紀歷史事實的概念架構[12]。

12　晚近，西方主流論述用「全球化、在地化」的架構來理解全球趨同
　　化過程中出現的例外或逆流。然而，「在地化」只是被理解為對於

　　導致這四重歷史趨勢出現轉折的另外一個共同的原因，就是中國的崛起以及中國發展模式的出現。美國主導的單極體系面臨崩解，一方面固然是因為美國的經濟結構嚴重失衡，必須長期依賴借貸與虛擬財富來支撐國內消費；同時，政治上新保守主義當道，讓美國軟力量大幅消退，過度倚賴軍事投射力量。但另一方面，中國的崛起也不斷在削弱美國獨霸的戰略格局，讓亟欲擺脫美國戰略圍堵或政治支配的國家找到了戰略依托，無論是俄羅斯普丁的獨立自主外交路線，或是韋內瑞拉查維茲的21世紀社會主義路線，甚至是法國總統薩科齊所倡導的多極世界，背後都有中國崛起的身影。

　　第三波民主化出現退潮，一方面固然是美國的民主遭遇市場原教主義與基督教原教主義的雙重侵蝕，以及新興民主普遍陷入嚴重的治理危機[13]。另一方面，中國崛起帶動的能源與原物料出口國經濟地位的上升，以及中國發展模式的出現，讓抗拒來自西方民主化壓力或是試圖突破民主治理危機嘗試建立其他政治模式的國家，在物質條件或意識型態空間上都得到喘息的機會。

　　戰後資本主義的全球擴張與自由主義經濟秩序的推進，正面臨難以為繼的困境。一方面，正如前述阿里奇的資本積累週期理論所預期的，這一資本累積已經進入金融資本擴張階段的尾聲，最終會因金融危機的爆發而出現資本累積週期的斷裂；同時，最近20年美國式資本主義擴散全球，各國社會兩極分化越來越嚴重，經濟全球化的利益與風險分擔極不平均，傳統的社會保障面臨解體，內部支

（續）───────────────
　　　全球化的一種「抗拒」或「回應」，而不是被正面的接納為多元現
　　　代性的自然展現。
13　朱雲漢，〈對民主與市場的反思：一個政治學者在21世紀開端的沉
　　　痛思考」，《思想3：天下、東亞、台灣》，台北：聯經出版事業
　　　公司，2006年6月。

持全球化的政治聯盟鬆動，拉丁美洲政治更是明顯的向左轉。另一方面，中國崛起意謂著全球經濟體系內工業生產能量與勞動供給量的急遽擴張，加速了馬克思與阿里奇所強調的「投資報酬遞減」過程，加速西方國家的資本累積模式導向金融資本擴張期。而且，中國崛起所帶來的通貨緊縮效果與全球貿易失衡趨勢，也誘導了美國長期採取借貸消費的增長模式，最終讓美國的「三大赤字」累積到失控的地步，成爲威脅全球經濟的定時炸彈。

中國的崛起正全面帶動其他非西方國家的經濟崛起，因爲中國全面融入全球經濟交換體制後，將根本改變工業產品與原物料之間的交易條件，加速全球財富的重新分配。在更深一個層次，中國的發展模式影響全球秩序的重組，中國發展道路的選擇影響人類社會的未來。現在有越來越多的中國知識分子自覺地認識到，中國的國情、全球人類發展的格局、地球脆弱的生態條件都不允許中國完全複製西方國家的資本累積模式，也未必適合全盤移植西方物質文明背後的價值體系與政治體制。

人類社會的新歷史座標

這四重歷史趨勢同時出現反轉，對人類社會發展的意義是十分深遠的。這意謂著「一元現代性」的歷史框架鬆動了，取而代之的是「多元現代性」的格局[14]。我們過去非常習慣的是一元現代性觀點或者說一元性現代性座標。所以我們現在講modernity，英文一定用單數，沒有人用複數，除非是採取「後現代」論述的人。非西方

---

14 S. E. Eisenstadt, "Multiple Modernities," *Daedalus*, 129, 1（Winter 2001）: 1-29.

世界崛起後，將來會普遍接受多元現代性這種框架，就是說不同的社會有不同的歷史與文化，走過不同的發展路徑。它可能會循著不同的道路或模式走向現代化，既沒有單一的現代化道路，也沒有共同的終點。這樣的思維座標將是21世紀的一個重要特徵。

過去在一元現代性框架下，衡量「進步」與「落後」的座標是明確的，現在這個我們所熟悉的歷史座標開始受到質疑。這也意味著，非西方社會在面對社會制度與價值體系之選擇時，享有更大的思維的想像空間，與西方文明接軌未必是「進步」，與自己文化傳承重新接軌未必是「落伍」。非西方世界更有條件開展費孝通先生所提倡的「文化自覺」[15]，因為西方世界加諸於非西方世界的外部制約條件將越來越鬆弛。這跟冷戰結束後的頭十年完全不同。在當時所有非西方社會都面臨「選項的壓縮」(narrowing of options)的困境，選舉式民主與美國式資本主義，似乎是唯一的道路。

未來，西方歷史將不再是唯一的參考架構，也不能用簡單的形式化指標來界定文明的「先進」與「落後」。在多元秩序格局的世界裡沒有先驗的「普世價值」，任何制度與價值體系都必須在不同的社會土壤、不同歷史條件下經過實踐的檢驗，經過時間的粹煉才能取得其特定時空下的正當性。沒有國家僅僅因為披上「代議民主」的外衣，就自動取得政治文明的優越地位；現行的西方代議民主體制，不但要落實自由權利保障、政治參與、權力制衡與公平競爭這些起碼的本質特徵，也必須在保障人的安全、增進人的發展、維護社會公義、維護民族與國家的生存發展等，這些最基本的國家與政府職能上，高度滿足公民的期待、才有機會在意識型態領域繼續占據優勢地位。

---

15 費孝通，〈從反思到文化自覺和交流〉，《讀書》，1998年11期。

　　這也意味者，人類社會將同時面臨兩種可能的歷史發展情境。一方面，全球秩序可能進入一個較長的崩解與重組時期，在這期間一定程度的失序與混亂很難避免，許多全球層次的公共治理議題可能出現巨大的真空；另一方面，我們也可能迎接一個更公正的全球秩序之來臨。一個更符合對等與互惠原則的國際經濟交換模式，一個更尊重文化與宗教多元性的全球公共論述領域；一種更能統籌兼顧地球上絕大多數群體的可持續性發展需要，以及一套更能體現「休戚與共」及「和而不同」理念的全球秩序。

　　朱雲漢，中央研究院政治學所特聘研究員，台灣大學政治系合聘教授，兼任蔣經國國際學術交流基金會執行長。研究領域包括民主化、東亞政治經濟與方法論，目前主持「亞洲民主動態調查」計畫，並擔任*Journal of Democracy*等多個國際學術刊物的編輯委員。

「同一個地球，同一個夢想」：
2008年中國大陸社會思潮報告

朱學勤

　　本年度中國事件不斷。西藏3.14衝突兼奧運聖火傳遞，激發海外留學生民族主義衝突；國內左翼媒體向南方報系發難，猛批「普世價值」；汶川地震范美忠事件引發倫理爭議，辯論範圍之廣，一度席捲主流媒體、電視螢幕以及互聯網各大門戶網站。與此同時，從上一年度開始的思潮激辯在新一年也有延伸發展。如謝韜繼〈只有民主社會主義救中國〉曾引發大陸思想界波瀾，2008年春天，謝韜又發表第二篇文章〈共產黨組織轉型的思考〉，公開要求中國共產黨必須從自身改起，剔除建黨機理中的列寧主義元素，觀點之尖銳，為歷年來所罕見。此外，2008年也是中國改革開放30週年，民間輿論爆發激烈爭辯。爭辯由來已久，但在這一年卻向下拓展，逼問改革開放本身是否合法、正當？官方回應為「不折騰」，民間情緒卻似「不高興」。上下皆為「不」，各說各的「不」，兩「不」不相干。

　　中國已經吊詭多年，但從來沒有哪一年如2008年這樣吊詭。本文限於篇幅，只能擇其三端，簡述如下。

謝韜揭露中共列寧主義病根

上半年最爲重要的思潮事件，應該是謝韜發表〈共產黨組織轉型的思考〉。

這位具有60年黨齡的中共老人，前一篇文章刊發於《炎黃春秋》2007年第二期，〈只有民主社會主義才能救中國〉，曾掀起軒然大波。值得注意的是前一年官方表態之演變。2007年5月10日，《人民日報》在第9版以回答讀者問的形式──〈如何看待民主社會主義？〉似爲首次回應。該文重申「決不搞指導思想多元化，決不搞西方的三權分立和多黨制」，但也僅限於正面重申，並未拉下臉來討伐，在文章結尾處甚至還承認「民主社會主義在某些方面對建設中國特色社會主義有一定的借鑑意義」。全文對謝韜本人及其觀點沒有點名，也未出現人們以往所熟悉的殺伐之氣，語調之和緩，身段之柔軟，爲多年來僅見。這一溫和處理之所以值得回顧，是因爲兩年之後吳邦國在全國人大發表講話「決不照搬西方那一套」，形成鮮明對照。後者語氣之嚴厲，態度之決絕，故態復萌，一切似又翻了過去。讀者不難發現，從2007至2009年官方態度走出了一個馬鞍形，而在這一起伏中，2008年顯然是一個轉折關鍵。

〈共產黨組織轉型的思考〉一文發表於《領導者》雜誌第20期，2008年4月。順沿前一篇理路，謝韜此次指向中共黨史上游源頭，揭示這個黨在建黨之初，即已墜入列寧主義泥潭：

「……這套做法，出自列寧1904年的《進一步，退兩步》，當然還有更早的源頭。如此繁瑣和帶有神秘色彩的吸收黨員辦法，是革命黨人從地下幫會組織學來的用於自我保護的一套防禦措施，與現代的群眾性政黨是格格不入的。（楷體字爲作者所強調，下同）

「在列寧時代，黨的代表大會上還允許有關路線、方政、政策的公開辯論；到了史達林時代，只剩下主導派系的歌功頌德和反對派領導人的自我檢討；到了毛澤東晚年以後，中共歷次代表大會乾脆取消了大會發言。至於選舉階段的表決，完全成為執行機關精心導演的一齣傀儡戲，既沒有候選人的競選宣傳，也沒有秘密的預選，正式投票更是實行等額選舉。」

謝韜直接批評剛剛閉幕的中共第十七次全國代表大會：「在十七大召開前，中共中央（新聞報導沒有明確指出是中央委員會、政治局還是書記處）撤換和任命了一批省級黨委的委員、常委和書記。各級地方黨委也是逐級這樣做。現行黨章為這種反民主的舉措提供了依據。黨章第27條：『黨的地方各級委員會全體會議，選舉常務委員會和書記、副書記，並報上級黨的委員會批准。』第30條：『黨的……基層委員會、總支部委員會、支部委員會選出的書記、副書記，應報上級黨組織批准。』這裡所說的批准制，已經使選舉制大打折扣。第13條：『在黨的地方各級代表大會和基層代表大會閉會期間，上級黨的組織認為有必要時，可以調動或者指派下級黨組織的負責人。』只要上級認為『有必要』，就可以隨時實行任命制。這樣一來，自下而上的民主過程，『一切職務經過選舉』，就成了一個沒有生命活力的蠟像，只是用來在理論上擺擺門面。……從列寧開始的『極端的集中主義』（羅莎·盧森堡語），自上而下的逐級委任制，完全閹割了馬克思所說的巴黎公社的民主精神。」

謝韜認為，必須改變這一「地下幫會組織學來的組織方式」，「精心導演的傀儡戲」，以及「沒有生命力的蠟像」。藥方有二：

第一、向西方社會民主黨學習，重歸馬克思、恩格斯早年為國際工人協會制定卻為列寧、史達林背棄的民主型建黨路線。

第二、向中共世紀之敵──中國國民黨學習，從革命黨轉向執

政黨，再從執政黨轉向憲政黨，最終改組爲現代政治中的民主政黨。

兩劑藥方都是苦藥。相比而言，前者與中共現行意識型態有本質差異，但畢竟有家族相似，只是認祖歸宗，雖遠亦近；後者貼近百年本土、兩岸榮辱，雖近卻遠，也更難下嚥。而謝韜不屈不饒，堅持說：

「中國國民黨作爲一個百年老黨，已經經歷了從革命黨到專政黨再到憲政黨的轉變。1948年『行憲』後，本來國民黨就應當向憲政黨轉化了，由於在內戰中失敗，國民黨先是在大陸後來在臺灣實行了40年『戒嚴狀態』，延誤了組織轉型。中國共產黨要獲得新生，也必然要走國民黨走過的憲政之路。」

如此尖銳挑戰，大約只有10年前李慎之先生可比。1999年，李慎之衝破官方打壓，發表〈風雨蒼黃五十年〉，海內外交相傳頌。相比李慎之慷慨悲歌，謝韜文風平實，感情上難以撼人心魄。但就內裡言，謝韜對現行體制之批判，深入執政黨組織機理，批判力度並不亞於李慎之。2003年李慎之去世，人們曾哀歎「元稹一去洛陽空」，擔心中共黨內「兩頭真」健康力量將逐漸凋零，無人接續。2007與2008年，謝韜發表上述姊妹篇，終於驅散這一擔心與憂慮。隨時間推移，人們將越來越清晰地認識到2008年謝韜此文的時代意義。

87年前，中國共產黨成立初期，曾發生過仿效第二國際還是第三國際路線的微弱爭論，卻被當時的第三國際蘇方代表強行壓制下去。50年前，赫魯雪夫倡言全民黨與和平過渡，卻被已經成長壯大的中共中央斥責爲「修正主義」。後者發表《列寧主義萬歲》一系列長文，嚴詞怒斥蘇共黨內發生的積極變化，走向「反修防修」的極左歧路。30年前，「反修防修」釀成文革巨禍，中共不得不拋棄文革，開啓改革。鄧小平1980年發表〈黨和國家領導制度的改革〉

長文，提出「黨政分開」，涉及放權，但並未觸動執政黨本身；1987年，中共十三大政治報告闢專題論述政治體制改革，趙紫陽提出頗具新意的論題，如「社會主義初級階段」、「建立社會協商制度」、「重大情況要讓人民都知道」，方欲起步，卻被1989年「六四」事件粗暴打斷。1991年，鄧小平以「南巡」這一古老形式重啓第二場改革，經濟體制改革狂飆突進，政治體制改革卻擱置不前，權力腐敗、人心渙散、兩極分化，社會矛盾之激化進入危機頻發階段。2002年江澤民接受學界諫言，倡言革命黨向執政黨轉變，中共十六大提出「政治文明」與「三個代表」，稍露「全民黨」之探角，即被黨內左派攻擊爲「理論政變」。2007年十七大前後，中共相繼提出「科學發展觀」、「可持續發展」、「以人爲本」、「和諧社會」，似有所言，欲言又止，黨建原則並未觸動，政治改革還是裏足不前。可以說，中共歷史有多長，中共自我設限不許改革的歷史就有多長。直至2008年4月謝韜此篇文章發表，這一長達80年的禁區終於被打破。87年來，中共自誕生之日起，尤其是1949年建政以來，即以改造社會外界爲己任。將近一個世紀的歷史證明，所有針對社會的改造無不以失敗而告終，而真正需要改革的並不在外界，而在它自己——中國共產黨本身。

爭論「普世價值」

　　謝韜文章標誌2008年中國知識分子在輿論環境急劇惡化的態勢下，沒有交出白卷。他們向下深潛，打破政治禁忌，收穫新的突破。告別謝韜，重回水面，廣角視野內令人掃興，能夠看到的廣譜話題只是一個常識問題：普世價值之存廢。

　　發難者當爲《環球時報》。這家《人民日報》主辦的多張型小

報，言主人不能言、不便言，素以「可驚可怪之議論」聳動輿論。
2008年1月25日，這家大報下的小報發表北大教師潘維新作：〈敢與
西方展開政治觀念的競爭〉。潘文倡言要解構所謂「普世價值」，
總結「中國道路」或「中國模式」。差不多與此同時，潘維對北大
學生講演〈民主迷信與中國政治體制改革的方向〉，強調「中國有
偉大的政治文明傳統」，「自漢武以降，以孔門思想爲基礎的中國
傳統政府制度綿延兩千多年，在世界上不僅是獨特的，而且是先進
的。」他認爲近半個世紀的驚人成就，證明了中國政治體制的優越。
至於今天許多人特別是青年人何以如此要求改革政治體制，潘教授
說，這是因爲這些人對歷史無知。

　　5月，有司馬南者在博客中連續發文，討伐南方報系（《南方週
末》及其《南方都市報》）宣傳的普世價值。司馬南認爲，近年盛行
的普世價值是「集團傳銷行爲」，誤國惑民。7月，這位愛國鬥士接
受路透社記者採訪；8月23日，《環球時報》發表他與路透社記者談
話，爲其撐腰打氣。

　　差不多與司馬南博客文章同時，中國社會科學院《馬克思主義
研究》雜誌於2008年7月發表清華大學72歲教授馮虞章文章：〈怎樣
認識所謂「普世價值」〉。文中大量援引恩格斯100多年以前批評杜
林的永恆道德觀論述，拒絕承認今天存在任何普世價值，聲言只有
到了人類社會的共產主義時代，「真正的人的道德才成爲可能，普
世價值、普世道德的發展也才成爲可能」。9月4日，《環球時報》
率先轉載此篇文章，司馬南則在博客中爲其喝彩：「當天一早，即
有《人民日報》的朋友短信通知筆者注意此文。晨起讀罷，茲心大
悅，連誦三遍，通體酣暢。」

　　9月10日，《環球時報》的主辦者《人民日報》終於上場，在自
己的理論版中全文刊載馮虞章大作。

　　11月16日，中共中央機關刊物《求是》雜誌第22期發表教育部「鄧小平理論和三個代表重要思想研究中心」長文，題爲〈關於「普世價值」的若干問題〉。該文指出：「近來，學術界有些人宣揚『普世價值』。他們說，『國際通行』的民主、自由、人權、平等、博愛等就是『普世價值』，在這些『普世價值』面前沒有必要區分歷史、階級和社會屬性，中國不應強調特殊性而自外於這些普世價值。」該文就此立論：「他們所說的『普世價值』並不是普世的」；「所謂『國際通行』的『普世價值』，其實就是指西方資本主義國家的價值體系，就是指西式的民主、自由、人權、平等、法治等等」；「宣揚『普世價值』的目的是想改變我國發展的方向道路」。該文還聲稱可以「找到鼓吹『普世價值』這股風的源頭」。

　　至此，《人民日報》、《求是》雜誌、《北京日報》、教育部部屬刊物、中國社會科學院院辦雜誌俱已出場，其他高層機構與左翼文人群起響應，掀起了一股批判普世價值的高潮。

　　也有一些民間學者起而抵制這股思潮。他們的觀點不能在主流媒體發表，只能借助互聯網發出各種「貼子」，一份屬名「稷子」的長貼發於2008年10月《炎黃春秋》網刊，具有一定的代表性。該文認爲，上述批判文章是在「錯誤的時間、錯誤的地點挑起了這場錯誤的批判」。

　　所謂「錯誤的時間」：2008年是《世界人權宣言》發布60年。該宣言第一條就是「人人生而自由，在尊嚴和權利上一律平等。他們富有理性和良心，並應以兄弟關係的精神相對待。」這不就是說自由、平等、博愛具有普世價值，是所有人民和所有國家努力實現的共同標準嗎？中國既是當年人權宣言的簽國，目前又簽署或加入了相關6個公約中的5個，並且準備簽署第六個。2007年11月，中國常駐聯合國日內瓦辦事處李保東大使在人權理事會第六次會議紀念

《世界人權宣言》通過60週年儀式上發言中明確指出：「和平、自由、平等、公平與正義，是我們的前輩們早在半個多世紀以前就確立的最樸素的普世人權價值，直到21世紀的今天，依然散發著不朽的文明之光、人性之光和理想之光。」在2008年跳出來批判普世價值，不是自外於世界文明大潮嗎？

所謂「錯誤的地點」：最不應該的選擇，是在北京來挑起這場批判，更不應該由《人民日報》報系來組織北京大學、清華大學的教授團隊來進行這場批判。殷鑑不遠，就在42年前，1966年6月4日，《人民日報》發起過一場對於「自由平等博愛」普世價值的大批判，撕掉了「資產階級的遮羞布」，率先在北京燃起橫掃一切牛鬼蛇神的運動之火，文革鬧劇由此蔓延到全國。2008年又是北京奧運年，北京奧運的口號是「同一個世界，同一個夢想」。沒有普世的價值觀，那裡來的「同一個夢想，同一種追求」？此時批判普世價值，北京有「忽悠」全世界之嫌。

2008年11月20日，署名「思寧」的一份長貼出現於「貓眼看人」網站，題為〈教育部批判「普世價值」觀是針對誰？〉。這份長貼引人注目的地方不在理論深度，而是羅列近期中國黨政領導人贊成「普世價值」的數十處言論。擇其要者，僅2008年就有兩端：

3月16日，十屆全國人大五次會議舉行記者招待會，國務院總理溫家寶在回答法國《世界報》記者問題時說：「民主、法制、自由、人權、平等、博愛等等，這不是資本主義所特有的，這是全世界在漫長的歷史過程中共同形成的文明成果，也是人類共同追求的價值觀。」

5月7日，國家主席胡錦濤和日本內閣總理大臣福田康夫在東京簽署《中日關於全面推進戰略互惠關係的聯合聲明》：「為進一步理解和追求國際社會公認的基本和普遍價值進行緊密合作，不斷加

深對在長期交流中共同培育、共同擁有的文化的理解」。顯然，胡錦濤代表中方認可存在「國際社會公認的基本和普遍價值」，並表示中方要「進一步理解和追求」之，中方還認可中日「共同培育、共同擁有的文化」。

　　從字面及其詞義理解，溫家寶所言「人類共同追求的價值觀」以及胡錦濤所言「國際社會公認的基本和普遍價值」，與「普世價值」沒有多大區別。作者援引胡、溫上述說法，在貼尾提問：「如果讀者具有正常的中學語文水準，相信都能看出，胡錦濤、溫家寶的說法，在字面及其詞義上，宣傳的差不多就是普世價值觀。那麼，教育部這些秀才批判普世價值觀是針對胡溫的嗎？請大家想一想，再想一想。」

　　作者認為批判普世價值，是「項莊舞劍，意在沛公」，論爭之所以激烈，是因為學術之外，還有政治背景。

　　與此同時，京滬兩地有一批體制內學者直接向中共中央上書，希望能由高層出面中止對普世價值的批判。

　　據香港《亞洲週刊》記者紀碩鳴報導，發起此次上書的有社會學家鄧偉志等京滬兩地四位學者。他們認為，普世價值是改革開放的基本理論，目前的批判，已引起國外猜測，不要再在國外的猜測上火上澆油。前一陣，北京也曾對民主社會主義有過爭論。鄧偉志認為，批民主社會主義是不明智的，民主社會主義可能與中國的社會主義民主不一樣，但要從國際統一戰線來考慮問題。鄧偉志再三強調：「中國沒有很多的成本作無謂的爭論，對有些問題可以討論，但不能泛政治化，不要因此而影響中國改革開放的進程。中國的改革開放還是在探索階段，尤其是與國際接軌方面。」

　　該報導並未透露上書具體內容，即使披露，估計在理論上也不會有多少深度。但鄧偉志在接受這家雜誌採訪時，多次提及一個與

此有關的現象：百思不得其解的是，30年前「實踐是檢驗真理的唯一標準」的起草者，一個個都倒楣了，「凡是討論真理標準的都不香了，這是爲什麼？」30年來，中國發展的成功之處就在於「改革開放」，但鄧偉志覺得，改革過程中總有一隻無形的手，限制了那些在改革開放過程中起到非常重要作用的人。市場經濟需要無形的手，但這隻意識型態中的無形之手，不時阻礙中國的改革發展。「這次有關『普世價值』的爭論，誰也不知道，背後發生了什麼，又是一隻無形的手在起作用。」人們確實難以知道「背後發生了什麼」，可以辨認的只是社會反應。博客中國2008年7-9月做了一個調查，題目是：「你認爲是否應當提倡普世價值觀？」截至9月12日，有1424人投票認爲「應該」，占93%；有115人投票認爲「不應該」，占7%。民間對這一問題的態度可見一斑。

　　或許與此有關，歷來被視爲大陸第一官網的新華網在上述爭論進入至第三個月，發表罕見萬字長文（實際字數13000餘），題爲〈尊重普世價值，實踐科學發展〉。到目前爲止，人們還不清楚此文背景，也未見有《人民日報》等官媒轉載，但從標題與文風可以辨認，此文非民間作者所爲，而是典型的官方正統語氣。該文冗長，簡錄其序言題、分節題如下：

　　一、普世價值深入人心是30年思想解放的偉大成就之一。

　　二、普世價值觀和馬克思主義核心精神及中華民族優秀文化傳　　　統是一致的。

　　三、普世價值觀與社會主義意識型態關係辨誤。

　　四、尊重和提倡普世價值有益於中華民族的發展進步。

　　五、批駁「普世價值虛無論」。

　　從上述標題可見，新華網發表如此長文，意欲彌合正統意識型態、傳統文化與改革實踐這三者之間的裂隙。故而有網民評論：這

是官方意識型態在挑起爭論後，目睹爭論失控，正向著不利於己的方向發生逆轉，以「三合一」的「和諧功夫」平息這場爭論，草草收兵。

檢視這場爭論所涉文獻，幾乎都擱淺於常識層面，看不到像樣的學術深度。有一個歷史層面雙方都不敢觸及：60年前發明「特殊國情論」抵制「普世價值」者，並不是共產黨人，而是國民黨意識型態制定者，其典型文本可見蔣介石《中國之命運》。而當時的共產黨人，正以「馬克思主義放諸四海而皆準」的「普世立場」，批判「特殊國情論」是假民主、真獨裁。60年時移世易，官方意識型態竟然站在昔日對手國民黨的理論立場上，拾其牙慧，卻諱言這一牙慧的歷史首創權。反「普世價值」者如此，恰如其機會主義本性，並不令人驚奇。可悲的是正方，為捍衛普世價值，卻也小心翼翼，不敢公開揭穿這段歷史。爭論到最後，正方還是以傳統的「上書」方式，乞求權力干預。這一古老做法，恰與「上書」者反感這場爭論之「背景」──「又是一隻無形的手在起作用」，構成可悲、可憐之回歸。

激辯「三十年」

按照官方正統說法，2008年是改革開放30週年，標誌性事件是1978年年底舉行的中共中央十一屆三中全會，鄧小平在此次全會結束時發表了重要講話。但在2008年到來之前，已有學者或當事人發表著述、回憶錄，不同意將改革開放的歷史功績全部歸於鄧小平一人，尤其是把鄧小平說成是三中全會的掌舵者，這樣的官式敘事不符合當年歷史原貌。這些著述、回憶錄較為重要的有：2007年在香港出版的《胡耀邦思想年譜》（上下卷），2008年在大陸出版的於光

遠回憶錄《1978：我親歷的那次歷史大轉折：十一屆三中全會的台前幕後》，2008年10月29日在《南方週末》的發表葉選基長文〈葉帥在十一屆三中全會前後〉。儘管有爭議，官方還是按既定敍事在12月前後開動所有宣傳機器，爲30週年紀念活動造勢，《人民日報》發表六篇社論，中共中央在北京人民大會堂舉行大會，胡錦濤發表12月18日長篇講話。

胡錦濤講話中首次提出「三不」——「不動搖、不懈怠、不折騰」，引起海內外媒體強烈關注。輿論認爲，這是針對2008年出現的各種思潮動向（謝韜爲代表的社會民主主義思潮、左翼陣營發動的普世價值大批判，以及此前10天大陸知識界連署簽名公布《08憲章》）的公開回應。「不折騰」一詞的漢語英譯，一度成爲大小報紙熱衷炒作的新聞話題。但據知情者透露，「不折騰」這裡並不是首次使用，最早出現於80年代前期葉劍英在回應黨內元老動議廢黜胡耀邦問題上的批示，葉用民間俗語委婉表述對當初有人意欲發動政治地震的不滿。耐人尋味的是，也是據知情者透露，在原定「三不」表述之後，緊接有「就這樣堅持再幹30年」的說法，後經中共中央政治局常委議決，將後一說法刪去。

更爲耐人尋味的是民間反映。香港鳳凰衛視舉辦「你是否擁護或反對改革開放」大型民意調查。調查結果是：贊成改革開放不朽功績不能遺忘者，在11343人中僅占29.5%，爲3346人；而反對者占70.5%，即7997人。（引自胡星斗網文：中國進入了「反改革開放」時代www.huxingdou.com.cn/antireform.htm）胡文聲稱今日中國已經進入「反改革開放時代」，或許言之過早，但社會思潮正向著不利於改革開放的方向發展，卻是不爭事實。

前人民日報評論員馬立誠在最近一次嶺南大講堂的講演中，例舉30年來四場爭論的主題：

　　第一次爭論是從1977年到1978年前後，「兩個凡是」還是改革開放？

　　第二次爭論是從1989年下半年到1992年，計劃經濟還是市場經濟？

　　第三次爭論從1995年到2002年十六大，私營經濟是禍水還是活水？

　　第四次大爭論，從2004年一直到十七大，中國的改革是不是搞錯了？

　　目前可見的爭論分期通常是三次。馬立誠分期法增加了上述第三次，成為30年四次爭論。暫不論四次分期是否確當，且將上述爭論的主題連接成線，不難發現這是一條令人驚訝的下滑線：其間雖有起伏，箭頭所向卻是逼問新時期的根基——改革開放是否合法、正當？30年來中國經濟快速增長，這是連它的敵人都不否認的基本事實，至2007年底，其經濟總量已經超越德國，上升為世界第三。與此成反比，社會思潮辯論卻走出了一條下滑線，至30年後今天，卻來逼問改革開放的根底：中國的改革是否搞錯了？經濟上升線與思潮下滑線構成剪刀差，隨時間積累而擴大，確實令人警醒，觸目驚心。

　　左派質疑改革開放由來已久。1980年代發生兩次倒胡、倒趙政治危機，都能看到左派攻擊性能量。進入1990年代，左派領袖鄧力群曾發動數次〈萬言書〉，質疑各項改革政策，鄧小平回應是「不爭論」。進入21世紀，鄧小平早已去世，鄧力群年齒亦衰，左派出現以馬賓為首的第二代領袖，驟然加大攻擊能量。相比上一代左派，新世紀左派活動出現一系列新特徵：

　　一、逼問改革開放根本。鄧力群等人在1990年代組織多次〈萬言書〉事件，至2003年最後一次萬言書，點出江澤民，稱其「三個

代表」、「歡迎資本家入黨」等提法爲「理論政變」，但還是未敢
點出鄧小平名字，全盤否定鄧小平改革路線。馬賓等人發動新一輪
〈萬言書〉，一上來即衝破這一忌諱，公開表示毛澤東晚年發動的
第三次批鄧並未搞錯，搞錯的是改革開放，是不折不扣的「資本主
義復辟」。

二、傳播方式與時俱進。老一代左派理論宣傳基本停留於傳統
的紙面流傳，新一代左派則進入電子化時代，掌握了互聯網現代傳
媒手段，主辦有固定網站，如北京地區著名的「烏有之鄉」網站及
其附屬的書店、講座，傳播效率大大提高。

三、新、舊銜接，援引西方左翼話語。老一代左派陣營上不著
村、下不著店，呈孤立狀。鄧力群等人本身是改革開放的早期參與
者，不便聯繫文革毛式左派；同時受限於知識結構與外語能力，也
不能與「海歸派」帶回的西方校園後現代左翼話語實現「國際接軌」。
馬賓新一代左派則上掛下聯，既有文革左派，也有新時期「海歸新
左派」，理論陣營有所擴大，話語形式也與毛式話語、西方校園左
派話語銜接，呈現新舊駁雜、中西混編的理論形態。

四、突破體制樊籬，擴大社會基礎。老一代左派與改革派發生
爭論，基本局限於黨內，未敢越雷池一步。新一代左派走出黨內樊
籬，尋覓社會同情，吸納並放大部分社會輿論。上述香港鳳凰衛視
所做民意調查，證明新一代左派對改革開放的質疑、否定，已經走
出早期狹窄局面，正在成爲頗具群衆基礎的社會思潮。

相形之下，官方改革話語雖佔據主流傳媒，但在互聯網上已經
處於被動。改革派較爲有力的辯詞不過是「改革中遇到的問題，只
有深化改革才能解決」，其實是邏輯迴圈，自我論證，並無說服力，
已有「兩個新凡是」之嫌，或可稱「改革新八股」，爲社會民意所
厭棄。尤其是主流經濟學家話語，一度是30年最爲強勢的的改革話

語，卻遭遇2008年經濟危機，幾乎集體失語，正在轉為負面形象，
被動挨打，狼狽不堪。

改革話語在這一年逐漸從正面向負面逆轉，究其原因，大致有
四：

一、主流經濟學失語，不只是因為2008遭遇經濟危機。冰凍三
尺，非一日之寒。1980年代，胡耀邦開啟破冰之旅，主要依靠文史
哲傳統人文知識分子，趙紫陽主導經濟改革，參與決策多為經濟學
家，胡、趙二人援引的智囊結構已有間距。1987年初胡耀邦被廢黜，
人文知識分子開始邊緣化，1989年之後基本出局。趙紫陽雖也被黜，
卻因1991年啟動的第二場改革以「經改」為主導，趙身後的經濟學
家不僅未受池魚之殃，反而成為既得利益者。畸形經濟發展造成經
濟學一家獨大，人稱「經濟學帝國」。此後長達20年，「經濟學帝
國」志驕意滿，從「應帝王」到自我辯護，將不正常年代的不正常
發展視為唯一正確的發展模式，只能如此，無有其他，由此發生既
為這一改革辯護、亦為自我利益辯護的角色轉變。他們既排斥來自
左翼陣營的質疑、否定，也漠視來自知識界的政治體制改革要求，
甚至將後者視為空談添亂，參與官方「維穩」意識型態。他們陶醉
於經濟學一家獨大，喪失對社會公正的敏感，也喪失對經濟改革單
兵獨進的應有反思，逐漸走向自我遮罩、自我孤立。2008年金融海
嘯襲來，GDP應聲而落，不僅打破他們預測中國經濟奇跡有第一個
30年，也必然還有第二個30年的膚淺預言，也打破長達20年的「經
濟學帝國」獨霸話語權。主流經濟學的官式「改革話語」終於發現
自己既無民間同情，亦無知識界盟友支持，啞口無言，集體失語。

二、改革開放30年，是在正統意識型態不支援的情況下搖擺蛇
行，所謂「打左燈，向右行」。鄧小平稱此為「不爭論」，應說是
他的一大發明。改革初期，這一「發明」成功壓制黨內左派、黨外

右派對他的「爭論」，也收到了擱置「爭論」、只謀經濟發展的如
願效果。但是，「不爭論」同時壓制了改革話語本身的發育，改革
實踐處於與正統意識型態相悖的不合法、不正當狀態，始終處於「多
幹少說，只幹不說」的尷尬狀態。謝韜總結30年改革，是「改革派
有實踐權無話語權，反改革派有話語權無實踐權」，確有所見。改
革走上一條機會主義路徑，一度爲機會主義者竊喜，初期能減輕意
識型態阻抗，長期卻留下合法性隱患。從改革開放第一天起，這一
合法性、正當性危機，即如影隨形，只是被經濟增長、威權鐵腕所
掩蓋。一旦經濟停滯、威權軟化，社會爲官場腐敗、兩極分化所激
怒，危機迅速浮出水面。

　　三、文革毛式左派之復活，結怨於改革之初。30年前否定文革，
體制清源、思想清流應該從嚴，以免捲土重來；人事處理則應從寬，
除少數觸犯刑律者，絕大多數參與者應予赦免，實現社會和解。遺
憾的是，1980年前後大張旗鼓否定文革，是以文革方式否定文革，
主事者較多滿足於政治層面——老幹部官復原位，同時維持毛澤東
神位，禁閉民間反思，封存文革老根，不許觸動。1977年前後清查
三種人，不可謂無理，實踐中卻發生擴大化錯誤，平反文革冤案的
同時，又製造一批新冤假錯案，積累新一層社會怨恨，頗似波旁王
朝歸來，只尋山嶽黨舊恨。1981年通過《建國以來黨的若干重大問
題的歷史決議》，在否定毛澤東晚年的同時，維護毛澤東思想的正
統地位，留下今日隱患。政治體制改革在80年代中期有所觸動，行
之未遠，即被擱置，1989年之後陷於停滯。改革雖然啓動，卻是拖
著文革之幽怨、文革之觀念、文革之體制，尾大不掉，搖擺蛇行30
年，終於在2008年遭遇民間輿論報復性逆轉。2008年否定改革的左
翼陣營中，不難發現文革活躍者的昔日身影。這些人在改革初期因
政治整肅處於多眠休克狀態，進入1990年代後期，改革弊端暴露，

社會不滿上升，他們結束冬眠休克，進入理論上的活躍期，以懷念毛澤東、追述文革合理性的方式，加入對改革不滿的左翼陣營。而在民間話語中，能夠表達對改革不公的抗議性話語，唯有毛式話語既熟悉，又合法，獨享意識型態正當性。弱勢階層或不知情文革深層次黑暗，或被第二場改革發生的社會不公激怒，無論是真心信仰還是話語假借，皆可打毛澤東文革旗號，質疑鄧小平改革。文革遺留的人、觀念、體制，三重結合，能拓展左派話語空間，進退逢源。相形之下，改革辯護者投鼠忌器，欲言而不得言，進退維谷，倍顯狼狽。

四、根本的問題在於改革本身。30年來中國最為重大的事件，是1989年春夏之交的北京事變，它從根本上改變了執政者的改革思路。如果說此前改革為第一場改革，改革之背景、動力、承諾與文革創痛息息相關，執政者為解救政治危機圖謀改革，與社會民意尚有相當重疊；那麼此後1992年重新啟動的改革則為第二場，背景、動力、目的受制於1989年北京風波及其此後一系列事變，同樣是為解救政治危機圖謀突圍，其背景、動力、承諾已經與前一場改革迥然有異。第二場改革表面上是經濟躍進，內裡是鄧小平政治突圍，是在武力鎮壓激起全球抗議、政治合法性急劇流失的重圍下，向著經濟方向的孤注一擲。政治突圍向經濟方向突破，是以經濟奇跡補政治合法性流失，「圍魏救趙」，改革目的卻走向狹隘保守，只在延續執政者權力本身。「圍魏救趙」的歷史性後果是：為政治失敗而應該付出的「政治成本」，通過「經濟崛起、社會腐敗」，成功轉化為「社會成本」，以社會腐敗為政治失敗買單。「買單者」社會一度陶醉於物慾滿足，出現短暫迷醉，十年後覺醒，惱羞成怒：鄉村居民被「三農危機」激怒，城市居民被教改、房改、醫改新「三座大山」激怒。社會心理由此發生逆轉，80年代第一場改革，民眾

　　聞改革而心喜，1990年代第二場改革走至10年，民眾聞改革而懼，聞改革而怒。面對如此社會心理逆轉，左派抓住了機會，將社會不滿引向後轉，轉向毛澤東文革訴求，直接點名質問鄧小平，全盤否定30年。改革派身處體制內，同時背負毛澤東神位、鄧小平89決策兩大包袱，囁嚅不敢言，蒼白不能言。他們爲改革而辯護，初衷爲善，結果卻被官式話語──「30年一貫制」所捆綁，不言30年中國發生有兩場改革，前後迥然有異，只重複「改革新八股」，乞靈於新的「兩個凡是」。所謂「改革中遇到的問題只有深化改革才能解決」，在改革方向不能扭轉的前提下，只能深化第二場改革的迷誤，深化改革話語背離社會、背離民眾的危機，改革派本身也淪爲官式話語的陪綁者。

　　遺憾的是，到目前爲止，改革辯護者宣導思想解放，唯對改革本身不敢有思想解放，畫地爲牢，自設禁區。這就當然發生2008年激辯改革30年的奇怪一幕：主流經濟學家沉默挨打，政治理論家被網上唾沫所淹沒，改革開放進入「而立之年」，也恰恰是在這一年，它卻發生了合法性、正當性危機。改革話語步步失陷，陷入官方慶祝、民間圍剿的吊詭困境中。

　　總之，事變引起思變，這是不平靜的一年。「同一個地球，同一個夢想」，本來是這個夏季最爲熱烈的奧運宣示，這一宣示可善意理解爲對外對內一體兩面，卻同時遭到兩面嘲弄。「同一個地球」對外，意在尋求全球認同，但在奧運之後批判普世價值的狂潮中被無情踐踏；「同一個夢想」對內，意在凝聚改革共識，共識卻在30年大慶中走向破裂。右派從來憂鬱，這一年終於亮出底線：改革之物件並不在外界，而在中國共產黨本身，要從80年前黨史源頭洗心革面，不改革不行。左派歷來憤怒，至2008年底，四位並不年輕的中國「憤青」搞出一個憤怒升級版，要將1997年的「中國可以說不」

顛倒為「中國可以不說」。其中一位本來就是書商，10年前掘得第一桶「話語金」，10年後又看到了類似商機，要為2009年預製第二桶「話語金」。同樣都在說「不」，雙方所言，卻是不一樣的「不」。因此，2008年中國的流行語只能是個「不」，在上者言「不折騰」，在下者言「不高興」，而且是有兩個「不高興」。如此話語世界，如此「不」三「不」四，在21世紀的平庸地球村已經少見。故而它有理由值得外界驚訝，也有理由吸引好事者評論，評論其事變引起思變，追尋其思變之年輪。

　　年年歲歲花相似，歲歲年年「話」不同。

　　朱學勤，上海大學歷史系教授，研究興趣為近代思想史，目前關注中國大陸社會政治轉型。主要著作有《道德理想國的覆滅：從盧梭到羅伯斯比爾》、《思想史上的失蹤者》、《書齋裡的革命》等。

黑格爾、科耶夫與現代性問題[*]

高全喜

我今天講的題目是「黑格爾、科耶夫與現代性問題」，在此我想勾勒出有關現代性問題的一條歐陸思想史中的路徑，大致有四個方面的內容。第一個是關於黑格爾與科耶夫的其人其思想，這裡涉及一個我新近提出的問題，即是否存在著「兩個黑格爾和兩個科耶夫」；第二個是就此集中談一下政治與法權思想中的幾個關鍵問題；第三個是分析科耶夫的兩個惺惺相惜的理論對手，看科耶夫在他的黑格爾解讀中是如何處理與施特勞斯和卡爾・施米特的關係的；第四個就是現代性問題，即通過黑格爾—科耶夫，來考察一下所謂的現代性問題。

兩個黑格爾和兩個科耶夫

黑格爾說過一句話，「熟知未必真知」，在當今的中國思想界，這倒是應驗在他自己身上了。我感到當今的中國，偏峰兀立，邪說當道，奇思妙想，獨擅盛場，一些常識理性的東西，被棄之如敝屨。關於西方哲學思想史，真正的主流還是柏拉圖、亞里斯多德，然後

---

* 本文由在北京大學政府管理學院的講演整理而成。

奧古斯都、阿奎那，笛卡爾、洛克、休謨，然後康德、黑格爾，等等，他們才是西方思想的真正主流。關於他們，我們似乎都知曉，都能說出一二，因此就輕易地放棄了，現在很多的旁枝側蔓，非常熱鬧，坊間充斥著他們的譯著，爭奇鬥豔，而那些真正支撐西方思想的中正大家，我們一聽名字似乎都知道，可對於他們思想中最精髓的東西未必有深入的理解。對於西方傳統思想中的主流，我們的先生輩做的要遠比我們這一代大氣，他們識大局，客觀，心態好，所謂浩然正氣是也。記得我跟賀麟先生讀書的時候，他說的西方思想便是這種大主流。這很類似於中國，就是孔孟之道、宋明理學。至於我們今天談的科耶夫、施特勞斯，還有當今引領潮流的那些大師們，在我看來，很類似金庸小說中的東邪、西毒，他們怎麼能是西方思想傳承賡續的主流？當然，我們可以學習，但是要用他們統領思想之正道，我認為是偏頗的。那些充滿詩人靈性的思想家很能征服人，特別是那些有文學、藝術特質的人。但是，社會、政治、法律與經濟領域，不是詩人、神學家的地盤，這裡有一個規則、秩序和制度問題，有一個制度的正道問題。從這個意義上來說，黑格爾很類似於朱熹這樣的思想家。20多年前，賀先生經常把朱熹的字帖拿出來與我們一起蘊含琢磨。你看朱熹的字就是堂堂正正，浩然中氣，蒼勁端莊。回過來說，黑格爾的哲學也有這樣的氣象，是非常綜合性的，德國浪漫派的思想、康德的思想、保守主義的思想，在他那裡達到了綜合統一。所以，黑格爾之後便有了左派黑格爾、右派黑格爾之分，然後馬克思也從黑格爾左派這裡出來了，當代的科耶夫也出來了，自然很多保守的思想也從黑格爾出來了。

　　科耶夫，1930-40年代在法國很是厲害，關於其人其事，演繹傳奇的神乎其神。這個人絕頂聰慧，十幾歲的時候倒賣過煙草之類的東西，被前蘇聯員警抓進監獄，後來放了出來，跑到法國。我發現，

在思想領域，俄國人很類似猶太人，他們非常深邃而偏激，科耶夫就屬於這類俄國人。20世紀有一批猶太裔、俄國裔的思想大家，如阿倫特、伯林、施特勞斯，等等，他們的大腦風暴震驚了世界的心智。科耶夫在法國開了「黑格爾導讀」這麼一門課，影響了一大批法國的思想家，後來這些人都成為現代與後現代思想的代表人物，像薩特、梅洛‧龐蒂、巴塔耶，還有一大批文學家、藝術家。後來歐盟的成立，據說科耶夫是高參，歐盟這個偉大計畫的始作俑者，我覺得這個說法有些拔高了，真正的推動者還是政治家、經濟學家、法學家那些人，思想家沒有如此的分量。他只作為法國政府的代表，類似於處長這個級別的人物，參與過歐盟創建的活動。再後來，科耶夫到過日本，和日本的一個女孩子談上了戀愛，這下可好，他發現了一個新日本，導致了他的一些核心觀點的變化。本來他認為普遍同質國家是一個很糟糕的狀況，但經過這麼一段戀愛，他對普遍同質國家有了另外一番理解，東方日本的歌舞伎、茶道、武士道所體現出來的精神征服了這位俄裔法籍思想家。可惜他沒有與一位中國姑娘戀愛，日本的形式性美學固然有其莊嚴、酷麗的美質，但中國的神韻、意境卻是日本文化難以企及的。

現在我們還是回到主題。我20多年前寫博士論文的時候，就看過科耶夫的《黑格爾導讀》，當時是在賀先生家，在書架上我翻出來了，賀先生說是在外文書店裡買來的，隨便翻了翻，並不是特別推崇。當時是1980年代，科耶夫在國內還沒有什麼人知道。我當時博士論文要寫《精神現象學》，只是覺得科耶夫對黑格爾的主奴意識有比較特別的見解。後來，我就忘了這個事情。直到前五、六年吧，我又開始進入德國思想，想寫點東西，對《法哲學》頗有心得。《精神現象學》表現了黑格爾思想中最深邃的東西，但有些偏頗，未必體現黑格爾最成熟的思想。這裡就有一個區別，一個最體現思

想華彩的著作和一個最體現思想圓融的著作，不一定是結合在一起
的。到了前幾年，施特勞斯、科耶夫的思想在國內引起了一些年輕
人的關注和追捧，對於這個風潮我不以為然。那種激進的、神秘的、
詩化的哲學路徑，我是不感興趣的，但年輕人喜歡。所以，我集中
精力寫了一篇長文章——〈關於科耶夫《現象學》解讀的批判性考
察〉，我建議大家讀讀。這文章當然比較難，在理論上有一定的挑
戰性，我力圖呈現的是：存在著兩個黑格爾和兩個科耶夫，而且他
們之間相互對應。我認為從《精神現象學》到《法哲學》，黑格爾
的政治思想是有較大不同的，可以說有兩個黑格爾，當然他們之間
不是斷裂的，而是一個演變的過程，也有很多一致的地方。巧合的
是，從《黑格爾導讀》到《法權現象學》，也似乎存在著兩個科耶
夫。關於青年黑格爾、老年黑格爾之類的說法在國內外的黑格爾學
界屬於通論，沒有什麼新意，可是關於兩個科耶夫，就我所接觸到
的國內外相關文獻中卻是很少有人提及的，而我認為這是一個重要
的問題，尤其是對於中國當今的思想界來說，澄清這個問題以及背
後的蘊含，則是意義重大。

　　馬克思在著名的《1844年哲學—經濟學手稿》中曾經指出，《精
神現象學》是黑格爾哲學的「誕生地」與「秘密」，其核心就是「否
定性的辯證法」。馬克思的這個論斷對他自己以及150年來的馬克思
主義影響深遠，馬克思把黑格爾唯心主義辯證法改造為歷史唯物主
義的辯證法，通過這個顛倒，搞出了一整套有關人類社會的歷史政
治理論，從階級鬥爭、無產階級革命直到構建共產主義。可以說馬
克思主義的哲學來自黑格爾，或者說來自《精神現象學》。從某種
意義上說，黑格爾的《精神現象學》既是一本思想深刻的哲學著作，
也是一本富有想像力的文學著作，運思獨具，非常吸引人。賀先生
他們翻譯得也非常好，文辭洗練、精當，繁複而簡明。所以，直到

今天，哲學圈裡研究黑格爾還是覺得《精神現象學》是他的最好作品，最能體現黑格爾思想的深度。

　　但是，如果從一個保守的自由主義的角度，或者從建設性的政治與法律的視角來審視黑格爾，很多人則認為《法哲學》最能體現黑格爾的政治思想。這裡，黑格爾提出了一個有關人類歷史進程的仲介─轉換理論；他不再把理論的核心放到「否定性的辯證法」這個革命、暴力的否定性上，而是建立在自由法權的國家與倫理世界上，並進而肯定了實證世界的合理性和正當性──「存在的就是合理的」。這樣一來，《法哲學》就與《精神現象學》有了重大區別。《精神現象學》認為世界是一個否定性的過程，摧枯拉朽。詩人在其中讀出了否定性的美感，哲人讀出了世界歷史內在的虛無，但是，一個政治法律人在其中能讀些什麼呢？人的世界：世俗生活、生產領域、交換體系、利益範疇，以及家庭、倫常，私法、公法，行政、員警、國家，這一切全都「消鑠在否定的洪爐之中」，化為虛無的泡沫。《法哲學》的方法論就不同了，它肯定現實世界的合理性與正當性。《法哲學》包含三部分內容，抽象法、市民社會和國家法，黑格爾認為它們全都是自由意志的定在，是精神生活不可或缺的現實內容，都與虛無沒有多少關係，現實的仲介原則化解了絕對的否定性原則，「實存」是理性的基本形式。當然，問題還可以進一步深入，黑格爾到底是強調市民法還是國家法？黑格爾對法國大革命到底是肯定還是否定，等等，這些問題在思想史中並沒有一致的意見。但即便如此，黑格爾《法哲學》對於現實社會的法權意義上的證成，則表現出一個保守的自由主義者的思想品質。因此，至少對我來說，有兩個黑格爾，我年輕的時候喜歡《精神現象學》中的黑格爾，現在人到中年，則越來越喜歡《法哲學》中的黑格爾。

　　那麼，是否存在兩個科耶夫呢？就目前國內外的研究而言，還

沒有這個提法。大家主要談的是《黑格爾導讀》的那個科耶夫，《法
權現象學》很少有人談。而我認爲對應兩個黑格爾，是有兩個科耶
夫的。《黑格爾導讀》對應的是《精神現象學》，《法權現象學》
對應的是《法哲學》，雖然書名是《現象學》，但與黑格爾的《現
象學》，尤其是通過《導讀》發揮的《現象學》有了很大的區別，
否定性不再成爲根本性的原則，法權的仲介性原則成爲《法權現象
學》的中心原則，而這恰好與《法哲學》的原則是一致的。前一個
科耶夫是1930年代在巴黎高等師範大學講課的科耶夫，後一個科耶
夫是在歐共體創建之初當高參的科耶夫，此時的他在理論上構建了
一個「准同質化」時期的去主權化的國際「專屬司法統一體」。這
是什麼意思呢？第一個科耶夫認爲，世界歷史的演變要在經歷一個
暴政之後才會消停下來，歷史需要拿破崙或者史達林的暴政，他們
是絕對的否定性，這樣才能出現一個普遍的同質化國家(社會)。在
這個普遍同質化國家，人們就像古拉格群島的那些囚犯一樣，沒有
任何個性，都是編號：1、2、3、4；或者像美國社會在卡拉OK裡唱
歌跳舞的消費者一樣，也是符號化的某某人，這有點像我們的文化
大革命時期穿一樣灰色衣服的人群。在這個科耶夫眼裡，蘇聯和美
國是一樣的，沒有什麼差別，都是普遍符號化了的同質化社會。在
第二個科耶夫那裡，情況有些變化，他認爲暴政之後的上述同質性
社會不是一瞬間達成的，而是需要一個仲介性的歷史階段，就是社
會主義(既不是共產主義，也不是資本主義)。他所理解的社會主義，
當然不是我們中國的社會主義，也不是蘇聯的社會主義，而是歐共
體那樣的社會主義。《法權現象學》探討的便是這個作爲暴政—普
遍同質化之仲介過程中的法權關係，因此也可以稱之爲「準同質化
國家」。在這個「準同質化國家」，他的法權理論強調的是去主權，
構建專屬性的國際司法統一體，因此，隱含的對手是卡爾·施米特，

這就與第一個科耶夫在談僭主政治時把施特勞斯視為理論對手是不一樣的。

政法思想中的幾個關鍵問題

這裡，我準備談三個關鍵問題：階級鬥爭、暴力革命或暴政問題、普遍同質化國家。

首先，我談一下有關人類歷史中的一個關鍵問題，即階級鬥爭問題，這是一個大問題。人類歷史一直存在著兩種形態的階級鬥爭。一種形態的階級鬥爭可以說一直延續到當今，稱之為國家公民之間的階級或等級、階層之間的鬥爭，它們是圍繞著利益、權利以及法權資格等問題展開的。例如在古希臘、羅馬的城邦國家，無論是在元老院還是在各種人民大會中，甚至當時發生的社會暴亂，等等，它們表現的都是此類的階級鬥爭，屬於公民之間的權利、利益衝突，這在西方社會是很正常的現象，構成了西方古典、近代、現代不同歷史時期有關政治、法律、經濟、文化等方面的主要內容，是大家看得見的歷史。這種階級鬥爭從某種意義上說，塑造著古今西方社會中的國家政體、法權體系與經濟制度的基本形態。

但是，還有另外一種形態的階級鬥爭，就是你死我活的、敵友決裂的革命性的階級鬥爭。《精神現象學》揭示的主人與奴隸之間的衝突，就是這種鬥爭的深層邏輯表述，後來，主奴鬥爭被馬克思發展為無產階級與資產階級的階級鬥爭。科耶夫抓住了這個主題並加以發揮。比如我們談古代歷史，有關希臘羅馬的歷史大多談的是城邦國家之間、各個等級的公民之間如何如何，思想家、歷史學家們很少去說奴隸，奴隸有什麼意義呢？奴隸只是會說話的工具，古代的歷史是公民國家的歷史。但是，黑格爾、馬克思、科耶夫，以

及後來各種左派激進主義者，把這個歷史敘事全翻了。公民之間的一鍋鬥他們不感興趣，他們感興趣的是那些被視爲沒有資格進入歷史的奴隸，是奴隸與奴隸主之間的階級鬥爭。這種階級鬥爭的歷史敘事可以一路搞下去，什麼近代以降的第一等級、第二等級、第三等級都是扯淡，它們都是一個等級：統治階級。而古代的奴隸到了近代社會就演變爲無產階級，無產階級與資產階級的鬥爭不是前述的第一種形態的階級鬥爭，而是第二種形態的階級鬥爭，這種鬥爭的階級本性在傳統的歷史著作中很少敘述。

　　主奴之間的階級鬥爭與公民社會的階級鬥爭是有重大差別的，這個思想的源頭是黑格爾《精神現象學》裡的主奴意識，在此我只能簡單地說這裡面有生存的欲望，欲望的欲望，然後是對死亡的恐懼，勞動的作用，相互承認的法權，主奴之間地位的變化，等等。這個主奴演變的內在的政法邏輯非常複雜，對此科耶夫論述得非常精彩，很能征服人。他把《精神現象學》談到的主奴辯證法絕對化了，成爲一個完整的歷史敘事中的核心結構。在黑格爾的思想中，主奴辯證法固然有其重要性，但在《法哲學》中，卻只占很小一部分，黑格爾強調的是從羅馬法提取出來的抽象法。在《法哲學》裡首先是抽象法，然後是市民法、國家法，主奴鬥爭的內容已經很少了。即便是在《精神現象學》中，黑格爾也只在主觀精神中談到了主奴辯證法，此外，還有客觀精神和絕對精神，其中他並沒有把主奴鬥爭放在了不得的地位。科耶夫把主奴辯證法發揮到極致，視爲貫穿人類歷史的核心原則。按照他的敘述，世界本來是由主人統治的，但他要享受這個世界，又不願意創造，只是依靠奴隸勞動來支撐這個世界的物質生活需要，而奴隸通過勞動反而獲得了自由和爲人的尊嚴。主人們不去勞動，只是戰爭，此外就是享受生活，諸如看戲、討論哲學，等等。如果沒有奴隸提供物質消費性產品，整個

古典社會的政治、文化等公共生活是難以存在的。但是奴隸們也沒有什麼可抱怨的，因為社會之初的個人就像霍布斯所說的，相互之間發生衝突，打起來，一方冒死取勝，另一方怕死就輸了，勝利者成為主人，失敗者就成為奴隸。人類歷史就這樣開始了，但打過之後，奴隸在勞動中戰勝了自己，獲得了自由，主人耽於享受，反而被淘汰了，這樣一來歷史邏輯發生了逆轉，希臘社會就這樣被顛覆了。

　　近代以來的異化世界或當今所謂的現代性問題，在黑格爾看來，是以羅馬法為標誌出現的，羅馬法從本性上說是奴隸的法律。在黑格爾的歷史觀中，中世紀、近代社會並不具有轉折性的意義，人類歷史的古今大轉折是從羅馬開始的，當然不是共和國時期，而是凱撒之後。所以我們讀《哲學史講演錄》和《美學講演錄》，前三卷都是講希臘羅馬思想文化，只有一卷即第四卷講近代思想文化，中世紀沒有多少內容。在凱撒之後，西方社會就進入了另外一個世界，這個世界的最終代表人物就是資產階級，他們是現代社會的奴隸，現代性問題由此產生。按照科耶夫的過度闡釋，第一個世界由於凱撒的暴政逆轉了，希臘羅馬公民的美好城邦消失了，一幫奴隸被放出來，他們翻了天，構建羅馬法、市民社會、民族國家、資本主義貿易，由此也就造就出一個異質社會。這之後，要靠拿破崙、史達林這樣的暴君，或者無產階級暴政、文化大革命這樣的事件，再把這個世界全部顛倒過來，最後搞出一個普遍同質化國家，或者叫共產主義、全球化之類的大同世界。在科耶夫看來，無論蘇聯那樣的政治一體化國家，還是美國那樣的經濟一體化國家，它們本質上都是一樣的，沒有差別，都是通過拿破崙、史達林的暴政而催生出來的普遍同質化國家。科耶夫的這番分析對於馬克思主義的左派思想是很有影響力的，盧卡奇的《歷史與階級意識》談的便是

此類的問題。資產階級的歷史理論，像大衛‧休謨雖然也談階級鬥爭，但這些階級鬥爭在他們看來只是小敲小打，不過是資產階級內部的折騰，而宏大敍事的階級鬥爭史觀真格才是人類歷史的大手筆，正像《共產黨宣言》所說的：「至今一切社會的歷史都是階級鬥爭的歷史。」

下面我講一下第二個問題：暴力革命或暴政問題。其實剛在談階級鬥爭的時候也說到暴政、僭主和革命這些問題，在西方左派的思想脈絡中，暴力革命一直是一個強勁的主題，他們對於暴力、革命之類的事情歷來抱有親切的體認，把革命審美化、浪漫化，並賦予暴力以絕對的歷史和政治意義。比如馬克思對無產階級革命的探討，列寧對於暴力革命的論證，再比如當今西方思想界的一些左派激進主義，他們夢想著東、西方聯合起來搞一場世界性的革命，徹底顛覆權錢勾結的全球資本主義，等等，說來這些思想與《精神現象學》中的否定辯證法不無關係。革命理論有這樣一個前提性的預設，那就是有一個絕對的美好世界存在，它過去存在過，或者將來一定要存在。為了這個美好世界的到來，革命是絕對必要的，也是可以不惜一切代價的。我們的問題是，從一個自由主義的現實觀點來看，人類作為有限的生物，由他們組成的社會共同體，怎麼會有一個絕對美好的世界呢？它過去沒有，將來也不會有，只能說搞成一個較不壞的社會就謝天謝地了。人這個東西有好有壞，人性既不全惡，也不全善。由人組成的社會肯定有許多問題，問題累積到一定程度，自然會出現解決的辦法，但美麗新世界是沒有的，因為新的問題又出來了。對於英美一脈的思想家來說，似乎並不存在什麼現代性問題，也沒有古代和現代的絕對斷裂。現代性預設了一個絕對美好的東西，保守主義認為古代有這個美好的東西，左派激進主義認為未來有這個美好的東西，像哈貝馬斯之類的自由左派則認為

現代性是歷史潮流，不可抗拒，儘管尚未完善，但只能把現代性事業繼續下去。我的看法是，人類社會是一個演進的過程，慢慢過就是了，沒有什麼大不了的，有問題就逐漸改良，不可能畢其功於一役，一下子全解決。這樣說來就不存在革命、暴政問題。雖然古代有王朝更替，現代有社會變革，甚至有國王專制、議會專制乃至人民專制等問題，對此最有效的辦法是予以制度上的制約，即對於權力濫用，用憲政限制就是了。現代性這套話語隱含著絕對革命的訴求，一方面他們也認為暴政本身肯定不是良善的，但另一方面，為了打破萬惡的舊世界，暴政是絕對必要的手段，有其歷史的正當性。所以，法國大革命、拿破崙、史達林、無產階級專政，就都獲得了合理性的解釋，「惡是歷史的動力」，「必要的惡」由此證成。

回到黑格爾的問題，我要指出的是，由於出現了兩個黑格爾，前述的觀點就有了某種變化。如果說第一個《現象學》的黑格爾崇尚暴力革命的話，那麼《法哲學》的黑格爾就弱化乃至取消了這個問題，法國大革命不再佔有核心的地位，否定性的辯證法也被仲介原則所替代。《法哲學》構建了一個現實的法權世界，屬於資本主義的敘事，抽象法成為市民階級的法律原則，私人財產權成為自由意志的定在，從家庭法、市民法到國家法、國際法，黑格爾的法哲學體系徹底改變了《現象學》的批判性，而呈現出保守主義的建設性意義。其實，科耶夫的情況也多少有些相似，如果說也有兩個科耶夫的話，前一個大談暴政、僭主、暴力、虛無主義以及暴政之後的普遍同質化國家等問題，而在《法權現象學》中，科耶夫重點談的則是法權、國際司法權和專屬性的司法一體化模式以及從平等的貴族法權、對等的資產者法權到公平的公民法權的演變等問題。從上述黑格爾、科耶夫的兩個面向來看，法權問題似乎是一個可以抵禦暴政理論的有效武器，因為法權涉及秩序、制度與正當性問題。

否定性的歷史辯證法可以草菅人命，藐視個體生命及其尊嚴，但法權制度卻是以捍衛個人自由爲基本目的，除非徹底剷除法權話語，否則法權制度就成爲抗拒暴力革命的一個堅強堡壘。黑格爾《法哲學》與科耶夫《法權現象學》入此轂中，「惡的辯證法」必然遭到法權正義的阻擊。

下面我談一下第三個問題，異化世界與普遍同質化國家。現在的學界一說到科耶夫，就會想到普遍同質化國家，這個觀念確實是科耶夫的創見，尤其是經過福山在《歷史的終結以及最後的人》一書的渲染，成爲大家耳熟能詳的東西。福山的歷史終結和最後的人的一套說辭，基本上全都是從科耶夫那裡搞來的，沒有什麼新鮮的貨色，科耶夫在《黑格爾導讀》中早就指出過了，這個現代暴政之後的時代是一個極其平庸乏味的時代，沒有高貴、悲劇與崇高，沒有古典公民的美德和多樣性生活的燦爛，豬一樣的一群人，正像現代文化、現代藝術、現代技術、現代食品所反映的，用阿拉伯數字稱呼它們就可以了。關於這個普遍同質化的社會，我前面已經說過了，在此不重複；我想談另外一個問題，即異質化世界問題。關於異質性問題，科耶夫在他的《黑格爾導讀》裡並沒有多談，他關注的問題是暴政和普遍同質化社會；但是，黑格爾的《現象學》卻是把異化世界視爲現代社會的一個根本性問題來對待的，異化社會其實就是科耶夫意義上的異質化社會，科耶夫用拿破崙暴政高度凝縮了這個問題的複雜性，這一點是從馬克思的異化理論過來的，馬克思把整個資本主義社會視爲人性的異化，並訴求無產階級革命，通過無產階級專政來消滅人吃人的舊社會，重新塑造一個沒有國家的共產主義新社會。科耶夫發揮了馬克思的革命理論，但有所變化，他不再訴求無產階級，而是訴求以拿破崙、史達林爲代表的現代暴政，他展望的社會也不是共產主義美麗新世界，而是普遍同質化的

豬的王國。

科耶夫為什麼不談異質性社會呢？這裡有一個理論難點，涉及前述的兩個黑格爾。黑格爾在《現象學》中把異化世界視為中心內容，科耶夫繼續馬克思，從中搞出了一個拿破崙的暴政和暴政之後的普遍同質化國家，由此異化世界被超越了。但是，《法哲學》的思想變了，過去的異化世界被黑格爾從法權上給予了實證性的證成，《現象學》的異化世界成為一個合理合法的市民社會以及憲制國家，拿破崙暴政、否定性辯證法被法權的仲介原則克服了；由此，一個正常的異質性社會成為黑格爾意義上的歷史終結的主體內容，這就從根本性上拒斥了科耶夫的暴政之後的普遍同質化國家的政法邏輯，這當然是科耶夫無法忍受的。不過，科耶夫的思想也在變化，《法權現象學》中的科耶夫似乎部分接受了黑格爾《法哲學》的觀點，他修正了《黑格爾導讀》中有關普遍同質化國家的思想，不再主張從暴政直接就進入普遍同質化國家，而是留下了一個歷史演變的空間，這個空間就是社會主義和國際司法一體化的政法經濟制度，這些成為《法權現象學》所要構建的內容。當然，科耶夫的社會主義比我們所理解的馬克思主義正統理論要豐富和多元，其中包含了前蘇聯、中國的社會主義模式，也包括歐洲的民主社會主義，甚至包括北美的福利國家等。

科耶夫兩個惺惺相惜的對手

科耶夫一生只有兩部主要著作：《現象學導讀》和《法權現象學》，思想的源泉主要來自黑格爾與馬克思。在當代的思想譜系中，科耶夫屬於傲慢與晦澀的一族，這個「神聖家族」的成員不多，國人知曉的列奧·施特勞斯、卡爾·施米特便在此列，關於他們的演繹

故事多少帶有「哲學王」的流韻餘緒。我們看，科耶夫、施特勞斯、
施米特三個人都自視甚高，其他人誰都瞧不起。三人之間雖然觀點
各不相同，但又惺惺相惜，認為只有對方才能理解自己，才配理解
自己。我今天只是從科耶夫的角度來談一下三個人之間的關係，並
不表明我就認為科耶夫比他們高明，當然，也並不表明我認為我們
這個庸俗乏味的時代就一定需要哲學王的睿智。

先談科耶夫與施特勞斯。施特勞斯的弟子們對科耶夫大多非常
崇拜，特別是布盧姆竟跑到法國跟科耶夫學哲學，後來編輯出版了
《黑格爾導讀》，專門寫了非常重要的序言，認為科耶夫實在是太
厲害了。科耶夫與施特勞斯的關係主要是圍繞著政治與哲學展開
的，他們兩人有關這個問題的通信集現在也出版了，國內也有漢譯
本。這個問題的核心在於如何理解「政治哲學」，具體的爭議點在
於如何看待古希臘思想家色諾芬的一篇論述僭主的小文《西耶羅》。
按照施特勞斯的說法，哲學家與政治家有關美好生活的理解是完全
不同的，僭主西耶羅所代表的是政治權柄的擁有者，哲學家代表的
則是另外一種知識或智慧的權力，在古典思想的語境中，哲學智慧
與政治權柄並不具有同構性，因此，哲人要小心，為了免受政治迫
害最好是夾起尾巴，用顯白的謊言開道。顯然，科耶夫不贊同這種
說法，與色諾芬—施特勞斯的古典政治哲學大異其趣，科耶夫尊崇
的是傳統正宗的柏拉圖—馬基雅維利—黑格爾的哲學王的譜系，他
們認為政治與哲學完全是同構的，一個是行動，一個是言辭，前者
是馬背上的精神，後者是筆頭上的精神，他們擁有一個共同的主題，
那就是在毀滅中創造世界，無中生有。《現象學導讀》有一章專講
「拿破崙與絕對知識」，科耶夫心中有一個當時沒敢說出來的想法，
如果史達林是現代拿破崙的話，他就是現代的黑格爾。一個用武力
征服了世界，另一個用言辭揭示了這個政治征服或現代暴政的實

質。那麼，誰更高明呢？他認爲自己更高明。後來有一次他對秘書說自己是神，搞的這位小姐不知所措，以爲開玩笑。其實科耶夫是當真的，他曉得當今世界只有他知道權柄的秘密，知道歷史背後的底牌是什麼。

　　如此看來，圍繞著古代僭主和哲人之間的關係，確實有一個政治與哲學的微言大義在裡頭。施特勞斯一脈的政治與哲學的兩分異構，揭示了這個問題的一個面向，可以說蘇格拉底之死成爲這派歷史敍事的絕唱；而科耶夫一脈的政治與哲學的一體同構，則說出了這個問題的另外一個面向。可惜的是，科耶夫只能以現代僭主拿破崙或現代哲人黑格爾乃至自己爲各自分立的表徵，這派歷史的敍事其實並沒有完成。按照科耶夫的邏輯，這個敍事還可以繼續，甚至在現代激進主義的政治─哲學那裡達到經典性的終結。我們看到，馬克思主義指導下的無產階級政治就進一步把這派理論推向極致，並把理論與實踐絕對完美地統一在一起，無論是列寧、史達林還是毛澤東，都是一身二任，既是最高級、最權威的政治領導者又是最偉大、最正確的思想理論家，他們與古代君主(或僭主)不同，古代君主(或僭主)只掌握權柄，不掌握理論，無產階級的領袖既掌握權柄又掌握思想，政治與哲學合一，政教合一，他們才是神，在他們一人之下，才有所謂的普遍同質化國家，才有所謂芸芸眾生──符號化的沒有任何個性的某某人。看來，科耶夫是誤讀了史達林，更是誤讀了自己，這才是古今之辨的命門。當科耶夫說自己是神的時候，施特勞斯或許正在一旁善意地冷笑呢：瞧，這個神！

　　接著來看一下科耶夫與卡爾‧施米特。科耶夫與施特勞斯的論爭主要是政治與哲學問題，與施米特的論爭則是政治與司法問題。前者主要是基於《黑格爾導讀》裡的思想，到了《法權現象學》，科耶夫理論的對手就變成了施米特。不過，科耶夫與施米特兩人的

思想並不是完全對立的，而是有分有合，對此，我們還要先從黑格爾談起。黑格爾《法哲學》最薄弱的一章，就是從國家憲制向世界歷史過渡時所揭示的國家間政治，他認爲這裡有一個戰爭倫理。施米特很欣賞黑格爾的國家間理論，把這個戰爭倫理拿到他的國家理論之中，並視之爲核心原則；在他看來，政治就是區分敵友，就是國家主權的決斷。我們看到，這個內政、外交一體化的敵友政治理論，既不符合黑格爾基於國內憲制的政治理論，也不符合康德政治哲學所構建的永久和平的國際理論。施米特的理論就是國家論、主權論，他把國際政治的敵友原則納入到國家政治，轉換爲政治主權問題。

科耶夫如何看待施米特的理論呢？首先，他接受了施米特的部分觀點，區分了國內政治與國際政治。在國內政治中科耶夫提出了「政治法」，他贊同施米特的主權政治論和敵友政治論，儘管科耶夫還特別設置了專屬性的司法階層，賦予他們站在第三者的位置來平衡國內利益衝突的職責，但司法家們最終還是要從屬於政治家所構建的政治法體系，這基本上就把施米特的理論放進去了。科耶夫與施米特的爭論要點是在國際政治上，《法權現象學》主要是爲未來的歐盟一體化提供法權基礎的，爲此國家間的法權關係就與施米特有重大的不同。科耶夫拋棄了黑格爾—施米特的路徑，在國際政治領域有點接受康德的思想，就是尋求一個專屬性的國際司法治理模式，在這個領域裡，隱含的主題是去主權化、去國家化。通過國際司法一體化，或許也可以達到普遍同質化國家—共產主義。我們於是看到，科耶夫原先的基於主奴鬥爭的暴力理論消除了，國際暴政的訴求沒有了，敵友政治的嗜血本性克服了。普遍同質化國家—共產主義本身就是一個悖論，它是一個社會，不是一個國家，是一個社會體，不是一個政治體。對此，施米特完全有理由加以質疑。

政治在未來社會存在嗎？當然，科耶夫可以把政治凝聚在一個人——無產階級的最高領袖身上，但政治本身無法克服。政治的敵友本性最終凝聚或濃縮在一個人之後，才會有全世界無產階級的大聯合，才會有普遍同質化的社會。未來社會需要有一個最高的政治人在頂端給「罩住」，沒有這個，社會體就又成了霍布斯筆下的自然狀態了。

現代性問題

前面已經多次談到了現代性問題。北美女學者德魯麗有一本很暢銷的書叫《科耶夫：後現代政治的根源》，實際上現代性和後現代之間沒有區別，後現代必須以現代性為預設前提，現代性問題本身必然要走向後現代，這是一個硬幣的兩面。什麼是現代性呢？我在前不久出版的一本小冊子《何種政治？誰之現代性？》曾經指出，現代性本身就預設了一個重大的危機，就意味著一種斷裂，這個危機的自我毀滅就是後現代。

追溯起來，關於現代性問題的第一個解釋要從黑格爾說起，他以為現代性從古希臘羅馬共和國之類的城邦國家解體時代就開始了，主奴之間的階級鬥爭標誌著奴隸登上歷史的舞臺，奴隸創造了歷史。此後，尼采的主題就出來了，他們是被壓迫的不幸的基督徒，基督教變成了國教。這些人後來又變成了資產階級，造就出現代社會，有了資產階級法權，再往後，這些人又成為無產階級、工人階級，他們要革命，搞無產階級專政，建設共產主義社會。當然，我這裡所說的「這些人」不是指肉體上的「他們」，而是描述一種政治邏輯，說到底「這些人」都是從羅馬城邦國家放出來的奴隸或魔鬼，他們構成了西方現代性問題兩千年來的戲劇主角。我們看到，

黑格爾《現象學》中的這個敘事，比施特勞斯等人所描繪的現代性
問題之發凡於文藝復興乃至中世紀要早得多，儘管黑格爾的《歷史
哲學》沒有直接講現代性，但《現象學》的異化世界與現代性問題
是勾連在一起的。

　　第二個解釋是馬克思，雖然他也沒有談到現代性、後現代問題，
但是，馬克思從黑格爾左派、費爾巴哈唯物主義那裡搞出來的東西
與英國的政治經濟學、法國的空想社會主義弄在一起，創建了一個
歷史唯物主義，這便與現代性問題有了對應關係。馬克思認為人類
歷史要經過幾個必然的階段——原始社會、奴隸社會、封建主義、
資本主義和共產主義，後來列寧又加了一個社會主義。那麼現代性
問題呢？馬克思對此倒是接受了自由主義的觀點，認為現代社會是
從資本主義開始的，資產階級不是從羅馬出來的，而是從工業革命、
羊吃人的圈地運動出來的。但是，馬克思鍾情於否定性的辯證法，
他對資本主義有怨恨，所以就拼命鼓吹階級鬥爭的敵友政治哲學，
為任何一個歷史階段都設計了一個敵人或掘墓人，在他看來，現代
社會的掘墓人就是無產階級，無產階級革命就是現代政治的核心問
題。後來，列寧又為無產階級塑造出一個先鋒隊，這樣一來，馬克
思主義語境中的現代性問題，就轉換為無產階級專政的問題。至於
西方馬克思主義者對於現代性問題的理解，則是另外一個路徑，他
們繞過了現代性問題的革命政治節點，而多糾纏於現代性與後現代
之歧變，像拉康、德里達、福柯這些人都很是欣賞馬克思。

　　此外，還有海德格爾的「虛無主義」也可以納入施特勞斯「現
代性的三波」，不過，我認為施氏的這個三波敘事遠沒有黑格爾高
明。海德格爾把現代性的底牌徹底揭開了，虛無主義與否定性的辯
證法以及「死」和「畏」這些生存性的東西聯繫在一起。施特勞斯
不過是接續了海德格爾，也認為現代性最終的結果就是虛無主義。

哲學中的虛無主義必然導致政治上的極權主義，你看，科耶夫的虛無主義就是擁抱現代僭主的暴政，海德格爾對希特勒也是情有獨鍾。關於這個關係，阿倫特就特別的關注，我覺得這是一個值得中國思想界警醒的問題。記得十幾年前初讀福山的著作時，有一種困惑，按照一般的理解，歷史終結，自由民主勝利了，自由派應該高興才對，但是他的書有很大的悲哀在裡面，普遍同質國家、最後的人世界，這並不值得歡喜。現在看來，福山對自由政治的理解是錯誤的，自由主義怎麼會有歷史末日論呢？這裡有海德格爾虛無主義的陰影。關於現代性問題的敘事，還有一個就是布魯姆了，施特勞斯的著名弟子，他在《封閉的美國心靈》一書中對現代文化，尤其是美國的好萊塢、麥當勞文化，給予了猛烈的批判，確實那些東西沒什麼勁，商業性的，很賤。但是，中國的問題與他們不一樣，有吊詭，語境不同。

　　關於中國的現代性問題，我認為首先要有一個思想立場。學術思想研究沒有立場的話就是知識，任何知識都可以說得天花亂墜，人類的知識現在實在是太多了，無窮盡的。你必須有立場，然後圍繞著立場展開你的知識論證，形成思想。我覺得研究現代性問題的基本立場應該是恢復常識理性，訴求人情事理，天地良心，我們生活在當今中國這樣一個社會大轉型的時代，如何認識這個社會，參照哪些思想資源，這裡有一個思想的決斷。讀政治哲學，沒有思想立場就只能是一個人造字典。堂堂正正做一個現代的中國人，這是我的思想立場，但何謂「堂堂正正」，這裡有一個政治正義的價值訴求，有文化中國，更有自由中國，有中西之辨，更有古今之爭。學術界有些人主張回到古代，古代人作的比你還好呢，現代人你不是腦袋注水嗎？也有些主張後現代，要與歐美的左派激進主義聯合起來抗拒現代西方政治與文化，如果你是生活在美國、法國，那也

挺好，但你是中國人。我常說中國人現在是被撕裂成三塊，一條腿
伸到後現代，另一條腿還在前現代，而患病的主幹身軀以及大腦還
處在轉型的現代。我們有後現代的問題，更有前現代的問題，諸如
現代民族國家、自由政體、法律制度、經濟秩序、人權理念等所謂
的現代性問題，都需要從頭建設。我個人傾向於英美保守的自由主
義，不認為有一個現代性的絕然斷裂以及歷史的終結，更不認為一
個什麼暴政之否定性的辯證法能夠催生一個美麗新世界。當然，我
承認有古今演變、中西碰撞而生發出來的現代問題，為此中國社會
需要漸進的改良和有限度的變革。前面談到的兩個版本的黑格爾和
科耶夫，我認為前一個在邏輯的深度上、甚至在審美上都是可圈可
點的，但政治不是邏輯，更不是美學，所以在價值取向、思想立場
和現實審慎上，我更體認後一個的黑格爾與科耶夫。

　　上文我初步把黑格爾、科耶夫與現代性問題作了一個簡單的勾
勒，這只是西方諸多思想淵源中的一種。古往今來，中西方古典與
現代的政治思想有很多，都很精彩，條條道路通羅馬，我們大可不
必囿於一條，更沒有必要追奇求新，什麼熱就讀什麼。無論讀哪些
人的著作，你一旦讀了，就要讀進去，把它的脈絡、路徑搞清楚，
自己要有個看法，然後再走出來。我覺得這才是一種優良的讀書方
法。

　　高全喜，北京航空航太大學法學院教授，研究法哲學、政治哲學
與憲政理論，專著有《理心之間：朱熹和陸九淵的理學》、《法律
秩序與自由正義：哈耶克的法律與憲政思想》、《休謨的政治哲學》、
《論相互承認的法權：精神現象學研究兩篇》、《現代政制五論》；
並主編《大國》及「政治與法律思想論叢」。

有膚色的1968：
第三世界抗爭與知識生產

王智明

在最根本的層次上，知識體系的轉變與世界體系轉變的過程是緊密聯繫在一起的。

——華勒斯坦[1]

1968年11月5日的下午，一群非裔、亞裔、拉丁裔和原住民學生，在「黑人學生聯盟」與「第三世界解放陣線」的領導下，向舊金山州立學院(現為州立大學)提出15項要求，促請校方立即成立黑人研究系與族裔研究學院，由參與第三世界解放陣線抗爭的少數族群主導該系院的教職員聘任與課程規劃，並讓所有願意到舊金山州立學院就讀的黑人與第三世界學生全部入學[2]。學生希望校方能無條件地接受這些要求，校方則以要求凌駕校方決策而斷然拒絕。長達五個月的激烈抗爭即於隔天展開。部分學生在行政大樓前集結抗議，部

---

1 Immanual Wallerstein, *The Uncertainties of Knowledge* (Philadelphia: Temple UP, 2004) 165.

2 Third World Liberation Front, "The Fifteen Demands/SFSC Settlement Response," listed in the appendix of Proceedings of "After the Strike": A Conference on Ethnic Studies, San Francisco State University, April 12-14, 1984 (San Francisco: SFSU School of Ethnic Studies, 1984).

分學生則於校園內製造動亂、損毀校舍，迫使校方召來警力維護秩序並關閉校園。示威學生向毛澤東思想取經，採取「跳蚤攻勢」，有效地擾亂了校園的日常作息。有些學生甚至引爆土製炸彈，希望透過激進手段，升高衝突，軟化校方立場。此舉迫使校方提升安全警戒，並逮捕數名抗議學生，以示懲戒。當教職員於同年12月加入抗議示威後，校園衝突更爲升高，抗爭手段更形激烈。校方於是決定關閉校園長達3個月。當時的加州州長雷根便認爲，舊金山州立學院是美國「境內的越南」[3]，並考慮要求聯邦政府派遣國民衛隊進駐校園鎮壓暴動。

　　1969年1月22日，第三世界解放陣線在舊金山灣東岸的柏克萊加大也發動了示威抗議，要求柏克萊校方成立第三世界學院。在自決的精神下，柏克萊的抗議學生，和他們在舊金山州大的同志一樣，也希望社群民眾與學生能夠取得籌設第三世界學院的主導權。柏克萊校方也同樣地拒絕了學生的要求並採取鐵腕手段，動員警力逮捕示威學生。雙方的衝突在二月升高，州長雷根宣布柏克萊校園與周邊地區進入「緊急狀態」，並於2月27日派遣國民衛隊進駐校園。在催淚瓦斯、恐懼與不安當中，抗議持續進行，並於3月4日取得成果。加大當局終於同意成立一個過渡性質的族裔研究系，讓第三世界學生參與課程籌設，並承諾在行政上提供足夠的彈性以達成最終成立族裔研究學院的目標[4]。同年3月20日，在長達兩個多月的協商後，

3　William Barlow and Peter Shapiro, *An End to Silence: The San Francisco State College Student Movement in the '60s* (New York: Pegasus, 1971) xiii.

4　Harvey Dong, *The Origins and Trajectory of Asian American Political Activism in the San Francisco Bay Area, 1968-1978*, Diss. University of California, Berkeley (Ann Arbor: UMI, 2002) 70。必須一提的是，柏

舊金山州立學院最終接受了學生的15點要求，長達五個月的抗爭也
告結束。族裔研究學院和系分別於在1969年秋天成立，開始招收學
生。在舊金山州立學院和柏克萊加大的抗爭成功之後，加州及美國
其他地方的學生也開始推動成立族裔研究：加大洛杉磯校區，加大
戴維斯校區，夏威夷大學和紐約市立學院都分別於1970年代初成立
了族裔研究相關的系所和課程。族裔研究——包括非裔、亞裔、西
語裔及原住民研究——於1970年代後逐漸獲得認可，自成一個學術
領域，並成為當今美國研究的重心之一。

　　和巴黎、柏林、布拉格等地的學生運動不同，1968年舊金山州
立學院與柏克萊加大的學生抗爭不僅以「第三世界」為名，更明確
地以第三世界人民為抗爭主體，尋求解放。在民權運動的氛圍下成
長，並深受反越戰運動的影響，他們不僅將美國境內的少數族群與
全球範圍內受帝國主義壓迫的弱勢民族連結起來，更認識到教育體
制與知識生產本身亦需要被解放、去殖民，才能完全改造社會。他
們認為，大學對外為戰爭提供資源、研發武器，參與「軍事工業聯
合體」；對內則輔助資本主義、形成階級體制，複製制度性的種族
歧視，進一步壓迫美國境內的少數族裔。就實踐社會主義革命而言，
這場學運或許是失敗了。但是這場運動卻留下了「族裔研究」這個
珍貴的遺產，啟動了社會實踐與知識生產的辨證討論。對於向來習
慣以西方為參照的台灣而言，重訪這場「有膚色的1968」(the colored
68)運動，不僅可以提供我們另類的第三世界想像，也可以為當下台
灣亞美文學與文化研究的發展打開另一個討論的面向，進而重省台

（續）——————————————————

　　　克萊加大最終並沒有依照承諾成立族裔研究學院，而只成立了族裔
　　研究系，來提供亞美研究、西語裔研究與原住民研究相關課程。非
　　美研究則自成一系。

灣外文學界知識生產與社會實踐的關係。

教育的政治經濟學

> 知識成為一種社會的與生產的力量。它不僅參與了物質的生
> 產,也生產與再生產了社會關係。這樣的生產成為有意識的活
> 動,亦被知識所穿透;但同時它卻更受制於意識型態的操作,
> 使其相關的策略,政府力量與決策都受到意識型態的驅策或合
> 理化。
>
> ——拉斐博[5]

　　法國社會學家拉斐博在論及法國1968學運時,對當時的法國社
會做了以下分析。他認為,1968年前後的法國社會處於一種截斷和
分裂的狀態:一方面,科技與資本的發展導致權力在私領域的集中。
然而,雖然政府最終具有調控私領域的權力,這些集中的權力卻非
政府所可以完全控制與管理的,因為私領域對於財富與權力的追求
往往挑戰、乃至弱化了政府部門的調控能力,進而破壞了政府與人
民原有的契約關係,造成既有生產關係的重組。這樣的發展導致了
政府部門與市民社會之間出現政治參與和意識型態上的「缺空」
(void),因為政府部門提供的服務無法滿足人民的需求,機構的效
能因而受到質疑,行政的權威遭到挑戰,致使整個社會體制逐漸瓦
解。在這個情形下,「即時而自發」的運動(拉斐博稱之為
"spontaneity")就會以各種形式的行動(包括暴力)來彌合這個缺空,

5　Henri Lefebvre, *The Explosion: Marxism and the French Upheaval*
　　(New York: Monthly Review, 1969) 42.

並克服行政部門與人民意志的分裂[6]。另一方面,在公部門中,教育機構(特別是大學)扮演著一個特殊的角色。大學一方面是社會菁英的養成所,另一方面也必須與社會經濟有所接連,好爲學生進入社會做準備。然而,戰後法國的學院體制,在1960年代顯然無法與重組社會的經濟力量有效接合,學院訓練與社會需求脫節,使得原該成爲菁英的學生反而看不到前景,亦感受不到改變社會的前進力量。因此,拉斐博認爲,學生對於大學體制的不滿乃是法國1968學運的根源之一,因爲大學無法提供工業經濟體系所需要的知識,而大學在社會體制中的邊緣化更使得學生對政府的施爲感到不耐[7]。瑞丁(1996)也指出,當時法國的學生既不滿意大學的封建結構,也對政府現代化大學的努力有所抗拒[8]。學生的失望與憤怒於是轉化爲對體制的反抗與改造社會的熱情。

同樣的,「有膚色的1968」亦是在特定的歷史脈絡下發生的。加州的教育改革、移民經驗、種族歧視、與越戰都是重要的背景。早在1920年代,美國的教育體制就與工業的需要有緊密的連結[9]。除了透過1862年的莫瑞法案鼓勵政府捐地、設置大學外,加州政府還在全州廣設社區學院、提供高中畢業生兩年免費的技術教育,爲加州的工業發展提供適切而充足的勞動力[10]。二次大戰期間,軍事工業的需求陡升,不僅爲加州增加經濟與就業機會,並吸引了許多勞

6　Lefebvre, 43-53.

7　Lefebvre, 104-11.

8　Bill Readings, *The University in Ruins* (Cambridge: Harvard UP, 1996) 137.

9　Christopher Newfield, *Ivy and Industry: Business and the Making of the American University, 1880-1980* (Durham: Duke UP, 2003).

10　莫瑞法案(Morrill Act)催生了許多著名的美國公立大學:康乃爾大學(1865)、伊利諾伊大學(1867)和加州大學系統(1868)。

工移民加州，也爲加州的大學提供穩定而可觀的財源。然而，韓戰
於1953年結束後，許多美國大兵重返校園求學，再加上戰後嬰兒潮，
使得加州的大專就學人口於1960年代達到高峰。再者，高中畢業生
也不再滿足於社區學院兩年的技術訓練，而想進入四年制的大學就
讀，以求畢業後獲取高薪的白領工作。由於加州大學系統的入學門
檻較高，於是數量較多、要求較低的四年制州立學院系統成爲大部
分學生求學的重要管道。但是，加州政府並沒有預期到這陡然而至
的高等教育需求；加州的財務結構，在租稅補貼企業的政策下，一
時也無法負荷。紐菲德(2003)就指出，二戰結束後的五年，加州高
等教育的入學人數突然增加3倍，並在1960年突破30萬人[11]。原來將
加州大學、州立學院與社區學院依功能區分的教育規劃(加大系統提
供專業訓練、州立學院提供職業訓練、社區學院提供技術訓練)，也
因而無法確實的運作。爲了解決這個問題，加州政府在1960年於是
提出了所謂的「主計劃」來重整加州的教育結構，以滿足加州居民
對高等教育的普遍需求，並且更有效率地提供工業發展所需的勞動
力。「主計畫」的邏輯是：延續原來功能區分的教育規劃，強化執
行教育分流，分層管理，以學術成績爲準，層層把關，並且預期在
1975年時，將原來可以進入加州大學和州立學院就讀的學生，其中
成績較差的五萬名學生交由社區學院來吸收。換言之，在1960-65
年間，有五萬名原可以進入高等教育體系的學生將被拒絕於大學門
外。這意謂州立學院的入學錄取率將從原來最高的70%大幅降至
33%，而加州大學的錄取率也將降至12%，同時社區學院學生轉學
州立學院和加州大學的學業門檻也大幅提高。[12] 以學業成績分流學

11　Newfield, 116.
12　關於「主計畫」(The Master Plan)，見Barlow and Shapiro, 27-32.

生的做法，成爲加州政府應付財務危機與工業需求的好方法。巴樓
與薛匹洛就語帶諷刺的批評：「如果公開宣布無法負擔某些學生的
教育會帶來危機的話，那麼加州政府只要將這些學生說成素質不
佳、不堪教育，就可以避免了。政府的政治經濟需求也因而可以受
到學院的背書與保祐」[13]。

　　在1960年代初，受到「主計畫」衝擊最大的就是黑人和其他的
少數族裔學生。根據巴樓與薛匹洛(1971)的研究，1968年舊金山約
75萬人口總數中，近三分之一是少數族裔。其中黑人占了城市居民
人口的13%、亞裔(包括華裔、菲律賓裔和日本裔)占9.5%，墨西哥
和拉丁美洲移民則占9%。然而，這些少數族裔的薪資所得與生存條
件卻是很不堪的。以黑人爲例，有三成的黑人沒有工作；在有工作
的七成裡，37%的黑人的薪資所得低於年薪4000美元的貧窮線；在
黑人社區裏，七成的房屋是租來的，而其中9%的住宅品質已是低於
標準。拉丁裔與華裔的生活狀況亦好不到哪去。尤其中國城的擁擠
程度乃是當時舊金山市的八倍，而當舊金山市居民的平均教育程度
是高三時，中國城居民只有小學二年級的程度[14]。爲貧窮所苦、又
缺乏教育資源的少數族裔，必然成爲「主計畫」下的犧牲品，他們
非但沒有機會通過學科測驗的素質考核，進入大學，更被綁在底層，
既要爲社會提供基本的勞動力，又要因爲貧窮和落後而被歧視。教
育非但沒有爲他們提供階級流動的機會，反而成爲進一步壓迫他們
的邪惡體制。「主計畫」的推動壓縮了少數族裔本來就有限的教育
空間，而社會對於他們的漠視，更使得已在大學就讀的少數族裔學
生感到社會改造的迫切性。在1964-66年間，進步的白人學生與少數

13　Barlow and Shapiro, 29.
14　Barlow and Shapiro, 146-50.

族裔學生，已開始在舊金山州立學院籌劃另類的教育：他們設立了
「社區參與計畫」，招募大學生到黑人社區去輔導中小學生課業，
亦在校園內成立「實驗學院」，組織各種各樣的研討班，鼓勵師生
進行政治論辯、反思教育的意義與功能。然而，實驗學院雖然提供
了不同的課程與思考，其發展並沒有鬆動學院體制的合法性；反而
是那些到黑人社區參與教學的學生們，對於社會階級分化與種族差
別對待的現實有更深的體會，進而企求更激進而全面的改造方案。
同一時間，民權運動的推進受到折挫：種族問題非但沒有獲得解決，
反而在各地的暴力抗爭中愈形突出。激進的黑人團體如黑豹黨開始
出現，強調黑權（Black Power）與黑人認同的重要，並引領新一波的
黑人運動。他們援引法農與毛澤東的理論，認為黑人社群和越南人
民一樣，都是被殖民的人民，因此黑人必須和第三世界人民聯合起
來對抗帝國主義。民權運動時代所標榜的種族融合、和平相處的想
法至此被解放與自決的理想所取代。前述黑人學生聯盟（BSU）與第
三世界解放陣線（TWLF），就是在這樣的氛圍下出現的。

在1966年三月成立後，BSU就以成立黑人研究系和推動特別入
學方案為目標進行活動。他們期待教育能夠啓蒙黑人、提升他們的
自尊與自信、改善他們的經濟環境與生活情況，進而改變這個壓迫
的社會結構；而推動特別入學方案與黑人研究則是達致這個目標的
手段。同樣的，由菲美學院工作（PACE）、墨美學生聯盟（MASC）、
跨校華人社會行動（ICSA）以及拉美學生組織（LASO）所共同組成的
TWLF[15]，也將教育視為推動全面改革的前哨戰。他們相信舊金山州

---

15 這些組織的英文全名分別為：Philippine-American College Endeavor,
   Mexican-American Student Confederation, Intercollegiate Chinese for
   Social Action, 以及Latin American Student Organization.

立學院的抗爭，不僅是爲了少數族裔學生自身的權益，也是爲了在
舊金山灣區少數族裔社區的發展，更是對第三世界人民，特別是越
南反帝戰爭的聲援。對他們而言，「第三世界」非但不是一個負面
的指涉，反而具有十分正向的意義：反帝國主義、反殖民主義與反
資本主義。它所追求的是一個解放的社會，一個反對剝削、歧視與
壓迫的公義社會。因而，族裔研究的設立不僅僅是爲了要認識少數
族裔的文化、歷史與移民經驗，不僅僅是爲了要分析美國社會種族
壓迫的根源，更是要提供少數族裔一個第三世界的想像，並在自決
的原則上去檢驗知識生產和推動社會改造。在這個意義上，舊金山
州立學院的第三世界抗爭，要求設立黑人研究系與族裔研究學院，
在本質上正是對美國資本主義社會學術機構與知識生產的批判，它
引發的是一個思想轉換的過程，希望對種族問題的分析與批評可以
達成社會的全面改造。因此，他們所提出的15項要求是不能妥協的，
因爲這些要求不僅反映著第三世界人民的教育需求；更重要的，不
能妥協的原則意謂歧視的制度和機構沒有對第三世界人民行使權力
或分享他們權力的權利，因爲權力應當屬於人民自身。這個「自決」
的概念和第三世界國家爭取民族獨立和自主的精神是一致的，其關
連亦是不容否認的。卡茲菲卡斯就指出，1960年代美國學生運動的
基本精神就在於第三世界國際連帶的概念以及對於壓迫的否定與反
抗。它是一種新式的抗爭，因爲學生不僅反對知識與戰爭的工業連
結，更嘗試以新的倫理和價值來重構學院和知識[16]。

　　換言之，「有膚色的1968」所啓動的不只是國際主義的第三世
界想像，來統合一個法農式的反殖民批判。以學院爲抗爭核心，挑

16　George Katsiaficas, *The Imagination of the New Left: A Global Analysis
　　of 1968* (Boston: South End, 1987) 127.

戰知識生產與社會實踐的分離，它同時也是對資本主義社會教育體
制的政治經濟學批判。如果挪用瑞丁對於卓越論述(discourse of
excellence)的批評，我們會發現，「卓越」的想像刻意抹除了種族、
性別與階級的差異，對「卓越」的追求亦只是自我複製的套套邏輯。
學院如果不能面對與回應這些差異所造成的問題，那麼知識生產與
社會現實便處於脫勾的狀態，學術，卓越與否，也就不是「有用的」
知識，而只是階級晉升所需積累的文化資本。透過取得教育與知識
生產的主導權來重新組構社會的種族、性別與階級關係，「有膚色
的1968」讓我們清楚地看見，大學不只是由「科學」和「客觀」知
識所建築的象牙塔，它同時也是權力的機構，是阿圖塞所說的意識
型態機器。

族裔研究與跨國聯繫

　　儘管舊金山州立學院和柏克萊加大的第三世界抗爭是目前敘述
的焦點，「有膚色的1968」其實包括了其他不同的運動與組織。除
了黑權運動之外，西語裔和原住民、女性及同性戀團體分別在全美
各地展開了不同的抗爭。就亞裔而言，相關的運動組織就有左派的
義和拳(I Wor Kuen, IWK)、紅衛兵(Red Guard Party)，以及較為溫
和的為民社(Wei Min She)分別在東西兩岸的中國城進行社區服
務、組織反戰活動以及抗議成衣工廠的血汗剝削。菲律賓裔的學生
亦成立左傾的民主菲律賓聯盟(KDP)，組織菲美社群，並批評美國
支持的馬可士政權。日裔社群組成日本町組合(Japan Town
Collective)在舊金山和洛杉磯等地抗議市政府改建日本町
(nihonmachi)的行動，將破壞日裔文化的保存與日裔社群的完整。
在紐約的韓裔學生則發行雙月刊《洞見》(Insight)，一面鼓吹反越

戰運動與第三世界解放,一面推動兩韓統一。越裔學生更是大力反
對越戰。華盛頓大學畢業生阮太平因爲參與了占領紐約西貢使館等
抗議活動,而在被美國遣送回越南的途中遭到殺害一事,令越南社
群激憤不已,也鼓舞了更多越裔學生加入反戰運動。亞裔的同性戀
團體亦於1970年代開始發聲,挑戰與批判亞裔社群的恐同症以及美
國主流社會對同性戀的壓迫。而座落於舊金山中國城邊上的國際旅
館(International Hotel)抗爭——反對市政府以都市更新爲由,強迫
國際旅館(實爲低價的出租公寓)的住民搬遷——更將從舊金山州立
學院開始的學生運動一直延續到了1977年[17]。

　　雖然國際旅館抗爭最後是以警方強制驅離住戶告終,不同社群
的參與使得「亞裔美國人」這個虛擬的認同有了深刻的歷史與政治
內涵。同樣的,即使不同社群所積極介入的議題不盡相同,反抗壓
迫、要求自主、互相聲援的第三世界精神的確是這個認同的根本,
也是族裔研究學院建制化最重要的條件。因此,以亞美研究(Asian
American Studies)而言,最早期的出版品,如報刊和選輯,除了討
論美國境內少數族裔的處境外,同時也表達了對於第三世界國家,
特別是亞洲的關懷。最早的亞美研究選輯《根源》就收錄了不少討
論種族歧視與亞洲關係的文章。選輯內的幾位作者指出亞裔美國人
與亞洲人,在某個程度上,是不可切割的,這不僅是因爲種族歧視
並不會區分亞洲人民與美國公民的身分,更是因爲美國的亞洲政策
與境內的亞裔處境總是相互影響的緣故。編者之一的日裔學者王堂

17　相關的記述與討論,見Steve Louie and Glenn K. Omatsu, eds., *Asian
　　Americans: The Movement and Moment* (Los Angeles: UCLA Asian
　　American Studies Center, 2006); Fred Ho, Carolyn Antonio, Diane
　　Fujino, and Steve Yip, eds., *Legacy to Liberation: Politics and Culture
　　of Revolutionary Asian Pacific America* (San Francisco: AK, 2000).

就在前言裡指出，亞美研究的目的之一就是要理解「亞裔美國人究竟與亞洲如何發生關係，兩者的關係又是如何的緊密？」[18] 在紐約中國城出版的《橋刊》(*Bridge*)裡，我們同樣也可以看到亞裔社群(特別是華人)對於亞洲的關心。它不只關懷美國華人社群的狀況，也將觸角延伸到世界其他地方的華人社群，更引介當時在港台的流行文化，如金庸和林懷民的小說和武俠電影，以及提倡亞美文藝創作。同時，它也關注海峽兩岸的局勢發展，更於1972年推出釣魚台運動專號，討論在美華人學生的政治參與。一如創刊詞所述，《橋刊》的目的就是希望成為華人與華人之間、華人與美國社會之間的橋樑。相對於《橋刊》的大眾取向，同於1971年創立的《美亞》期刊(*Amerasia Journal*)則有明確的學術取向。歷經30多年的學術出版，《美亞》依然保有當時的第三世界關懷，持續地對亞洲的文化與政治、亞裔的移民經驗保持關注，並對帝國主義與跨國資本的當代形貌與歷史建構提出批判。在911事件後，《美亞》陸續出版幾期專號，討論美伊戰爭、越戰和珍珠港事變的意識型態連繫，以及當前的反戰運動，並將視角擴及於南亞、東南亞，以及中東的移民群體。

然而，亞美研究建制化的發展過程卻是充滿著矛盾的。一方面，做為一個新興學科領域，在學院建制化以後的亞美研究面臨了定義自身獨特性的挑戰：關照亞洲的亞美研究如何與以亞洲為研究客體的亞洲研究有所區隔？以亞美認同為基礎的亞美研究又如何獲得主流美國研究的肯認與接納？批判性的學術立場是否足以定義亞美研究的學術取向？跨領域的研究取徑又該如何整合，並對既成學科提

---

18 Franklin Odo, Preface, *Roots: An Asian American Reader*, ed. Amy
    Tachiki, Eddie Wong, Franklin Odo, and Buck Wong（Los Angeles:
    UCLA Asian American Studies Center, 1971）x.

出挑戰？學術研究的發展如何同時兼顧社群的需要和期待，社群的
問題又如何轉化爲研究議題、豐富亞美研究的學術內涵？二方面，
伴隨著亞美運動進行的，是對於亞美文化的考掘與亞美獨特性的堅
持。趙健秀等人合編的《哎咿：亞美作家選輯》就提出了「亞美感
性」(Asian American sensibility)做爲亞裔美國文學的判準。他們強
調，亞裔美國人與亞洲人有著不同的歷史經驗、認同基礎與文化想
像；亞裔美國人要掙脫東方主義式的亞洲人形象，抗拒媒體複製的
亞洲刻板印象，重新打造屬於亞裔美國的英雄敍事與身分認同。以
黑豹黨爲榜樣，趙健秀等人採取了一個較爲激進而男權主義的態
度，堅持「真正的」亞美文學應該批判並揚棄負面的亞裔形象，進
而創造一個英雄的文學傳統，重拾亞裔美國人的陽剛氣質
(masculinity)[19]。趙健秀的主張招來不少爭議，更引發了一系列的
批評與論辯[20]。最關鍵的是，他強調美國經驗之於亞美文學的重要，
堅持將亞裔移民與他們的亞裔子女區分開來，也因而奠定了一個文
化民族主義的立場，並確立了後來亞美研究與亞洲研究分道揚鑣的
基本方向。原來在第三世界抗爭中實體化的亞洲，於是成爲一個空

19 Frank Chin, Jeffrey Paul Chan, Lawson Inada, and Shawn Wong, eds.,
    Introduction, *Aiiieeeee!: An Anthology of Asian American Writers*
    (Garden City: Anchor, 1974) xxi-xlviii; Frank Chin, "Come All Ye
    Asian American Writers of the Real and the Fake," in *The Big Aiiieeeee:
    An Anthology of Chinese American and Japanese American Literature*,
    ed. Frank Chin, Jeffrey Paul Chan, Lawson Inada, and Shawn Wong
    (New York: Meridian, 1991) 1-93.
20 相關辯論見King-Kok Cheung, "The Woman Warrior versus the
    Chinaman Pacific: Must a Chinese American Critic Choose between
    Feminism and Heroism?" (1990), reprinted in *A Companion to Asian
    American Studies*, ed. Kent Ono (Oxford: Blackwell, 2007) 157-74.

洞而虛擬的意符，成為亞美認同的族裔符號以及亞美文學裡的文化
想像。直到最近，在離散與跨國研究的浪潮下，亞美學界才開始重
新面對亞美研究裡的亞洲，並反省亞洲與亞美文化的關係[21]。

　　同樣的，非美學者茹克斯(2006)在她反省非美研究(African
American Studies)建制化歷史的近作中，也注意到了類似的狀況。
她發現黑人研究本是隨著黑權運動而生的：當時泛非主義(Pan-
Africanism)思潮與非洲去殖民運動對於參與黑人研究建制化的學生
和積極分子有深刻的影響；他們相信美國黑人與非洲黑人共同承擔
了被殖民的歷史，因此他們的鬥爭同時也是終結白人霸權的國際性
第三世界鬥爭。建立黑人研究的目的不是為了加速同化、促進種族
和諧，好讓黑人子弟也可以在白人掌握的資本社會分一杯羹，而是
要從學院和知識的解放開始推動社會主義世界革命。凱力(2001)也
指出，1960年代的黑人知識分子不僅對革命性的黑人國際主義感到
興趣，對於1955年印尼萬隆會議高舉的第三世界主義也有很深的認
同與期待，並且認為他們的運動與中國、古巴、越南和阿爾及利亞
的鬥爭是同聲連氣的[22]。然而，當革命高潮逐漸平息，在福特基金
會的獎助下，黑人研究的意識型態開始有所轉折：原先主張自主分
治的黑人研究，逐漸轉變為象徵多元文化的非美研究。當多元文化
主義的論述於1980年代開始籠罩大學校園時，黑人研究的重心就從
學生運動轉向學科的建制化與專業化，而非美研究與第三世界的關

21　相關討論見Sau-ling Wong, "Denationalization Reconsidered: Asian
　　American Cultural Criticism at a Theoretical Crossroads," *Amerasia
　　Jouranl* 21.1-2（1995）: 1-27; Susan Koshy, "The Fiction of Asian
　　American Literature," *The Yale Journal of Criticism* 9（1996）: 315-46.

22　Robin Kelly, *Freedom Dreams: The Black Radical Imagination*
　　(Boston: Beacon, 2002) 81.

係也就淡薄了許多。有趣的是，茹克斯還發現，非美研究的發展自
1990年代開始，再次出現戲劇性的轉折。大部分的黑人學生其實不
一定在大學裡主修非美研究。更多的學生寧願修習其他的專業，期
待盡早進入主流社會。更令人驚訝的是，在非美研究系裡，大部分
的黑人學生並不屬於非美族裔；來自非洲和拉丁美洲的第一代或第
二代移民反而成為非美研究的主力。他們來自不同的地區，有著不
同的歷史背景和記憶，也因此對於所謂的「非美」有著不同的想像
與關懷。因此，非美研究近年來再次轉型，以非洲離散與跨國文化
為主軸來擴大與重組非美研究，以回應這個變化[23]。非美研究的轉
型不只折射了美國近20年的移民狀況與人口變化，更反映著對於「種
族」這個概念與問題的不同想像。當同為黑人的「非／美」學生對
奴隸歷史有著不同的記憶時，當他們對於怎麼樣才算黑人、怎麼樣
才叫反抗的想法有所差距時，非美研究確實面對著一個存在的危機。

　　亞美研究也有類似的危機。1965年美國國會通過新的移民法案
後，大量的亞洲人進入美國成為移民。與早年以勞工為主的移民狀
況不同，1965年後的亞洲移民大多為學生和專業人士，或是越戰末
期逃離印度支那的難民。他們的移民經驗與亞洲連繫，與土生土長
的亞裔美國人大不相同，他們對於亞美認同的文化政治想像也很不
一樣。儘管他們因為政治或是經濟的因素，在美國落地生根，可是
他們更像是遠離故土的離散子民，而不是種族政治意義上的亞裔美
國人。加上移民的來源更為多元，做為統合性的文化、政治與種族
認同的亞美身分就顯得更為縹渺而虛幻，致使某些學者主張亞美研
究其實是一個「沒有主體的論述」[24]。更有趣的是，踏著全球化的

23　Noliwe M. Rooks, *White Money/Black Power* (Boston: Beacon, 2006).
24　見 Kandice Chuh, *Imagine Otherwise: On Asian American Critique*

步伐，族裔研究(特別是非美和亞美文學)也開始了跨國旅程，隨著
美國的學術資本來到亞洲，並在亞洲的外文學界成爲新興的研究領
域。日本在1989年就發起了亞美文學學會（AALA），致力於族裔文
學，特別是日裔美國文學的研究、發行學刊、舉辦研討會，至今已
有一定規模和能見度。韓國和台灣雖然沒有相應的學會，各自在韓
美文學和華美文學的園地亦有相當的耕耘。在台灣，中研院歐美所
在華美文學研究上的努力有目共睹，幾次的國內與國際研討會也將
台灣的研究成果放上國際學術版圖[25]。然而，在諸多成果陸續發表
的同時，關於第三世界抗爭與族裔研究設置的歷史卻在亞洲無聲地
缺席。當日本、韓國、台灣，乃至印度熱情擁抱各自的族裔美國文
學時，「有膚色的1968」卻失去了顏色，第三世界主義的精神與國
際主義的亞裔認同則在美國多元文化主義的想像當中被遺忘了。

1968與台灣

　　「1968」至今離我們已有40年之遙。世界各地的知識圈都對
「1968」進行了或深或淺的回顧。舊金山州立大學亦於2008年10月
底舉辦學運40週年的紀念活動，並題名爲：「意識、社群、解放：
實現1968的承諾」[26]。紀念活動秉持當年學運的精神，舉辦一系列
的活動，包括演講、藝術表演、媒體工作坊與文化呈現等等不一而

(續)────────────────
　　　(Durham: Duke UP, 2003) 9.
25　關於亞美研究在台灣的發展，見單德興，《越界與創新》（台北：
　　　允晨，2008）。
26　英文標題為： "Consciousness, Community, Liberation: Fulfilling the
　　　Promise of '68"。相關訊息請參考舊金山州大族裔研究學院的網站：
　　　http://www.sfsu.edu/~ethnicst/fortieth.html。

足。此外，紀念活動也希望達成以下的目標：一、重申並檢視過去
40年公民運動、社會運動與文化抗爭的歷史；二、評價這些運動的
現狀與進展；三、提出新的思想範式來調合大學與社群的需求、並
提出跨越學科領域、不同世代與族裔社群的行動方針，以追求正義。
舊金山州大的紀念活動再次提醒我們，1968學運的精神乃在於知識
生產與社會實踐的辨證關係，明白知識不是空泛的求索，而是通往
烏托邦的藍圖。一如馬克思在〈費爾巴哈提綱〉裡的名句：「哲學
家只是以不同的方式詮釋了這個世界；重點是：改變這個世界」。

在舊金山見證了第三世界抗爭的旅美作家郭松棻，在參與保釣
運動的時候，無獨有偶地在當時柏克萊保釣聯盟所發行的《戰報》
上留下這段文字。他寫道：

> 第三世界的國家、開發中的各民族，甚至美國本國內的受壓迫
> 的少數民族——特別是黑人、亞洲人等，所需要的社會科學，
> 不是描述、解釋現狀的科學，而是針砭、反抗現狀的科學。……
> 美國的社會科學標榜客觀。其實這客觀的觀點是出自美國中產
> 階級為維護美國現狀的主觀心理。這一套社會科學對革命中的
> 美國黑人是個死敵，對亞洲人民也是個死敵。然而我們的留學
> 生却一時惑於他們所標懸的客觀、中立、科學等美詞，不深究
> 個中理據、盲目攀引、死心介紹，一意想把這套社會科學搬進
> 台灣，這無形中鞏固了美國對台灣的文化、思想的殖民。[27]

這段文字至今依然震聾發瞶，對台灣的學術界也仍有針砭的效

---

27 郭松棻(羅龍邁)，〈打倒博士買辦集團〉，《戰報》第二期，1971
年5月，頁46。

果。如果說「有膚色的1968」留給我們的不只是一段可茲追念的火
紅記憶的話，那麼在台灣以研究西方爲業的我們就有必要好好咀嚼
這段文字。

　　一個不得不面對的現實是，台灣今天的外國文學研究，儘管依
舊活絡、出產豐富，我們的知識產出與社會現實是有一段距離的。
在大學外文系英美文學課堂上最常踫到的狀況就是，學生很難跳脫
「欣賞」的框架去經驗文學，無法將英美文學裡的經驗反饋到台灣
的現實狀況，更無法理解批判學術與他們的關係，因爲英美文學的
教育，往往是在「提升人文素養」與「認識西方文明」的脈絡下進
行的。在全球化的競爭壓力下，學好英文的焦慮遠超過掌握批判思
維的欲望。我們不能期待學生不去在乎資本主義下的生存問題，更
沒有立場指責他們對「文學」沒有興趣，因爲問題的癥結不是文學，
而是我們建構文學的方法與條件。這不意謂我們要棄守西方文學教
育、拒絕西方文化，而是要對接受西方文明的脈絡與姿態有所警覺，
並在其中發掘被流放的聲音與被遺忘的連結。或許回顧1968的第三
世界抗爭，可以提供一個反省知識生產與社會實踐的起點，讓我們
敞耳傾聽流離太平洋兩岸的嘆息與吶喊。重新檢視學科形成的歷史
及意識型態，我們可以較爲批判地面對外文學門的西方想像，跨越
時空承續解放香火。或許，若干年後，我們可以跨地實現1968的承
諾。

　　王智明，中研院歐美所助研究員，研究亞美文學、美國研究與跨
國文化研究。著有〈敘述七十年代：離鄉、祭國、資本化〉(2007)、
〈亞美研究在台灣〉(2004)等文章，目前正進行關於亞裔離散文學
與台灣外文系學術史的相關研究。

思想
鉤沉

1949的禮讚：

「1949：新台灣的誕生展」前言[*]

楊儒賓

　　1949年，一個不太受世人注目的歷史年份，此年歐洲成立了北大西洋公約組織，除了這個事件較受注目外，美、亞、非洲個別地區都有些騷動，但都不成氣候，相對而言，世界局勢可謂大體平靜無波。此年上距一次大戰善後會議的巴黎和會，恰好30年，距離引發中日14年戰爭的滿州事變18年，離二次世界大戰結束也已4年；此年下距古巴危機13年，離越戰結束27年，離象徵冷戰體制崩潰的柏林圍牆倒塌40年。比起上述的年份，1949此年在歐美史上或第三世界史上，都沒有太重要的地位，它似乎是個可以被忽略的數字。但1949此年在兩岸關係上卻是舉足輕重的，此年10月1日中共建國，新中國建立，爾後的世界政治版圖就此全面改寫。此年12月7日，國民政府遷移台灣，在一種更深層也更悠遠的意義上，新台灣從此誕生。台灣海峽兩岸人民各有他們的1949，1949年之於新中國，主要是政治的意義；1949年之於新台灣，則是文化的意義。

　　1949年是台灣的年份，它賦予台灣一種歷史定位的架構，台灣

---

[*]　本文係為台灣歷史博物館、清華大學人文社會研究中心所舉辦的「1949：新台灣的誕生展」而撰。該展覽將於2009年8月26日至9月底在台灣歷史博物館舉行。

則充實了1949年在東方歷史上的意義。縱觀台灣400年史，歷史斷層特多，文化意義的累積常無法連貫。大斷層的斷裂點通常是政權的遞換所致，而隨著政權的遞換往往會帶來移民潮的湧入。就漢人的觀點看，1661、1895與1949當是台灣史上三個最關鍵性的年份。1661年鄭成功趕走荷蘭人，歐洲海權在台灣的擴充行動嘎然中止，漢人移民作爲台灣社會變遷的歷史主軸就此奠定。1895年日人據台，台灣很快的淪爲新興帝國主義者的殖民地，這個島嶼迅速的捲進了「文明化」的現代性行程，它領先它的大陸兄弟，進入現代的世界體系。1949年的歷史地標則是國民政府敗退入台，撤退雖是內戰所致，但也是尖銳的意識型態鬥爭的結局，其結果則是前所未見的大量移民湧入台灣。在這三個轉折期中，1949年的移民潮數量最大，改變的社會結構最深，牽動的國際因素最複雜，但也最有機會搭上歷史的列車，讓台灣走出灰白黯淡的默片時代。

在三波的大移民潮中，1949年所以特別重要，乃因當時的移民集團是以整體中國格局的縮影之方式移來台灣。我們不會忘記，也老是被反對運動人物提醒：1949是個受詛咒的歲月，因爲純樸的島嶼此年被一個由失意政客、殘兵敗將所組成的政權污辱了。這個失德的政權被趕出了中國，它轉進了台灣，隨後卻將這塊救命的島嶼塗抹成所謂的自由中國。這種比例失衡的中國架構加上舊中國的官僚作風，曾帶給台灣相當的痛苦，讓它在政治的轉型運作中充滿了難言的斑斑血淚，也使它在爾後的國際活動空間中，嘗盡了苦果。1949的痛苦是歷史的存在，解釋不掉的。不管對新移民或舊住民而言，他們都被迫要面對一個陌生的處境，他們一樣有不堪的歷史記憶——只是不堪的面向不一樣。1949的台灣被籠罩在一片完全看不到陽光的陰影中。

但台灣背負的中國格局不盡是包袱，同樣重要，甚至更重要的

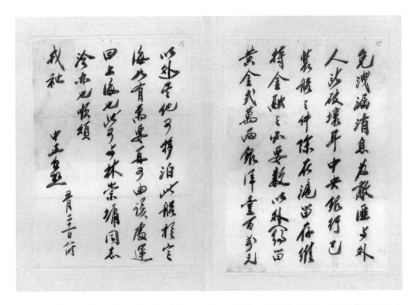

　　此為1949上海保衛戰時期，業已成為下台總統的國民黨總裁蔣介石，寫給湯恩伯司令官的信札，內容言及當日從中央銀行搬移黃金至台之事。此信寫完不久，共軍卻占領上海。

面向也不容忽視，正是因為敗退的國民政府抱著代表中國正統的想法，所以才會有故宮博物院、國家圖書館這種世界級的文物進駐台灣，也才會有代表中國頂級學術文化意義的中央研究院、國史館、歷史博物館等機構文物進入此一島嶼，其他各級殘缺不全的政府組織也因應時局輾轉入台。物華天寶，千載一會。不誇張的說，1949年湧進台灣的文物之質與量，超過以往三四百年的任一時期。文物重要，但更重要的是人才的因素，除了眾所周知的大量的軍警人員外，最頂級的大知識分子與為數不少的中間知識分子也因義不帝秦或個人的抉擇來到此地。他們參與台灣，融入台灣，他們的精神活

動成爲塑造今日台灣面貌的強而有力因素。

　　台灣無從選擇地接納了1949，接納了大陸的因素，雨露霜電，正負皆收。結果短空長多，歷史詭譎地激發了台灣產生質的飛躍。但獨坐大王峰，誰聽過單掌的聲響？中國大陸的文化與人員因素也因進入台灣，才找到最恰當的生機之土壤。在戰後的華人地區，台灣可能累積了最可觀的再生的力量，其基礎教育、戶政系統、公務體系的完整都是中國各地少見的。台灣人民的祖國熱情雖然在前兩年的浩劫中被澆熄了一大半，但「艱難兄弟自相親」的情分猶存。更重要的，台灣在清領與日治時期已累積了豐饒的文化土壤，它的文化力量是和經濟實力平行成長的。如果不是台灣這塊土地以同體大悲的襟懷消化流離苦難，我們很難相信1949來台的大陸因素如留在原有的土地，它可以躲過從反右到文革的一連串政治風暴。1949之所以奇妙，在於來自於大陸的因素結合島嶼原有的因素，產生了大陸與島嶼兩個個別地區都不曾觸及的、也始料未及的文化高度。

　　1949年的奇妙也在於此年歷史曾將枷鎖套在台灣身上，但台灣卻掙脫了枷鎖的束縛。1949年以後，台灣無從選擇地被納入國際冷戰體系，成爲西太平洋上一艘不沈的特大號航空母艦，它的功能被設定了，它與世界的關係也改變了。海洋不再是黑格爾所說的交流之天然管道，而是成了森冷的海上柏林圍牆。舊大陸此時成了匪區，它是島嶼人民的對立面。新大陸則貶視台灣爲反共體系中的一環，它僅能擁有工具的地位。台灣在文化意義上比在政治意義上更像是座孤島，台灣的新舊居民不得不在封鎖的孤島下，摸索自己的未來。由於物質條件不同了，居民組成的成分多樣化了。亞細亞的孤兒在生物學的孤島效應下，發展出異於舊台灣的自由經濟、民主制度、文化樣式與生活方式，這樣的生活世界非東非西，亦東亦西。它發展出比中國還中國，也比非中國還非中國的新華人文化面貌。

　　1949年發展出的政治、經濟、社會制度與生活方式，顯然與17、18世紀的傳教士或旅行家所見的華人社會面貌迥然不同，它不但是徹底的非舊台灣的，也是徹底的非舊中國的。在三個關鍵的象徵性年份中，1661年來台的明鄭王朝，能在政治上以區區島嶼抗衡大清，不可不謂是豪傑之舉。驅逐荷蘭此事在世界性的反帝抗爭中，尤具有指標的意義。但明鄭文化基本上是閩粵的區域文化，當時這一個區域文化總是受制於永不歇息的軍事行動，歷史沒有給它喘息以外的廣闊空間。1895年後的台灣子民能於異族專制下，借力使力，轉化「棄民」、「孤兒」的心境為奮進的動力，拓展開大幅的生存空間，其苦心孤詣不容後人不由衷感戴。但壓不扁的玫瑰雖壓不扁，其時的台灣子民不管在文化、生活或心理各種意義上都是附屬的，顯層的是附屬在扶桑島嶼，底層的是附屬在中原大地，台灣仍沒有成為啟蒙精神的子民。

　　從1661到1949，台灣這塊島嶼曾發生過許多可歌可泣的故事，台人精神之奮發也是極可感的，但無庸諱言，在長達300多年的期間，台灣雖曾出現過不少優秀的學者、詩人、書家、畫師，但其作用基本上都是島內的，影響沒有波及全國。300年的台灣極少出現過全國性的文化巨人，也沒有產生過全國性影響的學派、畫派、詩派、書派。沒有這些重要的文化指標並不意外，也不一定可惜，因為洪荒留此山川，原汁原味，它沒文明化，也沒有腐化。它的初步意義先是作為遺民與移民的世界，接著再累積創造力。從清領到日治時期，台灣的文化天空雖缺少耀眼的巨星，但民間社會的文化能量並不比大陸大部分的地區少。它需要的是更進一步地找到表現的形式，它的火山精神仍在海洋底層醞釀，等待有朝一日迸破而出。

　　1949年就是台灣等待的契機，因緣成熟時，台灣這隻不馴的怒海鯤鯨終將遽化為衝天大鵬，遨翔於世界的長空。但人在此山中，

山的真面目是看不清楚的。只有走過歷史，回首反省時，我們才不
能不驚嘆此年歷史意義之重大，它竟然能催生這麼燦爛的台灣新面
貌，我們看到了傳統文化最精緻的發展：我們發展出中國佛教史上
最典型的人間佛教，我們發展出民國哲學史上最具創發力的新儒
學，我們擁有從飲茶到戲劇極精緻的傳統文人文化，我們也擁有深
厚的東方社會之工商管理模式，即使在流行的庶民文化領域，從飲
食到流行歌曲，我們也看到了一股壓抑不住的衝動。如果要尋找台
灣的「正統」文化，我們不難發現：它不存在於政治圈的法統，也
不在光艷耀眼的牌樓、博物館或大人物的紀念館，而是滲透在每一
生活細節中的文化氛圍。在文化意義上，台灣比任何華人地區更有
資格代表漢文化，因為漢文化在這裡是生活中的有機成分，它仍在
欣欣不已的創造。

　　1949年曾是個苦悶的年份，不管是舊居民或新移民，沒有人知
道台灣下一步的命運為何。地理的前方是汪洋，地理的後方也是汪
洋；歷史的過去是苦痛，歷史的未來好像也還是苦痛。上自達官貴
人，下至販夫走卒，大家都在鬱悶中煎熬，也在迷惘中摸索。但歷
史的目的是曲折的，歷史的意義超越了個人的意圖。苦悶的1949年
的最大意義就在於它的自我揚棄，1949的意義要在歷史走過一段路
頭後，驀然回首，其豐饒的圖像才會經由苦痛的自我否定而顯現出
來。蛻變在不知不覺中已經發生了，一種從1949長出的新興文化已
是我們生活世界中最自然不過的氛圍，從飲食、語言到信仰，我們
的社會早已有機的融合了藍海洋與黃土地的精粹。我們現在的1949
轉化了歷史上的1949，1949需要經由後1949才能展現出它的本質，
新的台灣就這樣被撞擊出來了。

　　1949的意義再怎麼宣揚都不會太過分，由於有了1949，我們的
世界觀完全不一樣了。抽離了1949，我們的親友網脈就不完整了；

抽離了1949，我們就缺少一塊足以和世界對話的宏闊背景。1949是個包容的象徵，隨著時間的流轉，以往建立在特定的語言、習俗、血緣上的舊論述不得不鬆綁，1949使得「台灣」、「台灣人」、「台灣文化」的內涵產生了質的突破。每一位島嶼的子民都不再鬱卒，它們與島嶼相互定義，彼此互屬。

　　一個迥異於過去400年的新台灣已經被撞擊出來了，但更重要的新台灣還在形構之中。台灣在中國大陸旁，在東亞世界中，台灣的地理位置曾使它歷盡了不堪的滄桑。但痛苦是成長最大的動力，台灣的存在應該有更高的目的。隨著中國與東方在新世界秩序中的興起，台灣會在歷史的新巨流中扮演更重要的角色的，這樣的歷史目的論不是玄想，而是台灣人民很謙卑的一種祈求。因為經由血淚證成的創造性轉化，中國與東亞不必然再是台灣外部的打壓力量，它們反而是台灣內部創造力的泉源。我們不因懷舊而回首，我們的回首是為了迎向未來，回顧的雙眼與前瞻的雙眼是同樣的一對眼睛。歷史會證明：1949是個奇妙的數字，台灣人民將它從苦痛的記憶轉化為傲人的記號。

　　楊儒賓，清華大學中文系教授，研究古學與氣學的儒家經典的詮釋，中國思想蘊含的神話與象徵，以及理學家工夫論。目前正進行計畫「莊子原始」，希望突顯莊子思想蘊含一種基源性的文化建構的思想因素。

永不放棄的追問：
寫在《極權主義的起源》成書60年

金觀濤

> 無論我們能從以往歷史中學得多少，都不能使我們預知未來。
> ——阿倫特

一、宏大的歷史視野

　　《極權主義的起源》是政治哲學家阿倫特1949年成稿的名著，經過差不多一個甲子的時光，簡體字中譯本終於在2008年由北京三聯書店出版[1]。這件事情本身具有某種象徵性。從來，該書在某一國度出版，都意味著對極權主義的反思在該地區進入一新的高度。事實上，該書的問世，曾促使極權主義的研究成爲政治哲學的熱點。60年之後的今天，當我們檢視有關極權主義的種種分析時，我認爲：無論是卡爾·波普爾《開放社會及其敵人》對封閉社會的哲學概括，

1　這個譯本，1995年即在台灣由時報文化出版公司出版繁體字版。更早，1982年台灣聯經出版公司曾出版蔡英文所譯「集權主義」與「帝國主義」兩部分的中譯本。

還是弗裏德里希和布熱津斯基對黨國體制的社會學研究，以及雷蒙‧阿隆對意識型態統治的反思，所有這一切均不如阿倫特著作的視野深刻和宏大。

《極權主義的起源》的重要性在於從現代性的發展特別是全球化過程來探討極權主義出現的原因。阿倫特力圖指出：現代性存在著黑暗面，黑暗時代的來臨有時是不以人們的良好願望而轉移的。極權主義體制出現在第一次世界大戰之後。1914年前是第一次全球化凱歌進行的太平盛世，當時人類根本無法想像20世紀死亡數千萬人口的大浩劫，以及納粹德國和蘇聯的鐵幕統治。阿倫特相信大災難的根源必須到19世紀第一次全球化發生的內在邏輯中去尋找，也就是必須追溯「極權主義因素」的形成與發展。

19世紀的全球化是被第一次世界大戰中斷的，第一次大戰的原因是民族國家主權的無約束性，在思想上則可視爲帝俄和東歐的泛斯拉夫主義和德、奧的泛日爾曼主義的衝突；再加上納粹德國建立在反猶主義之上的意識型態恐怖統治，於是「反猶主義」和「泛斯拉夫主義及泛日爾曼主義」成爲阿倫特重點追溯的對像。《極權主義的起源》的論證正是圍繞著它們展開的。它由「反猶主義」、「帝國主義」和「極權主義(意識型態統治)」三個邏輯環節組成。

第一環節反猶主義意識型態的起源寫得極爲精彩。阿倫特指出，反猶主義和西方中世紀以來的排猶傳統完全不是一回事，它是1870年以後在西方出現的新思潮。法國大革命後西方基督教共同體已轉化爲現代民族國家，猶太人本已作爲「國民」融入不同的民族國家之中；爲甚麼在19世紀的最後30年，西方又普遍出現了反猶主義呢？阿倫特認爲，這是因爲西方民族國家的性質開始發生了變化。在《極權主義的起源》第二部分「帝國主義」中，她展開了西方民族主義和民族國家變構的深入分析。19世紀全球化的一個重要

特徵是西方對現代化後進地區的衝擊。阿倫特認為，正是資本的不斷向全球擴張摧毀了民族國家的基本結構。當西方現代民族國家通過征服殖民地輸出資本和本國無法解決的問題時，控制廣大殖民地的列強己不是現代社會剛形成之際的保障公民權利的民族國家，而是帝國主義了。其民族主義在社會達爾文主義的推動下迅速變成了種族主義，它促使泛日爾曼主義和泛斯拉夫主義的泛濫，反猶主義只是其極端形式罷了！

接下來，阿倫特詳細描繪了資本的擴張性如何把擁有私有財產的個人轉化為追求私欲漠視公共生活的群眾。暴民政治和極權主義體制如何在德國和蘇聯大行其道。假、大、空的意識型態如何在英雄主義口號下摧毀人的良知，形成洋蔥般中空的極權主義統治。她的結論觸目驚心，因為如果她是對的，現代性遵循全球化道路的發展存在著自我毀滅的邏輯。

二、反思和疑惑

阿倫特的著作引起了歷史學家持久的爭論和政治哲學家的廣泛批評。最大問題是她的論證邏輯具有自我矛盾的性質。在整個19世紀，民族主義包括種族民族主義都是建立民族國家的積極力量，即使泛斯拉夫主義和泛日爾曼主義亦是如此。沒有泛斯拉夫主義，就無法理解俄國1850年以後放棄農奴制的改革和1905年後向現代民族國家的轉化。同樣，脫離泛日爾曼主義，也無法認識德國民族國家的形成與奧匈帝國的現代化。

更重要的是，離開由民族國家組成的契約共同體，我們無法想像人類現代世界的秩序。為甚麼民族主義實現民族獨立後會指向民族國家之間毀滅性的戰爭，而不是形成遵循國際法的民族大家庭？

僅僅從社會達爾文主義來解釋其種族主義轉向是缺乏說服力的。社會達爾文主義的「戰鬥權利論」訴諸強者的權利，在相當程度上為弱肉強食辯護，有人認為它應該為第一次世界大戰負思想責任。但是我們不要忘記，社會達爾文主義崇尚市場機制為上帝的法則，這本是19世紀全球市場形成的基本動力。正是借助社會達爾文主義的「公理」，中國人在20世紀初接受了人權觀念，並開始為建立獨立的民族國家而奮鬥。歷史的吊詭在於：中國接受意識型態統治、進入極權主義體制恰恰是在新文化運動否定社會達爾文主義以後。

　　《極權主義的起源》一書中理論最脆弱部分的是「帝國主義」說。現代意義的「帝國主義」（imperialism）一詞1870年後才出現在西方政治詞彙中，其原意是用軍事力量控制殖民地，並將其納入自身單一的經濟體系；暗含著西方現代文明的「教化使命」（civilizing mission）。1901年梁啟超最早將民族主義引進中國以鼓勵國人建立現代民族國家之時，是將帝國主義與民族主義混用的。從當時「民族帝國主義」一詞盛行來看，「帝國主義」只是現代民族主義傳播時主張西方現代文明教化的別名。馬克思著作中從未用過「帝國主義」一詞。「帝國主義」一詞真正脫離現代自由主義語境是列寧1916年出版《帝國主義是資本主義最高階段》一書。從此以後，帝國主義和社會主義與馬列主義一起傳播。列寧之所以可以將帝國主義說引進馬克思主義，是受到1902年出版的霍布森《帝國主義研究》的影響。但霍布森本人仍是在經濟自由主義框架中討論帝國主義的。這樣一來，阿倫特就面臨理論上的兩難。要不，堅持帝國主義說使她和她的反對對像站在一起；要不，她作為馬列主義的不留情的批判者，就只能回到霍布森的原點，而不能證明帝國主義來自於民族國家的畸變。

　　今天應怎樣看待資本的輸出？把個人「私產」（property）不斷變

成再投資的「資產」(wealth)是全球化的本質。如果它曾導致民族國家變爲帝國主義，使公民變爲暴民，我們又應怎樣評價今日的全球化？反之，立足於20世紀最後20年的經驗，人們自然會問：在歷史上是否真的有過帝國主義？這是否只是經濟決定論的一種幻象？

三、永不放棄的追問

其實，要阿倫特來回答這些問題是不公平的。因爲她主要是根據納粹德國的歷史經驗來探討極權主義的起源。《極權主義的起源》出版時，新中國剛剛成立。阿倫特對蘇聯和正在展開的共產主義實踐並不熟悉。如果把黨國體制歸爲極權主義，蘇聯和中國的歷史經驗遠不是《極權主義的起源》一書所能概括的。德國極權主義意識型態源於種族民族主義，極權主義統治來自於民族國家的變構，這一點並無疑義。但蘇聯的意識型態統治卻不是這樣，它與民族主義毫不相干。其實，與其說是共產主義意識型態是民族主義還不如說是世界主義更爲妥切。極權主義在東方的出現和民族國家的資本輸出更沒有甚麼關係，相反，倒是建立民族國家的失敗與社會現代轉型中發生的整合危機導致了黨國體制。雖然從現象上講蘇聯極權主義和德國有極大不同，但有一個深層要素卻高度一致，這就是社會現代轉型過程中的個人權利這一核心價值的缺位。

俄國東正教傳統本缺乏西方新教中自然法和自然權利觀念。馬克思主義作爲對西方現代性之批判，以「一切權利都是階級的權利」爲名否定個人權利是普世價值。當兩者結合轉化爲俄國革命時，個人權利的缺位在蘇聯格外注目。現代性是建立在「工具理性」、「個人權利」和「民族認同」三大價值之上，如果在這三大價值中把個人權利抽掉，無論出現何種形態的現代社會，極權主義的性質必定

以這樣或那樣的方式顯現。我想，納粹德國和與其對立的蘇聯，其
極端差異中的相似正在於此。

　　換言之，若將東方的經驗加到極權主義起源的研究中，我們將
看到的是一幅更爲完整的圖畫。法國大革命後，現代性三大基礎「工
具理性」、「個人權利」和「民族認同」成熟。19世紀前半葉實爲
這三大價值轉化爲實踐的時期，它表現爲民族國家的建立與全球市
場經濟的形成。因爲民族認同與個人權利並行不悖，民族主義的勃
興是和自由人權追求緊密相聯。這時即使以種族爲民族認同符號，
因人權價值的存在，民族主義仍然是健康的。19世紀所有現代民族
國家的建立均以「立憲」爲標志，故民族國家建立亦意味着傳統社
會的現代轉型。

　　那麼，被阿倫特視爲民族國家開始畸變的1870年代發生了甚麼
呢？我們發現，這是全球性不受控制的經濟危機。雖然早在1820年
代商業循環已在英國發生，但全球性金融危機最早發生在1873年。
當時，西方出現了金融「恐慌」，德國從1874年至1883年幾乎沒有
經濟增長，整個社會大難臨頭，幾乎回到野蠻狀態。全靠1880年代
的各國軍備競賽挽救了大蕭條。事實上，正是經濟危機使人們懷疑
市場社會的正當性，從而導致作爲現代性基礎的個人權利發生動搖。

　　1870年代正是個人權利從現代性價值中退隱的開始，馬克思主
義用平等代替個人權利，而與個人權利分道揚鑣的種族民族主義因
此也越演越烈。對此，阿倫特有詳細論述，只不過她完全忽略了馬
克思主義興起的原因以及對現代性的批判。阿倫特的最大問題是將
個人權利的失落視爲極權主義興起（或促使極權主義興起的因素發
展）的結果，而不是極權主義出現的原因。這一切導致她爲拯救現代
性所開出的藥方是回到古希臘羅馬共和主義中去。我想，這和阿倫
特一直在邊緣闡述問題有關，即她一直沒有重視馬克思主義作爲對

現代價值的全盤否定並在19世紀的現代性失敗中轉化爲實踐的意義。阿倫特不能對馬列主義在現代性中加以定位（但她又不能脫離馬克思主義的巨大影響），不能不說是阿倫特的不幸，這也是一個思想家受到她批判對象限制的最好例子。

　　事實上，納粹主義在德國的產生直接源於1929年的大蕭條，這不僅是個人權利和民主憲政備受質疑的時代，還是馬列主義勃興社會主義在道義上完全壓倒自由主義的時期。法西斯主義在這時出現是耐人尋味的。人所共知，法西斯主義舉起左手打倒自由主義，舉起右手反對馬列主義。其本質正在於用抽取人權的民族主義對抗共產主義。由此可見，現代性三大基礎缺一不可，一旦否定人權，民族主義和工具理性結合會導致可怕的結果。德國民族主義的畸變就是歷史的教訓。在這一意義上，阿倫特的著作永遠值得後繼者反覆閱讀，因爲正是自她開始，政治哲學對極權主義進行永不放棄的追問。今後的極權主義研究，必須站在阿倫特肩上。

　　金觀濤，政治大學中文系講座教授；曾任香港中文大學中國文化研究所研究講座教授。與劉青峰合著有：《觀念史研究：中國現代重要政治術語的形成》(2008)、《中國現代思想的起源》(第一卷)(2000)、《開放中的變遷》(1993)；《興盛與危機》(1984；1992)。

思想劇場

猶豫的華爾滋：
哈洛‧品特的戲劇風格

廖 美

想像在劇場裡，當戲劇結束前，有位攝影師拍下觀衆看戲的姿態。之後，我們研究那張定影，發現許多觀衆都露出了謎樣的神情——他們或者皺眉、恍神、驚愕、發愣，陷入惶惑，似乎不快樂，也不知道要不要生氣。這種在劇終，讓觀衆手足無措、不知何以自處的戲，跟現場一片沉寂，卻在幾秒內爆發熱烈掌聲的戲，顯然有大不同。後者，可以亞瑟‧米勒的〈推銷員之死〉爲代表。1949年當〈推〉劇在百老匯首演，戲劇結束了，全場觀衆一片靜默。那時的導演伊力‧卡山湊近劇作家米勒的耳邊低聲說：「我們成功了！」就在他說完那句話後，宛如解除魔魅一般，劇場突然響起如雷的掌聲，久久不息。卡山爲什麼知道觀衆一定是肯定〈推〉劇的呢？因爲，那些觀衆在戲劇終了前，幾乎只有一種心情，也就是，他們正爲境遇窮途、心衰體弱、唯有一死、方能解脫的老推銷員低頭潸泣。

究竟什麼樣的劇作會讓觀衆產生前述照片定影裡那些內心無法安頓的情緒？

英國劇作家哈洛‧品特的作品是這類劇作的典型。更精確的說，是品特最先寫出這類戲劇，跟進者才能在品特已經創造的空間裡，得到更多發揮。品特的作品不只讓觀戲者焦慮，無法明確掌握戲劇的意義，也能讓觀者對內容永遠提出不同的理解與詮釋，因爲劇作

本身存有的曖昧本質，在不同的時代中演出，又自在地孕育出更多
的戲境底蘊，含意似乎總在增長中。

2007年底，紐約百老匯重演品特的〈返家〉。這部寫於1964年
的戲劇，曾於1967年在紐約首演，經過整整40年才重新推出。這之
前，品特在2005年獲得諾貝爾文學獎，自然讓劇場界重燃對他戲劇
的興趣。相對40年前紐約劇評家對〈返家〉的奚落，這次演出，不
但廣獲好評，隔年還得到東尼獎最佳重演戲劇的提名。

〈返家〉是一齣兩幕戲，描述家庭成員如何在日常生活、性慾
與權力中爭戰。家長(馬克士)是一位70多歲性情暴躁的鰥夫，弟弟
(山姆)、二子(雷尼)與三子(喬伊)都是光棍，大家湊合同住於北倫
敦老舊但還算寬敞的房子裡。一天深夜，離鄉多年久未聯絡的大兒
子(泰迪)突然回返，身旁還帶回一個女人。因為完全不清楚泰迪的
近況，父親一口咬定他身邊的女人是妓女。後來才知道泰迪不但在
美國完成博士學位，留在大學教書，已經結婚，還生了三個小孩，
跟他回家的就是他的妻子露絲。

不過，父親直觀嗅出媳婦具有妓女的氣息，這個期望與事實的
落差，很快在家人的合作下，得到圓滿的解決；那就是，挪出一個
房間讓露絲住，租金就用身體付。丈夫泰迪選擇離開，露絲本身並
不反對。對露絲來說，待在混亂的、充滿鬥爭的家庭叢林裡，顯然
要比生活在寧謐的美國校園社區刺激，更有生命力。這個返鄉之旅，
意外地，讓泰迪變成皮條客，雖然他在大學裡是哲學教授。其實，
當年他的母親也曾愛慾滿溢家庭成員，或者，這是泰迪刻意遠離家
人，結婚生子多年，才返家的原因吧？

也許戲劇一開始，觀眾會覺得這個家庭很難忍受，慢慢地，一
種叫人不安的家庭摩擦，透過細瑣的生活枝節，變成熟悉的自我經
驗，它的神秘性也漸漸剝除，留下令人焦慮的關注。從那一刻起，

屬於觀眾內在的陰影，可能不自覺地顯現，而對情境產生進一步的艷想，或許不是很自在，但離開自己並不特別遙遠。

戲中一段對話和一個場景，是整齣戲一再轉折的關鍵。

對話發生在第一幕戲終了前，露絲與泰迪深夜抵家，感到一股窒息的低氣壓，堅持獨自外出散步。當露絲回返，在空蕩的客廳中遇見夜半起身的小叔雷尼。兩人於是坐在客廳聊天。起先，多半是雷尼自說自話，而且很陶醉於自我表達，完全沒理會露絲的想法。然後，在露絲積極挑弄後，情境有了變化。從下面的語言交鋒，我們看到兩人權力位置如何瞬間更換。

> （這時，露絲坐在桌邊，桌上擺了一個還有半杯水的透明玻璃杯，雷尼就站在露絲身邊。）
>
> 雷尼：「現在或者我要拿走你的玻璃杯。」
>
> 露絲：「我還沒有喝完。」
>
> 雷尼：「在我看來，妳已經喝很多了。」
>
> 露絲：「不，我還沒有。」
>
> 雷尼：「從我的觀點來看，很夠了。」
>
> 露絲：「我不這麼想，李奧納多。」
>
> （停頓）
>
> 雷尼：「不要這樣叫我，拜托。」
>
> 露絲：「為什麼不？」
>
> 雷尼：「那是我媽媽幫我取的名字。」
>
> （停頓）
>
> 雷尼：（續）「只要給我那玻璃杯。」
>
> 露絲：「不。」
>
> （停頓）
>
> 雷尼：「我還是要拿走它。」

露絲：「如果你拿走玻璃杯…我就拿你。」

（停頓）

雷尼：「要是我拿走玻璃杯你卻拿不了我呢？」

露絲：「爲什麼我不就拿了你？」

（停頓）

雷尼：「妳在開玩笑。」

（停頓）

雷尼：（續）「你戀愛了，無論如何，你另外有男人。你跟別的男人有
　　　　秘密的戀情，他的家人甚至都不知道。然後，妳來這裡事先沒
　　　　給任何警告，還開始找麻煩。」

（她拿起玻璃杯並且舉向他。）

露絲：「喝一口，喝吧，從我的杯子喝一口。」

（他直挺挺地站著。）

露絲：（續）「坐在我的大腿，慢慢很酷的喝一口。」

（她拍拍大腿。停頓。）

（她站起來，拿著杯子走向他。）

露絲：（續）「把你的頭往後仰並打開你的嘴巴。」

雷尼：「把杯子拿離開我。」

露絲：「躺在地上，躺吧，我要把水倒入你的喉嚨。」

雷尼：「你在做什麼，給我某種提議？」

　　　（她馬上笑了起來，把杯內的水一飲而盡。）

露絲：「喔，我真渴！」

（她看著他笑，把杯子放在桌子，走到穿堂然後上樓。）

（他跟到穿堂對著樓梯大叫。）

雷尼：「這是什麼意思？某種提議嗎？」

（沉默。）

　　1965年〈返家〉在倫敦首演，扮演露絲的是品特的第一任妻子薇薇安・麥錢特，雷尼則由品特戲劇的核心演員伊恩・霍姆擔綱，Freidman-Abeles 攝。

　　上面這段交談裡，品特在舞台指引上，用了很多的「停頓」，最後還標示了「沉默」，這些戲劇手法都是待會要詳談的。就在這麼短的對話中，雷尼從一個傲慢的自我中心主義者，很快被露絲逼到不知何以應對的角落，當露絲起身離開，他在露絲後面還繼續追問，是不是在對他暗示什麼？或許單單從對話的內容與言語的強度，我們不清楚雷尼爲什麼這麼快就屈居下風，不過，當這段對話搬上舞台，尤其把「停頓」和「沉默」配上恰切的肢體動作，將給我們完全不同的感受[1]。其實，在生活裡，不乏因爲沒把對話內容掌控好，而喪失優勢地位的例子。各種溝通術、談判技巧、妥協策略，強調的就是如何適當地去運用語言與肢體。

　　露絲在〈返家〉扮演的不是一般女子，她不但是品特戲劇角色裡最鮮活的人物，也最具霧樣的性情。在全劇僅剩三分之一處，露絲再度用她的語言，堆擠出一闋奇特的旖旎風光。當時，泰迪與雷尼正爲哲學應該如何掌握知與未知爭執不下，露絲自言自語地說起來：

　　不要太有把握，你們忘記了一些原則。看看我，我……移動我的腿。
就這樣。不過，我有穿……內褲……它也跟著我一起動……這抓住了
你的想像。也許，你誤解了。這個移動是簡單的，就是腿……移動。
我的嘴唇在動，爲什麼你不限制……你的觀察在我的嘴唇上？或許，
它們動的這個事實…比從它們吐出來的話……更顯著的。你必須在心
理……記住……這個可能性。[2]

1　也許這說明，對戲劇的完全理解，少不了進劇場看戲的這個步驟。
　　單單閱讀劇本，是沒有辦法掌握一齣戲的精髓的。
2　參見 Harold Pinter, 2006. *The Essential Pinter*(New York: Grove
　　Press). 前一段對話摘自pp. 210-212，此段引言見p. 228。

　　當露絲說完話，現場一片沉默。不只泰迪的家人，可能連觀衆也開始思考，由於嘴唇動的那個事實要比說出來的話更顯著，執著於說話的內容，是不是太片面？品特在此刻，透過露絲的話，爲言語表達的有限性，下了明確的評斷，也讓觀衆比較可以接受他沒有進一步去解釋這個家庭的諸多怪異言行。看戲者多少知道他們在觀看一個很不傳統的家庭，縱使如此，還是「期待」作丈夫的泰迪會因妻子被家人變成妓女而憤怒；作妻子的至少應該試圖證明她是一個好母親，不然，就是一個天生的騷種。不過，對品特來說，這些期待都是多餘的，他比較關心靈與肉的自由，而不是理性。觀衆在看品特的戲劇時，常常閃現的念頭是——「爲什麼？這一切代表什麼？爲什麼不把話說清楚？他們究竟想要什麼？」不過，故意不說清楚，就是品特的戲劇原則。

從一個房間開始的品特劇

　　戲劇作爲文學的一個類型，有其特定的觀看方式。所以，碰到革新的戲劇形式，一下子總會讓觀衆不知何以自處，主要是還沒有學會怎麼「看」新戲。執導多部品特戲劇的英國劇場泰斗彼得‧霍爾曾引述一位劇作家的戲言，來說明品特戲劇的特殊性；那就是，任何劇作家都可以隨意書寫鬧劇、歷史劇、理性雄辯劇、或溫情浪漫劇，就是品特不行。品特能夠寫的就只是「品特劇」(a Pinter play)。針對品特劇，劇評家或學者因爲不知道如何把它解說清楚，就創造一些新詞彙，來描述品特作品中難以捉摸的特色包括品特風(Pinteresque)，品特停頓(the Pinter pause)，和威脅喜劇(Comedy of Menace)。

　　品特的戲劇和貝克特的戲劇都因含有豐富的潛藏文本——說出

來的很少是如表面所說的、所意含的，因而特別容許模糊和概括。在舞台上，這些話聽起來有點裝模作樣，有時甚至是荒誕的。如果一個演員在表達品特停頓時，沒有了解爲什麼在某個地方要停頓，或不了解停頓時刻內在的潛伏情緒，就會變得很做作，結果可能引來觀眾誤解的笑聲。同樣的，導演必須把品特戲裡謎樣的情節，一點一滴傳達給觀眾，觀眾則把發生過的點點滴滴匯聚起來，形成自己的判斷。在導戲時，最忌諱幫觀眾下結論。霍爾認爲，「保留模糊性」是執導品特戲劇的準則。他也認爲，喬治·艾略特和奧登並沒有成功地把「隱喻」帶回劇場，只有在品特和貝克特筆下，這個文學上非常重要的技巧，才在劇場完美地被展現[3]。

相對〈返家〉的騷動熱活，品特的劇作多數呈顯的是幽閉恐懼的心理氛圍，而那些叫人揣測難安的初始面貌，都從一個〈房間〉(1957)開始。〈房間〉是品特的第一部劇作，只有一幕戲。相對地下室陰暗和樓上容易灌進雨水的濕冷，位在大房子裡一樓的那個房間，暖和又明亮，尤其當戶外的酷冷像個殺人魔一般[4]。羅絲忙著爲先生伯特做培根炒蛋、泡熱茶、切麵包、倒好沾醬。搬來那個房間有一陣子了，羅絲很滿意，雖然只做日常家務，她覺得生活從此就安定下來，她很少外出，也沒有興趣外出，對她來説，外面的世界總有威脅性，只有在房間裡，才能讓她感到安穩。

不過，縱使不離開房間，羅絲依然沒有辦法擋住外來的侵擾。在一個自在溫暖的夜晚，來了兩位陌生男女，突然告訴羅絲，她擁有的房間即將空出；房東稍後也跟羅絲表明，在地下室的一位盲人，

3　Peter Hall, 2001. "Directing the Plays of Harold Pinter", in *The Cambridge Companion to Harold Pinter* (Cambridge University Press), p. 147.

4　羅絲對先生伯特說："It's very cold out. I can tell you. It is murder."

指明要找羅絲。最後，羅絲在房間接見盲人，盲客帶來父親希望羅絲回家的消息。就在羅絲試圖安頓自己跟盲人情緒的當下，丈夫伯特從外頭回來，不僅撂倒盲人所坐的椅子，抓住盲人的頭猛撞瓦斯爐台，導致盲人倒地不起，徒留羅絲最後的哀號：「我看不見了！我看不見了！我看不見了！」

羅絲為什麼不喜歡出門？她在躲什麼？那個盲人是誰？羅絲本來就認識他嗎？羅絲從不說話的丈夫究竟是一個怎麼樣的人？他為什麼要殺害盲人？這些問題，不管觀看這個戲劇多少次，都不會有答案？

品特把〈房間〉這個戲劇的原型擴充變化，就寫出了〈生日派對〉(1957)、〈傻蛋等待者〉(1957)和〈看守者〉(1959)等具有內在同質性的戲劇，發生的場域都在一個房間裡，因為成型標誌的特殊風格，進而確立他在戲劇界的地位。不像〈房間〉以女人的焦慮為主，品特後來的劇作大多聚焦於男人的不安：他們渴望躲在有牆的空間中，抵擋外界的敵意與脅迫。不過，這種關於存在的恐懼，不是把自己關在特定的物理空間就能消解。有一天，腳步聲近，門鈴大作，來人就在門外了。

〈生日派對〉是品特第一部完整長戲，總共三幕，成作時因為新穎的書寫方式，被劇評家說的一文不值。〈生日派對〉之所以「新」，除了它的劇情，也在於它的表達形式；品特在此劇運用「欲言又止」的手法，醞釀出特別的戲劇張力。「欲言又止」顯現在對話裡，是用交談中止的方式來製造脅迫的氣息。中止的手法註記在劇本上，基本有三種：就是刪節號(即三個點)、停頓與沉默。刪節號代表遲疑，雖內心惶惑但外表沉靜，正在搜尋字眼，縱使承受壓力，卻只是很短暫的不一致；停頓則是對正在進行的談話有較長時間的中斷，那時的不說話也是一種表態：可能是警告、無話可說、或不知

如何表達；第三類是沉默，比停頓更久的靜默，也許正在一個緊急的轉折處。通常，在打破沉默後，主角人物的態度會產生一百八十度的改變。一般來說，觀眾不難體會那些停頓的片刻，不過一旦劇中人物從沉默回復，他們的態度有時真是讓人無法預料，那時將會是最戲劇性的時刻。這三種中斷談話手法的運用，通常發生在騷亂和危機的當下。藉著使用這些手法，那些沒有說出來的，有時比那些說出來的，更加流暢或更叫人害怕。演員必須懂得使用飽滿的情緒去填充那些中止談話的時段，並在緊接的下一刻表現出適當的情感和腔調，整個演出才不會像是「忘詞」或在「各說各話」，一旦其間掌握不好，就會讓對話看起來很怪異，人物也變得可笑。

當代劇作家中，貝克特是第一個把沉默作爲溝通形式的劇作家，品特則是奠基在貝克特的基礎上，把它運用到更廣泛、更成熟的地步。不過，以沉默作爲戲劇手法，莎士比亞也用過。他在〈科利奧蘭納斯〉這齣關於羅馬的歷史劇裡，當科利奧蘭納斯的母親希望兒子不要爲了報復，與敵人合作攻打祖國，這個關涉答應了母親，結果就是自己喪命的當下，即使能用生花妙筆、雄辯滔滔的莎士比亞，也沒有辦法讓科利奧蘭納斯對母親說上任何話，那時候，莎士比亞也只能用沉默來表達[5]。只是，莎士比亞使用的沉默，不是讓主角人物拿來脅迫別人，而是自我掙扎、無話可說。品特在〈生日派對〉中使用的沉默則常是凶惡的暗示，完全不明說，留給觀眾自我想像的空間。當兩個不速之客造訪避居海邊小屋的史丹利，利用參與他的生日派對，透過嬉戲歡鬧（喜劇性）而逐漸營造出威嚇的氣氛，弄到史丹利啞口無言。觀眾不知道史丹利爲什麼不爭辯，也不

---

5 莎士比亞在〈科利奧蘭納斯〉裏，用舞台指引的方式，說科利奧蘭納斯就是靜默地握著母親的手。

想弄清楚，因爲整個狀況實在是太可怕而讓人不願意進一步去想它。最後，史丹利被強行帶走，留下小屋主人在背後呼喊：「史丹利，不要讓他們告訴你怎麼做！」因爲這個戲的質性，品特的劇作得到「威脅喜劇」的封號；而「不要讓他們告訴你怎麼做」這句台詞，則成了品特的創作信條。也就是，不管評論家如何批評他的作品，品特都不爲所動，只寫他想寫的劇作，從不爲戲劇市場的考量而創作。

創作背景與戲劇類型

究竟，品特是在一個什麼樣的時代背景下，孕育出屬於他獨有的創作風格？

儘管，在1940年代末期，美國以亞瑟·米勒和田納西·威廉斯爲主的社會寫實戲劇已達到精緻的成就[6]，英國倫敦西區的主流戲劇仍然自我設限在一種屬於中產階級甜美溫馨的品味中。當時作品最常露臉的幾位劇作家，如諾維·考沃、約翰·普里斯特利和特倫斯·拉提甘，都以創作風格化喜劇或煽情戲劇爲大宗，無論多麼引人發笑或催人熱淚，都在中產階級觀衆可以接受的範圍內。只是，經過二次戰後幾十年的休養生息，新世代開始對父祖輩鍾愛的和諧，表達不耐。於是，當約翰·奧斯朋以寫實手法創作他的第一部戲——〈憤怒的回顧〉（1956），主角人物吉米在戲中的嘲諷：「我有一個想法。爲什麼我們不來玩一個小遊戲？讓我們假裝是人類，而且我們是活著的，只要玩一會兒。你說好不好？」那憤怒的腔調，爲英

6　亞瑟·米勒的〈推銷員之死〉透發出表現主義的風格；而田納西·威廉斯的〈欲望街車〉則傾向熱情的自然主義。

國劇場匯集許多被稱爲憤怒青年的劇作家紛紛投入創作（往後所謂
「憤青」的起源），頓時開啓一片充塞憤懣的書寫景觀。理論上，1950
年代當貝克特寫出〈等待果陀〉（1953）和奧斯朋創作了〈憤怒的回
顧〉後，一定程度內，劇場應該是被「革命化」了，爲什麼當品特
的〈生日派對〉出現，還是被看成異聲怪調？事實是，當代的劇場
一直遵循著龐大的傳統，那些由貝克特及奧斯朋帶來的變革，只是
小小的波動，整個劇場環境依然籠罩在舊形式和舊慣習中。

　　像貝克特一樣，提到品特的名字，人們總是把他的作品跟喪失
敏感性的現代社會作連結。不過，品特跟貝克特最大的不同在於，
他使用的戲劇隱喻有現實的基礎，有立即和當下的迫切感，因而讓
他的劇作無論是在脅迫的層次或挑釁的層次，都更接近真實。但是，
品特不是一個寫實的劇作家，也不能把他的作品看成是象徵主義。
他用的是寫實的新式對話──聽起來就像一般人在真實生活裡說話
一樣──刻意用言語把意義埋藏起來。對話一旦落入沉默，那些隱
藏的意義就有裸露的危險；沉默不但潛伏著隱晦的過去，也讓侵入
者嗅到入口的訊息。所以，每次的沉默，就有脅迫的氣氛籠罩，這
時，侵入者知道他們離入口已經不遠了。爲了阻止被闖入，就要打
破沉默，用話語引開侵入者，問題是，要多快重新啓口，說什麼樣
的話，才足以進一步隱藏，而不是曝露更多？

　　雖然，品特在劇本中使用「停頓」的啓發來自貝克特，但貝克
特的「停頓」旨在藉此設計，讓演員説出的話更有音韻、層次，是
藉由「呼、吸、吐、納」來呈現文字的詩意與音樂感。而品特使用
「停頓」加「沉默」，則在白描現代戲劇一個非常特殊的面貌──
角色或情境蘊含一系列欲言又止的對話，彼此的關係是不確定的，
也難逃被威嚇的際遇。因爲無法用現存的詞彙描述品特作品的特
色，早在1960年代，評論家只好化他的名字爲形容詞──品特風──

來說明專屬於他的戲劇質地。品特風顯現的是，簡約的對話、貧瘠的場景、朦朧喜劇的潛在文本，同時穿插著招牌的停頓與沉默，用以承載幽微的暗示，也因而孕育出各種可能，卻讓觀眾留在不知如何下結論的困窘裡。

除此之外，品特創造的舞台意象，也在抗拒使用具體的政治語言，而這種抗拒，本身就是高度政治性的。他的戲劇看來似乎有一個政治「事實」，但只在提供一個抽象的框架。可以說，他的作品是抽象的寫實主義，藉由一種明確的不確定性(specific indeterminacy)手法，避免觀眾針對表面結果推論，而忽視了潛在涵義。難怪品特自己要強調：「我確定發生在我戲劇裡的事情，可能發生在其他任何時間、任何地方，縱使那些事件乍看下或許並不熟悉。如果你硬要我說出個道理，那就是，發生在我戲劇裡的是實在的，雖然我沒用寫實的形式來展現。」[7] 品特會在一個特定限度內，對故事任意裁切、減損或強化，卻不作判斷或提供處方，他堅持的藝術表達不是給觀眾想要的，而是他堅持要給觀眾的。熟悉品特作品的觀眾多半也會用「期望那不能被期望」的心情，來看待品特的戲劇。

因為受貝克特精煉寫作的影響，品特特別用力於劇作中緊湊簡潔的對話。他自承在寫作時，常常面對三種層次的痛苦：首先，他目睹自己用扭曲或捏造的方式在創造角色，而這些人反過來對他帶著輕視的眼神；或者，他因無法掌握特定角色，而讓他們不斷地逃離自己的掌握，隨意躲進他們的世界裡；最後，經過漫長的顛簸，巍巍顫顫才找到恰當的話語。英國劇作家大衛‧赫爾就斷言，品特做了奧登認為一個詩人應該做的，「他清除了英文的溝壑，從此讓

---

7 Harold Pinter, 1977. "Introduction: Writing for Myself" in *Complete Works: Two* (New York: Grove Press), p. 11.

它更流暢、更清晰。」

　　除了不斷精煉自己的語言，在創作時，品特並不依賴任何理論指引，也對理論採不信任的態度。不管作爲一個劇作家、演員或導演，品特認爲理論對他完全沒有用處；他從不進一步説明戲劇的意涵，有時，甚至故意用絢麗矯飾的文筆，鋪排一場文字迷宮，越是著重探討表面字義，越是容易落入迷茫的陣仗。舉例來説，當品特寫出〈看守者〉，劇評家激烈地爭論這個戲的社會意義及其象徵。有人認爲劇中三個人物——戴維斯、米克、亞斯東——是聖父聖子聖靈三位一體的凡間版；有人則從佛洛依德精神分析的原型入手，認爲三個劇中人物分別代表自我、超我和本我。品特對這些分析完全不認同。他說：「我對特別的東西有很強烈的感受，而不是象徵性的。」是劇中人溝通與連接的嘗試失敗，進而帶來沮喪回音的縈繞特性，讓〈看守者〉具有持續困擾觀看者的能力；這個被視爲前衛的作品，其實是很有技巧地建立在古典基礎上。

　　我們必須承認，所有創新的戲劇，不止觀衆需要學習如何觀看，對導演和演員也構成了導戲和演出的挑戰。現在，我們已經可以接受戲劇創作有其未解決的、不能解釋的、神秘的內涵。這一條路，由品特開創以來，走了近半個世紀，才有更多觀衆接受這類作品——劇裡沒有唯一的真實，而是一系列可能的真實。即使實質難以捉摸，戲劇性和情緒的效應卻是顯而易見。觀看品特的劇作，從來都不是一個被動的娛樂，太多需要涉入判斷的時刻侵奪了觀衆純粹娛樂的想望。這一切，都是因爲品特刻意爲觀衆保有思考空間。空間是產生視野的必要條件，沒有刻意留白的空間，觀衆可能會拘泥於枝節的討論。

　　在長達40年的戲劇創作生涯裡，如〈生日派對〉、〈傻蛋等待者〉、〈看守著〉等「威脅喜劇」，應歸入品特三種戲劇類型之一。

其它如〈景觀〉(1968)、〈沉默〉(1969)、〈老時光〉(1971)、〈無
人之境〉(1975)和〈背叛〉(1978)是記憶戲劇；而〈最後一杯酒〉
(1984)、〈山中語〉(1988)、〈派對時光〉(1991)、〈塵歸塵〉(1996)
則屬現實政治劇。

　　〈背叛〉不但在品特戲劇中最爲人熟知，也是記憶戲劇類型的
代表。不管扮演的是背叛的人，還是被背叛的人，如何困惑他人及
被他人困惑，是戲劇的主軸，而記憶則是操弄困惑的工具。這個戲
完全以倒敍的手法──戲劇開始故事已結束，劇終處故事才要開
始──呈現一個對婚姻不忠的故事。爲什麼品特要用漸次回溯的敍
事脈絡來表現〈背叛〉？讓我們略微了解一下劇情的結構，再來推
敲。

　　戲劇開場，愛瑪和情夫傑瑞在酒吧相聚，離他們分手已經兩年。
在這幕戲裡，愛瑪告訴傑瑞，她與丈夫羅伯即將分居，因爲羅伯在
外面有女人，並且已經往來好些年。同時，愛瑪也告訴傑瑞，羅伯
知道他們過去的私情。第二幕是傑瑞在當晚把羅伯請到家裡，再度
確認相互的友誼，畢竟，他們曾經是彼此最要好的朋友。第三幕回
到兩年前，愛瑪和傑瑞在租來的公寓裡相見，多年來他們都利用工
作午休時分幽會。那天，他們正要結束租居，也結束感情。第四幕，
3年前，傑瑞路過羅伯家，在客廳。傑瑞先與羅伯閒聊，話題繞著壁
球打轉，愛瑪在哄小孩入睡後加入。第五幕，4年前夏天，愛瑪和羅
伯到意大利旅遊，在威尼斯的旅館，羅伯跟愛瑪提起看到傑瑞寄給
她的信，愛瑪只好承認與傑瑞有私情。第六幕，4年前夏天，從威尼
斯回來，愛瑪跟傑瑞在公寓幽會，愛瑪沒說起向羅伯坦誠婚外情的
事。第七幕，4年前夏天，從威尼斯回來，傑瑞跟羅伯一起吃中餐，
羅伯也沒有跟傑瑞提起已經知道他與愛瑪的私情。第八幕，6年前夏
天，在公寓裡，愛瑪告訴傑瑞在他出差兩個月期間，她懷了丈夫羅

伯的孩子。第九幕，9年前，羅伯在家裡開派對，於臥房中，酒醉的
傑瑞跟愛瑪表達愛意。劇終。

　　因爲完全的倒敍，觀衆一開始就知道主角人物的結局。只是，
當故事往回走，觀衆知道的似乎越來越少，也就是，當知道他人最
終的結局，並不保證比較能夠看透他人的過往。起碼，傑瑞在三人
關係裡，似乎最在狀況外，雖然，他是除了第五幕戲，每場都出現
的角色。尤其，發生在第二幕中的一段對話，品特用極其簡潔的話
語，來揭露這場好友與妻子的背叛，無形又繁複的表現其間的情感
衝突。

　　羅伯：「我想你知道。」

　　傑瑞：「知道什麼？」

　　羅伯：「知道我知道。我已經知道好幾年了。我想你知道我知道。」

　　傑瑞：「你認爲我知道？」

　　羅伯：「她說你不知道，不過我不相信你不知道我知道。(停頓)無論
　　　　　如何我想你知道。不過你說你不知道？」

　　傑瑞：「她什麼時候…告訴你？」

　　羅伯：「就是，我發現了。就這樣。我告訴她我發現了，然後她……
　　　　　承認了……實情。」

　　傑瑞：「什麼時候？」

　　羅伯：「喔，很久了，傑瑞。」(停頓)

　　傑瑞：「不過，近四年來……你跟我常常…見面。我們一起吃午餐。」

　　羅伯：「但是再也沒有打過壁球。」

　　傑瑞：「我是你最好的朋友。」

　　羅伯：「是，是的，當然。(看到傑瑞抱著頭)喔，不要沮喪。不需要

這樣。」（沉默）[8]

　　當羅伯對傑瑞和愛瑪的私通選擇「我想你知道我知道」的態度後，關於〈背叛〉的理解，開始出現許多可能：如果三人都心知肚明，爲什麼還能持續彼此的曖昧關係？愛瑪在跟羅伯坦白之後，爲什麼不跟傑瑞說明？羅伯容許背叛，其實是因爲自己也在背叛當中？傑瑞看似矇在鼓裡，但又不是完全沒有警覺，例如，自從跟愛瑪在一起後，他從沒跟羅伯再打過壁球——一種激烈爭鬥，可能產生突發攻擊的遊戲。其實〈背叛〉一劇是關於自我的背叛；表面上是對他人的欺瞞，實際是躲在自我封閉的環境内，在那個不與人溝通的空間，才能在窒息的背叛行爲裡，找到喘息的機會。不想弄清楚事實與現況，透過對自我覺知的背叛，持續進行對他人的背叛；而朦朧的覺知則來自於記憶的不確定——記不得或記不清楚，沒有辦法釐清前因後果，於是選擇擱置，讓事情拖著。

　　品特最特殊的才華就是他可以用一句平常話，把戲劇的意義全然翻轉；或運用一組簡單的構句，撐開如鯊魚牙齒般犀利的局面。例如，在〈無人之境〉的開場，穿著典雅的赫斯特在酒吧認識邋遢的史布納後，請史布納回住處續飲。在客廳裡，赫斯特正準備爲史布納斟酒，就問史布納：

「就是這樣嗎？」
「就是這樣，是的麻煩你，絕對就是這樣。」

8　見 Harold Pinter, 1981. *Complete Works: Four* (New York: Grove Press), pp. 182-183.

　　史布納回答赫斯特的方式，看似有禮，其實罩上一層侮辱的面
紗，從此，戲劇就在輕蔑的氛圍裡定調了！赫斯特是貴族身份，縱
使老邁傾頹，不過還過著擁有特權的生活。史布納則是落難老詩客，
雖有滿腹經綸，卻無從發揮，偶爾喝到免費的酒，已是難得的好運。
兩個老人都是酒鬼，但酒品不同。赫斯特在狂飲豪飲中不露聲色，
但下一刻可能醉得不醒人事；相反的，史布納是長飲型，慢慢喝、
可以喝不少，喝的過程話多，條理比不茫醉時還清晰，只是說的每
一件事，都在嘲諷。「就是這樣嗎？」當提供免費酒的赫斯特這般
問，史布納要怎麼說才能在看似慷慨卻隱含吝惜的問話裡逃脫，維
持自尊呢？「就是這樣，是的麻煩你，絕對就是這樣。」沒有回答
能夠更高明，更有尊嚴，但更不屑了！這齣透過兩位老者在劇中彼
此爭執、恐嚇、侮辱與和解的〈無人之境〉，是品特記憶戲劇的經
典。讓似醉似醒的兩人，回憶年輕時代的美好歲月，想像人生面貌
如何可以不同，在一股迷濛的情景下，史布納智性的修辭，跟赫斯
特的消頹相比，更具魅力。只是酒醒後，貴族還是貴族，落難者仍
沒有安頓之處。

　　品特作品的第三個類型是關乎政治現實的劇作。但是，品特究
竟屬不屬於政治劇作家？有人說，他有關政治議題的作品，跟其他
紮紮實實以政治為素材的戲劇相較，只是注腳。不過，也有人從廣
義的角度來審視，認為品特以「壓迫／恐嚇」的主題貫串大部分劇
作，本人又積極批判各種形式的殘酷與剝削，證明他從未離開政治
關懷。品特授權的傳記作家麥克‧畢林頓以厚厚近四百頁的篇幅為
品特立傳，嘗試從品特生命史的不同階段來說明，品特不但對政治
的關懷始終如一，也把他的關懷很完整的呈現在劇作裡[9]。這種概括

9　見 Michael Billington, 1966. *The Life and Work of Harold Pinter*

　　品特在年輕時代，曾是專業的劇場演員。後來雖然不再專職演戲，但時有軋角經驗。1993年倫敦Almeida劇場重演〈無人之境〉，他在戲裡演赫斯特，站立左後方是扮演史布納的保羅·艾丁頓，Ivan Kyncl攝。

式的說法，很難在劇評界獲得共識。但是，品特在1980年代後期，開始以現實政治為素材，用更寫實的手法創作，那些作品的確應該歸入政治戲劇的範疇。

　　應該沒人懷疑品特將以威脅戲劇和記憶戲劇在戲劇史佔有決定性的地位，但對他現實政治劇的評價，則有爭議。倒是品特2005年諾貝爾文學獎的錄影演說，會是他本人親身演出的最具代表性的「政治劇」。他因受傷不克前往受獎，事先把演說錄製下來。在演說裡，猛烈抨擊美國的帝國主義行徑，讓美國媒體對他得獎一事，減少了

（續）────────────────────

　　（London: Faber and Faber）.

報導的熱度。2001年紐約發生911事件前,林肯中心藝術節與紐約劇場界聯手推出品特作品回顧(以紀念70大壽爲名),總計演出品特10齣新舊戲劇,品特除親自導戲,也登場演出。後來發生911,因美國各種反恐措施,品特即發誓不再踏入美國一步。顯然,品特在英國也是日常政治操作的公敵。這由他獲得諾貝爾獎,英國卻沒有任何主要政黨領袖表示祝賀,可見一斑。

品特的特立獨行、鬥性堅強和對國家的懷疑,可從他在1948年登記爲不服役的良心犯,寧願被逮捕而面對軍事審判,略窺端倪。他在違逆不肯入伍的過程所遭受的經驗,幾乎是卡夫卡筆下人物在《審判》中的翻版。除此之外,1973年則標誌品特積極參與政治異議的起始。那年的911,智利政變,左派總統阿葉德在軍方轟炸總統府時自殺身亡。這件由美國中情局策動的政變,引起世界上許多進步人士的反彈,品特在當時曾挺身譴責美國涉入推翻阿葉德政府的陰謀行徑。1970年代中期,他與後來的第二任妻子(著名的歷史小說家佛瑞塞)[10] 積極加入一些政治討論團體。不過,因爲這類討論團體成員的屬性,使他們觀看政治的視野相對有限。在1979年的大選,品特投票支持柴契爾夫人,事後曾大嘆當時的決定是多麼的「令人羞恥」與「幼稚」。這個「誤判」並沒有讓他對政治的關注灰心,反而得出新聞媒體如何被政客操弄的結論,對他們的專業展開不留情的批判,從此,他也成爲媒體攻擊的目標。在1980年代,品特與

---

10 佛瑞塞夫人(Lady Antonia Fraser)撰寫關於法國馬莉皇后的歷史小說 *Marie Antoinette* 在2006年被改編成電影,由蘇菲雅・科波拉執導,中文譯名是《凡爾賽拜金女》。她創作這部小說的原意,是要幫馬莉皇后驕奢無度的歷史訛傳翻案。不過,電影呈現的版本還是讓人停留在原先對馬莉皇后的刻板印象。至少,片名說成是「拜金女」,多少也暗示了影片的主要觀點。

一些文化界名人最常聚會的團體名爲「6月20日」，其中的成員也包括《魔鬼詩篇》的作者魯西迪。

當品特更投入第一線的政治關懷，他的劇作，也朝現實政治劇的方向邁進。究竟有哪些形式可以用來展現一齣現實政治劇呢？把戲劇的主題放在公共事務的討論或爭論？寫實表述一段政治故事、政治歷史？展現受難者被政治迫害的形貌，加害者操控壟斷政治權力的嘴臉？品特認爲，如果要他處理政治主題，他必須用自己的方式來做；就是，事情就在那裡，在他身邊發生。然後，幸運的，它也發生在舞台上。

強調必須有貼身經驗，才可能藉機把那些境遇搬上舞台，的確是品特創作政治戲劇的動力。以〈最後一杯酒〉的創作背景來說，這齣表現對政治犯採取虐待狂式偵訊的戲劇，是品特有一回參加倫敦派對，踫到幾位土耳其年輕女子，其中有人在土耳其大使館工作。品特提出土耳其監獄和警察局爲什麼發生那麼多的刑求？她們的回答是：「那些被刑求的可能都是共產黨員。」品特當場變臉，馬上離開現場，在盛怒下，當晚就寫出〈最後一杯酒〉的劇本[11]。劇中，品特用言語赤裸裸地描述各種折磨的場面，包括去勢、截肢、強暴、性虐待、謀殺等。因爲品特使用的言語太直接(即使描述的一切都發生在後台，沒在台上展現實情)，於英美演出時，還是有觀衆受不了言語的描繪，看到一半就走出劇院。當品特詢問他們爲什麼提早離開，最常聽到的理由是：「你說的那些事，我們都知道了。」品特則認爲，不敢面對他描述的問題，才是觀衆選擇離去的原因。

推出〈最後一杯酒〉一年後，品特與亞瑟・米勒分別以英國和

11　這段緣由，請參看 Mel Gussow, 1994. *Conversations with Pinter*,
　　pp. 86-87.

美國筆會副會長的身份訪問土耳其，短短五天行程，遇見將近百位
學界人士、異議作家和政治犯。最後一天則參與土耳其美國大使館
的邀宴，品特與一位土耳其最大報的編輯發生激烈口角，那位編輯
指出他們的一切行程，都是爲了曝光度。因爲場面弄得非常尷尬，
品特只好提前離開。結果是品特跟米勒一上飛機，馬上進入了土耳
其的黑名單，成爲不受歡迎的人士。在那次拜訪過程，品特遇見一
位婦女因目睹丈夫在監獄遭受的身心折磨，導致她完全喪失説話的
能力，加上多年持續關注庫德族人在土耳其境內所受的壓迫，遂寫
出〈山中語〉一劇，旨在表現少數族群如何在強勢政治掌控下，先
是噤聲，最後完全失語。品特善用的沉默技法，在這齣戲裡，可說
被極端鮮活地呈現：一位老邁的母親去獄中探望兒子，一再被警告
不可以用山中的方言交談，因爲那是立法禁用的語言。這位老母親
聽不懂警告，於是一再遭受肢體的威嚇，甚至等待會晤時，還被刻
意放出的狗咬掉大姆指。經過幾番折騰，當獄方突然通融，允許老
母親用山中語和兒子交談，無論兒子如何説明，老母親就是不開口。

　　「媽媽，你可以説話了。」
　　「媽媽，我在跟你説話，你看到了嗎？我們可以説話了。你可以用我
　　們的語言跟我説話。」
　　「你可以説話了。」
　　「媽媽，你聽到我説話了嗎？我正用我們的語言跟你説話。」
　　「你聽到我説話了嗎？」
　　「這是我們的語言。」
　　「你不能聽到我説話嗎？你聽到我説話了嗎？」
　　「媽媽？」

〈山中語〉1988年在倫敦皇家國立劇院的Lyttelton廳首演，米蘭達‧李察遜演年輕婦女一角，Ivan Kyncl 攝。

兒子一方急切呼喚老母親開口，另一方卻因恐懼鎖喉完全不出聲。這是品特沉默技法從隱喻走向寫實的具體展現。老母親一直到戲劇落幕都沒有回應，讓無聲的痛苦迴繞在隱喻的時空中，成為品特戲劇裡最長的一個沉默。

雖然〈最後一杯酒〉和〈山中語〉皆是關注土耳其人權而衍生出的作品，這兩齣戲並沒有明確地指出人、事、時、地。也就是，品特的政治劇想要表現的是普同的現象，不針對特定政體。這個將政治壓迫普同化的企圖，透過〈派對時光〉的情境，勾勒出更多回響：一群有權有勢者相聚開派對，不遠處正發生抗議與鎮壓事件，這些對外在事件有決定性影響的人，在派對中，不是絕口不提，就是以輕蔑的語氣帶過，宛如被鎮壓者都是咎由自取，跟自己的決策

沒有任何關係。〈派對時光〉的事例，無論是在集權或民主體制中，都以有權者與無力者鬥爭的方式，不斷在現實政治中上演著。

在說與不說之間

2002年，當品特發現罹患食道癌時，他從醫院護士的口裡聽到這樣的警句：「癌細胞就是那些忘了怎麼死的細胞。」這些忘了怎麼死的癌細胞，跟知道會怎麼死的品特，從那時起，開始上演一場無聲的生死大戲。這一演，不眠不休，持續6、7年，直到去年耶誕前夕，品特才退下場來。罹病初期，品特寫了一首詩──〈癌細胞〉，來記述他的心境。

它們忘記怎麼死
因此延續它們的殺戮

我和腫瘤死命爭戰
希望我們不要同時死亡

我需要看到腫瘤死去
一個忘了怎麼死的腫瘤
竟還算計著把我謀殺

倒是我記得怎麼死
雖然我的見證者都已不在
不過我記得他們所說的
腫瘤對他們的凌虐

看不見沒聲息一如往常
在疾病誕生前
腫瘤就已上演出場

黑色的細胞將會乾癟消逝
或愉悅歌唱自由來去
如此日夜靜悄繁衍
你從不知道　它們從不吭氣

　　這首詩句透露品特對癌細胞靜默特性的恐懼。擅長以停頓跟沉
默的技法，來創造戲劇中脅迫與威嚇局面的品特，或者從來沒想過，
那些不說話的癌細胞，比他創作戲劇中的任何角色都麻煩；而他們
是用沉默，如此地複製亂局，膨脹僵局，最後，可能是一場玉石俱
焚的死局。

　　就上一世紀對劇場的影響來看，品特是唯一能與貝克特等量齊
觀者。受到貝克特與艾略特現代主義風格的影響，品特探索的主題
從人際的競爭與嫉妒、性與生活的挫折、強顏也不能掩飾的寂寞，
到一個無所不在、但又說不清楚的恐懼。現代生活如何與焦慮脫離
干系──當田園已遠、牧歌不再？多數人又怎能不戰戰兢兢──面
臨工作不穩、婚姻停滯、愛情動搖、年歲代溝、家庭解組、生命史
帶來的聚散離合？品特的每部戲，人物也就卡在獨屬現代焦躁的情
緒裡，透過對話與肢體語言傳達神秘的、驚恐的、懷疑的、和曖昧
的情感。情節在他的戲劇中是次要的，更何況，他的戲劇其實也很
少提供明確的答案。觀看品特的戲劇，絕對不能忽視他展示的「沉
默」表情，那些沒說的，可能比說出來的更多。品特一方面讓劇中
人透過猶豫、遲疑、不連貫、和深深的沉默，來建立內在的緊張和

心理的惶惑；一方面又以流暢的文字能力，讓主角們一交談，就像
進入地雷區，火光四射、絢爛無比，宛如在觀賞一曲美妙的華爾滋
舞曲。至於本文的標題為什麼稱〈猶豫的華爾滋〉，是作者分析品
特作品的定性，其間的關聯，如品特的作品一樣，不明説，留給讀
者決定。

　　廖美，目前在紐約布魯克學院商業與政府研究中心工作，專事勞
動經濟分析。閒餘研習戲劇、電影。曾參與里巷影像工作室，攝製
記錄片《台胞》（1994）。

直到永遠的勝利
致民眾戲劇的老伙伴莫昭如

鍾喬

1

"Hasta La Victoria Siempre"（直到永遠的勝利）是切‧格瓦拉告別革命後的古巴，繼續前往玻利維亞山區展開叢林武裝鬥爭時，寫給老同志卡斯楚及古巴人民的一封信中的最後一句話。2007年，我在自己工作的「差事劇團」編導了一齣稱作「闖入、廢墟」的戲碼。這劇結尾時，演員共同合唱了戲的主題曲。歌詞的最後一段是這麼寫的：

他們以為囚禁我的身體／就能束縛我的靈魂
然而，我召喚這火／將我的肉體焚燒／燒得只剩一堆灰燼
於是，在灰燼中，我沉沒黑暗裡／和你一起沉沒黑暗裡
於是，在灰燼中，我發光／和你一起在灰燼中發光
於是，在灰燼中，我沉沒黑暗裡／於是，在灰燼中，我發光

在灰燼中 Hasta La Victoria Siempre
在灰燼中 直到永遠的勝利

　　Ha—s—ta—la—Vic—toria—Siem—p--re

　　我無心並無意「消費」切的革命理想，卻以他的名言作爲志同道合的友眾間相互激勵的詩句。理由僅僅在於，我輩正逢上一個在劇烈變遷中，即便是稍稍進步的社會改造理念或行動，都不免在冷漠中被輕描淡寫地帶過的年代。

　　時代是孤寂的。然則，吶喊又似不合時代的潮流。世界的變遷超乎人們想像得快速。1990年代初，隨著蘇聯解體、柏林圍牆拆解、以及中國朝資本主義疾速奔流的轉軌，全球資本化的市場性競爭，經由資訊、媒體的迅捷傳播，幾乎直接劃分了世界性貧富差距的再擴大化。就是在這樣的國際變局與日漸進地滲透到人們的日常生活中、觀光化與消費化不知不覺地操控著文化意識的轉向的同時，我認識了來自香港的莫昭如。

　　巧合也是緣分，沒記錯的話，應該是1989年歲末吧！當時，我從剛停刊的《人間雜誌》卸下主編工作，經由創辦人陳映真先生的引介，到韓國參加一個稱作「民眾戲劇：訓練者的訓練」的戲劇工作坊。

　　猶記得這項工作坊的時間長達近一個月，邀約了來自孟加拉、尼泊爾、印尼、馬來西亞、菲律賓、泰國、香港、台灣、南韓以及澳洲等地共約20餘位民眾劇場工作者，展開包括著組織、思想以及最重要的民眾戲劇操作方法的密集訓練。

　　工作坊在離首爾（當時的漢城）約三個鐘頭車程的一個山上公共舍房中舉行。那些日子，每餐都吃泡菜吃到拉肚子，夜晚則喝韓式燒酎，時而因不適酒性與過量而隔日頭痛劇烈。

　　莫昭如不熱衷菸酒，倒是談興很高，一聊就聊到夜深人靜而不止。最記得的是，他隨身都攜帶個水杯，以水代酒……。漸漸地，

從談話中，知道了他從七零年代開始，便在香港從事社會運動、搞街頭劇，並參加托派組織的背景。

那一回「訓練者的訓練」工作坊主要由「菲律賓教育劇場協會」（英文簡稱PETA）的Ernie Cloma主持。在每日長達8個鐘頭以上的工作坊時間裡，設法讓參與者有機會親身體驗，民眾戲劇在菲律賓這個典型的第三世界國家，如何透過一整套的理論和實務操作，在底層民眾間開展戲劇教育的過程。經由稱作「基本綜合性劇場藝術工作坊」（簡稱BITAW）的工作方法，非常具體地將戲劇作為草根教育的能動性，體現在人們的面前。

猶記得在多次分享及共同討論的時光裡，莫昭如談到，自1970年代，他在香港搞社運和街頭劇，雖也積累了多年以戲劇為社會發聲的經驗，卻一直沒有開展一整套完整的工作坊實務操作法。「因而，這趟體驗和學習，彌足珍貴……」理一理額前一頭超乎一般人得以想像的白髮，他朗朗的笑聲，劃破了夜闌的寧靜。

工作坊中，運用了綜合戲劇、音樂、舞蹈、繪畫、寫作、詩歌等表現形式，充份地驗證了民眾戲劇自覺而自主地擺脫精英劇場的歷程。去年是「菲律賓教育劇場協會」創立40週年紀念。回想過去這近半個世紀的時間裡，世界雖歷經科技、交通、電子傳媒的大幅轉變，然而，一場全球化的市場經濟「洗禮」，非止沒有「洗」出更具前景的世界觀來，相反地，貧富差距的擴大化愈發讓弱勢地區的弱勢人民，身處於不平等發展的天秤一端。

莫昭如是這樣看被主流精英們嘖嘖稱是的「全球化」潮流的……。

而大抵也就是從這樣的角度出發吧！我與莫昭如相似，都在工作坊的實際參與中，找到了知識分子具體展現文化草根實踐的可能性。

在廣泛的亞、非、拉第三世界國家，存在著為數龐大的文盲，掙扎於飢餓線的邊緣，菲律賓自不例外。在開了門就直接目睹貧病、動亂、飢荒的社會裡，劇場的身體語言正以無窮的衍生性效果，取代了文字，讓弱勢民眾也得以表達她／他們的被壓迫經驗。這是民眾戲劇在進步性的意涵中，令人無從迴避的文化衝撞力。

很快地，我們一方面在閱讀巴西教育哲學家保羅・弗萊爾（Paulo Freire）的《被壓迫者教育學》，驗證著何謂「提問式教學」的真諦；與此同時，並得以理解「基本綜合性劇場藝術工作坊」裡提出的「O—A—O」系統，如何形成並被視作工作方法的基本精神。在此，第一個O意指著組織性Organization；第二個A意指著藝術性Artistics；第三個O則意指著思想傾向性Orientation。

直到將近20年後的今天，我們都還在社區戲劇的工作坊中，運用這樣一套思惟與民眾互動。

為什麼是藝術性呢？不難理解，戲劇作為一種綜合性藝術的表現，總無法脫離形式與內容的辯證統一。

但，組織性又所為而來呢？恰是要在民眾生活的現場，讓劇場藝術也肩負起組織民眾生活公共性的功能。

最終，藝術性和組織性，又和思想傾向性脫離不了干係，理由就再簡單不過了。畢竟，無論如何，民眾戲劇與布爾喬亞戲劇的最大不同，在於：前者並不是為藝術而藝術；相反地，是在激發民眾對公共議題的自覺上，開發屬於民眾自身的藝術性。

2

然則，第三世界國家的政治、經濟情境，畢竟有別於在1970年代前後歷經「亞洲四小龍」經濟發展的台、港地區。客觀現實的不

同，在一定程度上，轉化著主觀文化的認知與實踐。

　　如何將菲律賓民眾戲劇的草根實踐，不失本質卻有效運作地形成一套具在地性的工作方法，是莫昭如和我共同面對的問題。

　　針對這項挑戰，我們的反思來自看來簡單、其實繁複的兩個課題。其一，誰是民眾？其二，訓練者(更洽當的，應稱作「輔導員」)和民眾的關係是什麼？

　　前面一個提問，讓我們自覺到，既是民眾戲劇，而非為民眾表演的戲劇，那麼，在民眾生活的中間，展開以民眾登場為主體的戲劇，便是一件不可避免的課題。

　　後面的提問，則讓我們深刻體驗到，以民眾做為學習主體的重要性。亦即，如何在工作坊的過程中，真正達成不做民眾代言人的角色，而是讓民眾自身，因著從個人到共同的覺察，以身體和意識表達生活的歷程。

　　這裡，用保羅.

　　弗萊爾的話語來說，就是「知識分子教農民寫「犁」這個字，而農民卻教知識分子怎麼使用「犁」這層意義的延伸。

　　在〈香港社區劇場發展概況〉這篇文章中，莫昭如提到，過去20多年來在香港出現的社區劇場，粗略來說，大概可分兩種：推廣性社區劇場和變革性社區劇場。之後，他對香港有民眾戲劇性質的社區劇場，做了以下的描述：

　　……包括了地區性的戲劇訓練和比賽，亦為失明人、少數族裔青年、勞工婦女及年青更生者／釋囚舉辦工作坊和演出……在不同的社區之中，居民在工作坊講述該區生活、參與劇本即興創作並且在區內找演員來演出……香港的一個新銳青年劇場「好戲量」其源起同時受到推廣性和變革性社區劇場的影響而

成立，自詡為民眾劇場……這樣介紹自己的社區劇場實踐：「我
們希望戲劇不只是屬於一小撮人的奢侈品，而是能夠遍及社會
上不同階層、不同背景的「人」──這才是真正的普及藝
術！……

3

　　人們常說，闊別三秋，身影異常陌生。指的是，友誼間因人各
有志而不知對方所做所為。

　　這自然並非莫昭如與我的情誼……。在這將近20年的歲月輪轉
中，我雖隔海與莫昭如偶而互通音訊，往來皆為共同舉辦民眾戲劇
相關活動，卻一次比一次地在讚嘆中發現，由他手上散發出去的各
式各樣工作坊的訊息，不說幾百項，也有近百項。

　　他在世界各處跑，為的是拉開民眾戲劇「另類全球化」的視野；
很重要的是，回到香港本土，「在地化」又是他永遠最關切的焦點，
於是引介了各個相關領域的專業者，在社區或藝術中心開辦工作
坊，開展劇場與社會串連的各種可能性，提供青年戲劇工作者多元
的學習機會。

　　所以，每當亞洲民眾戲劇的朋友跨越國界前來相遇時，都會帶
點玩笑的口吻，幽默地說，「Mok（莫昭如的英文名字）──他是跑
得最遠，也住得最近的鄰居……。」

　　這麼說來，形容莫昭如是民眾戲劇「全球在地化」glo-calization
的代表性人物，當真一點也不誇張了！只是，別忘了在前面加上一
個「另類的」或「另立的」字眼，就是洋人說的alternative的意思。

　　然而，就像莫昭如所提到的，推廣性與變革性的社區劇場，畢
竟在精神上有所差別。

　　一旦，民眾戲劇以強調過程甚於成果表現，具現在社區參與者的互動中時，不可免的問題必然會是：民眾到底如何經由劇場的表達，在情感及認知上達成何種程度的「培力」empowerment？這個提問，是一個再具體也不過的提問了！因為，不斷在社區或公民生活領域中進行的推廣性劇場工作坊，對於真正觸碰到個人內在或社會公共的壓迫，並無法做出深度的回應。因而，莫昭如有了以下的省思：

> 由於香港是一個現代化城市，交通四通八達，跨區快捷容易，劇團一般會發覺參與者來自四面八方，社區意識薄弱，所以工作坊完了，結業示範演出完結了，主辦單位離開了，也就曲終人散。

4

　　這樣的省思，在我和「差事劇團」也有過非常類似的經驗。

　　具體的面對，則是在1999年，台灣發生「9.21」大地震後，我們終而有幸在石岡災區遇上10位勞動婦女，與她們展開工作坊，並於日後出於她們的自主性，而成立了「石岡媽媽劇團」，至今將近8年時間，仍然繼續在社區中展開社區劇場的互動及演出……。

　　「石岡媽媽劇團」的浮現，是從大地的災難中翻轉出來的……。這多少說明了一件事，亦即，民眾的苦難，不會是做些工作坊，就像似施捨些恩惠給受苦的人，事情就算結束了！相反地，如果民眾戲劇能真正在民眾生活的核心產生作用力，施捨卻是一件要被極力避免的事。

　　知識分子或文化人如我和莫昭如，經常在實踐時帶給自身的反

思，是如何運用工作坊的互動機制，在民眾的身體與意識之間形成有機的對話，而非單向的啓蒙。

這一點，我們很多時候，從魯迅那邊取得了思想資源。在〈過客〉這篇以劇作形式寫就的散文詩裡，魯迅甚而透過「過客」這主角，訴說了與其接受他人施捨，倒不如獨自走向滄茫墳地的孤絕情境。

當然，並不是說民眾戲劇一定要在魯迅似的孤絕中找到反抗黑暗或絕望的立足點。但，作爲一種思想的追索，卻自有其深刻性。

民眾要在自身的探索與追究中，去找到共同發聲的語言和聲調，這是近20年來，像我和莫昭如這輩以民眾戲劇爲職志的人，共同的明白和體會。

年輕時，莫昭如有過烈火般燃燒自身理想的青春。他這樣子形容自己：「我們想搞一場世界革命，終結剝削、壓迫、貧窮、官僚控制、獨裁.、威權／極權統治、戰爭、不平等、種族主義、歧視等。我們想要全面的改革社會。而要達到這個目的，必須大多數的人民也有同樣的希望，有意識的以此爲目標。」

時間過去，歲月過去，「一場世界革命」大抵並沒有具體地發生，然而，未燒盡的理想，即便只剩灰燼，也映照著理想主義者皺紋滿布的側顏吧！

這側顏中，有一張是滿頭白髮下仍烱烱發亮的眼神，像在對人們說著，「來吧！未來，就在翻過高牆的那一端……。」

5

的確。時間來到2006年，我和莫昭如都經歷了「亞洲民眾戲劇」的聯結，並進一步穿越橫跨東亞版圖數十年的冷戰防線，和韓國、

上海、北京、日本的伙伴們，展開了「東亞民眾戲劇聯絡網」的形構，並且再度將「民眾戲劇：訓練者的訓練工作坊」搬上枱面，由更年輕一輩的民眾戲劇工作者來共同參與。

這之前的2005年，我和莫昭如在南韓民主解放記憶的核心城市光州，參與了一場稱作「亞洲廣場」的藝術節，針對那場融合著劇場與民眾變革記憶的匯聚，我留下了一段話，至今，仍可作為與莫昭如及其它更多民眾戲劇伙伴的臨場對話。我是這麼說的：

> 我們幾乎無法以現今出現在亞洲的各式藝術節來類比。說得更具體一些，現今種種亞洲的戲劇網絡幾乎甚少深刻切入民眾生活於歷史和現實的批判、反思。但，發生於光州的戲劇聯演卻無可避免地必須具備這樣的性質，經由對於這樣性質的不斷質詢和討論，或許我們才得以稍稍拉出一個免於被文化商品所「異化」的藝術表現。

這之後的2007年，在香港「國際教育劇場／戲劇協會」（英文簡稱IDEA）的開幕會場，莫昭如神色奕奕地出現在大廳裡，和來自世界各地的社區暨教育戲劇工作者、專業人仕、教師、訓練者共聚一堂。

他，已然是此次盛會的核心人物，並且驗證著他一貫以來「全球在地化」的戲劇視野。當然，我不會忘了在他的左胸口浮貼一張「另類的」或「另立的」貼紙，做為國際新左翼民眾劇場的辨識指標。

6

認識莫昭如，堪稱偶然。然而，恐怕也就在這偶然所燃起的火花中，讓原本彼此不識的我們，因著對於民眾戲劇的共同想像，望見了相互間在火光中通紅起來的臉。

更重要的是，莫昭如引領我用另一種視線去看香港。漫長的冷戰歲月中，由於兩岸的分斷，我們總是經由香港這層關卡去試探大陸內部的風風雨雨，一直到今天。

香港，是過境的轉接口；然而，它又是英屬殖民地遺留下來的一座現代化大都會。

無論就城市外觀或文化感覺而言，香港留予人最深的印象，必然是和現代化的不可切割。

恰恰就是這樣的觀感吧！早期前往香港時，總是帶著「劉佬佬進大觀園」的偏見，想說自己既來到現代化大都會的「景觀窗」前，就姑且在高樓海港前留影紀念一番，便算到此一遊了！大抵沒有什麼深入這城市文化底層的意圖或想像。

認識莫昭如，才從他忙碌工作的快節奏中，體會到城市高樓的摩登景像底層，在尋常百姓的陋巷中，經常進出著他以及和他一起工作的年輕伙伴的身影。

更值得一提的是，近些年來，跟隨著中國大陸非官方民間組織的出現，愈來愈多團體和個人，運用民眾戲劇的方法，在社區或弱勢人群間展開一波波工作坊的訓練。

就在2007年「國際教育劇場／戲劇協會」大會於香港舉辦前夕，莫昭如引介我前往廣州，在南嶺認識了來自大陸各省份共三、四十個有志於民眾戲劇工作方法的個人及團體，進而和他們進行或長或

短的工作坊。

　　廣州，一個稱作「木棉花開」的民眾戲劇團體，用年輕人自身的熱情和理想，在毫無經費的奧援下，撐起一片創意的天空。他們在民工間進行的「論壇劇場」，鼓舞著受資方剝削的工人，站到舞台上，用身體表達他們的異議，深深觸動著其他被壓迫者敏感的靈魂，留給我異常深刻的印象。

　　中國大陸在歷經改革開放的巨大變遷中，一方面加速了生產，提高了經濟發展的方方面面；卻也無可避免地在市場化的大潮中，席捲了弱勢農、工、城市小市民的基本生存權力，帶來前所未見的貧、富落差及社會問題。

　　具有NGO背景的民眾戲劇團體，在追求社會公益且不以西方發展社會的傲慢作為前題的狀況下，所展開的草根文化實踐，原本就帶有追尋或復甦社會主義價值的意涵。

　　這樣的意涵，在一片新自由主義彌天蓋地而來的浪潮中，尤有其大同社會的精神，不容輕忽且令人欽佩。恰恰是在這樣的精神價值下，我屢屢想起共同走過民眾戲劇近20年道路的老伙伴莫昭如，並再度引用格瓦拉的名言，說是：

　　「直到永遠的勝利」是的。直到……。

　　鍾喬，目前任職於1997年成立的「差事劇團」團長。出版詩集四冊、散文數種、劇本集一冊以及長、短篇小說各一本，並積極投入東亞民眾戲劇串聯行動及參與相關研討會。

思想訪談

我的精神自傳

以北京大學為背景

錢理群 著

台社論壇
09

My Mental-spiritual Autobiography
Peking University as a Background

拒絕遺忘：

錢理群先生訪談錄

陳宜中

　　錢理群先生，1939年出生於重慶，父親為國民黨政府高級官員。1949年父親隨蔣介石遷台，錢理群與母親留在南京，從此一家未能團圓。1956年考上北京大學中文系，在北大親歷反右運動。後來轉入人民大學新聞系，1960年畢業後，分配到貴州安順的中等專業學校教書，一待18年。文革期間響應毛主席號召，造反到底，從未當過一天逍遙派。1971年林彪事件後，開始反省文革；自許「民間馬克思主義者」，努力為社會主義尋找民主出路。1978年考上北大研究生，返回北京，決定以學術作為志業，致力於魯迅和周作人研究。北大任教期間，寫有《心靈的探尋》、《與魯迅相遇》、《周作人傳》、《豐富的痛苦：堂吉訶德和哈姆雷特的東移》、《1948：天地玄黃》、《話說周氏兄弟》等研究周氏兄弟和現代知識分子精神史的著作。2002年退休後，再次走入民間，關注農村教育、中小學教育和青年志願者行動，同時從事民間思想史研究。2007年於香港出版的鉅著《拒絕遺忘：「1957年學」研究筆記》，刻劃出反右運動中「右派兄弟姐妹」鮮為人知的精神面貌。同年出版的《我的精神自傳》，呈現出一位獨立思考的中國知識分子的堅持、掙扎和自我反省。2009年將應邀到台灣講學，講授魯迅思想的當代意義。

　　此一訪談於2008年6月25日在北京進行，由陳宜中提問。錄音

由劉佳旻整理，再由陳宜中編輯、校對。最後，由錢理群先生修訂、確認。

一、從反右到文革的親身經歷

陳宜中(以下簡稱陳)：錢老師，您的家庭背景很特殊，您的父親跟蔣介石到了台灣，您和母親留在大陸。您對解放前的陳年往事，還有印象嗎？

錢理群(以下簡稱錢)：我有一個所謂解放前的記憶，就是中華民國後期的記憶，對1940年代的記憶。當時，我父親是國民黨的高級官員，我整個家族屬於上層社會。我爸跟胡適關係不錯，受家庭教育的影響，像民主自由這些基本的理念很小時候就滲透在我心裡。但是，國民黨後期的統治給我兩個印象，一個是專制，另一個就是屈從於美國。所以我對共產黨反國民黨獨裁專制，堅持維護民族獨立這些方面，是肯定的。對共產黨的革命，我並不持全盤否定的態度，這跟我的童年記憶有關係，當然也跟我的魯迅研究有關係。1949年解放後，我有一個金色童年，一個充滿光明的童年。我自己從讀中學到考上北大，都是比較順利的。

陳：光明的童年，是指南京時期？

錢：是1949到1956年。在南京讀中學，後來就到北大。那段時間，整個的社會空氣都比較樂觀向上。我是革命傳統培養起來的一代，有些精神上面堅持的東西，比如說「反對對人的壓迫、奴役」，其實就是青少年時期革命教育的影響。如果你問我現在的價值理想是什麼，我還是說消滅一切人剝削人、人壓迫人、奴役人的現象。對弱者的同情，也一向是我的關懷。這裡還有一種不大容易說清楚的精神氣質，比如關注大問題、大世界，而不是縮在一個很小的自

我當中。還有它的理想性，一種青春激情，和為了自己的信念的犧牲精神，堅強毅力。在我看來，這些都是革命傳統對我的影響。

陳：您最近在香港出版的《拒絕遺忘：「1957年學」研究筆記》（香港牛津大學出版社，2007年），厚達五百頁，整個在談反右運動。我想先請問您，1956年右派鳴放的時候，您在北大參與過右派活動嗎？

錢：在1956年，反右之前，大學裡是充滿理想主義色彩的。我那時候的理想就是要當學者，所以整天埋頭讀書，沈溺在那邊。剛開始「鳴放」的時候，我只是覺得非常好奇。當時的北大「右派」（今天看來，其實是真正的左派）發動了一個「社會主義民主運動」，對現實社會有比較尖銳的批判，而我當時是處在比較順利的情況下，對那些批判並不是很理解。但是因為我從小就有民主自由的觀念，我覺得應該讓他們說出來。就是西方的那個觀念：我不贊同你的見解，但是用生命保衛你說話的權利。那些右派言論我並不同意，或者不完全同意，但是我認為應該捍衛他們說話的權利。另外，他們提出的問題，比方說「已經出現了特權階級」，可能還不是那麼嚴重；但是我覺得如果不及時改正的話，特權階級是有可能出現的。我當時是這樣一個態度。我沒說一句話，也沒在大字報上簽過字，不然肯定是右派了。但是心裡是同情他們的，幾乎各場合我都在場，以一種有興趣的旁觀者眼光來看這一切。

陳：那1957年反右之後呢？

錢：反右運動開始後，我很震驚，因為我總認為右派提出意見是好事，它符合我的自由民主那樣的人道理想。另外，我的大哥1954年剛從美國回來，他是學水利的，反右運動把他嚇壞了。我當時是共青團團員，黨說右派反黨反社會主義，黨這麼講我必須相信，於是贊成反右鬥爭。但是呢，我一直覺得反右有個弊病，就是會嚇壞

知識分子，導致知識分子再也不敢講話。我的結論是，兩害相權取其輕，還是支持反右，但覺得它是有弊病、有危險性的。我的這個言論，當然不能被接受。所以，我就被劃爲「中右」。從那以後，我就成爲一個被內部控制的，不斷被批判的對象。

我的大學畢業鑑定(這也是反右以後建立的大學畢業要進行政治鑑定的制度，這樣的政治鑑定是會決定人的一生命運的)是：「錢理群有系統的資產階級的自由民主博愛思想」；但是「認識得比較好」，就是說「改造得比較好」。這個鑑定說得沒錯，但是我自己覺得非常痛苦。我發現我的思想一方面受西方影響，但我又是相信革命的。革命意識型態跟西方的民主自由觀念，在我身上打架，搞得很痛苦。

陳：您所謂的革命意識型態，是指共產黨搞革命的時候，它的意識型態裡面最吸引您的那個部分嗎？

錢：還不是那個部份。剛剛說到，革命的那一面，對我是有正面影響的。但是後來，革命意識型態就愈來愈「左」了，它遏制思想自由，禁止獨立思考，強調絕對服從，要求權力的高度集中，思想的高度統一──這是革命意識型態的另一面。反右之後，它就把人道主義思想，民主自由觀念，全當成是資產階級意識型態批判掉、拋棄掉，想要重建一套「興無產階級思想，滅資產階級思想」的革命話語。那套革命話語帶有比較濃的專制主義色彩，便和我的民主自由觀念起了衝突。所以反右之後，我很矛盾、很痛苦。但是我走的取向，還是接受改造，就是盡量往那個方向去靠攏。大學畢業，我是想讀研究生的，但那時不允許讀了。當時毛澤東說「書讀得愈多愈蠢」，所以大學畢業時，領導對我說：錢理群，你就是書讀得太多太蠢了，你現在需要去改造，到實際工作中去接受考驗，不要再讀書了。我大學畢業先被分到作家協會，沒多久，作家協會因爲

精簡機構不需要人了，就把我重新分配到貴州去。

陳：您去貴州安順，完全是上面決定的嗎？

錢：一方面是押著我去，另一方面也是自己想去。爲什麼呢？因爲我受革命影響很深，就覺得我應該到黨最需要的地方去。當時貴州是一個最偏遠的地方，所以需要我去。我還這樣自我安慰：在貴州的發展餘地可能比北京大，北京畢竟是很小的圈子，貴州是廣闊的天地。當時就是半強制、半自覺的，半被動、半主動的，這麼去了貴州安順。我1960年到了貴州，就遇到了大災荒，接著就遇上文化大革命。

陳：您在安順當老師，教的是高中生？

錢：教的是中等專業學校，先是衛生學校，後來是師範學校。大概因爲我是北大培養出來的吧，有比較強的獨立思考能力，什麼問題都要問個「爲什麼」，而且都有自己的見解，最後就跟基層的幹部，學校領導發生了衝突。文化大革命前，我已經被他們整了。因此，文革某種程度是我所期待的。反右運動以後，確立了一條原則：黨的領導要落實到基層黨組織，和基層黨領導有不同意見，就是反黨，就是反革命。這樣，就必然造成像我這種比較有獨立思想的人，和黨組織的基層官僚之間的緊張關係。我當時沒別的想法，就期待一場革命來解決這個矛盾。因此，文革對我並不意外。

陳：文革之前，對基層黨組織不滿的人還不少？

錢：對。而且我是學新聞的，對政治有特別的敏感，從報紙上就可以感覺到一場新的「革命」正在醞釀；當然我不可能預知「文化大革命」這樣的「革命」，但一個大的變動將要來臨卻是可以感覺到的。當時，我完全正面地看毛澤東所發動的一系列的預備性鬥爭。毛澤東是有群眾基礎的，因爲有社會的基本矛盾在那裡。文化大革命我全程參加，從頭參與到尾，就沒當過一天逍遙派。就我知

道，在我這種類型的知識分子裡，很少像我這樣從頭到尾參加的。

陳：貴州那裡，鬥得很嚴重嗎？聽說您還逃亡？

錢：對，逃亡，流血，都經歷過。在文革期間，我是堅定的毛澤東主義者，是造反派，或者說青年毛主義派。我們當時之所以相信毛澤東主義，是因爲它說中國有「官僚主義者階級」，要用「無產階級專政條件下的繼續革命」來解決官僚體制問題。這其實也是1957年北大「右派」發動的「社會主義民主運動」所提出的問題，當時的重心也是反特權階級。

當然，到了文革後期，我開始有了反省。因爲文革的結果，走到了我們期待的反面：出現了四人幫這樣的文革新貴。但我們也不信任鄧小平和周恩來，認爲他們是代表了反右以後強化的「一黨專制」的黨官僚。當時我們反省的問題是：爲什麼所有的共產國家都出現了特權階級？爲什麼在中國，從反右一直到文革，這問題變得愈來愈嚴重？我本來相信文化大革命是可以解決這問題的，可是不但沒有解決，反而出現了四人幫這批新的特權階級。老的沒倒，新的又出來了，到底是什麼原因？這個問題，其實是文革後期「民間思想村落」所探討的共同問題。

陳：「民間思想村落」大概從哪一年開始形成？

錢：轉捩點是1971年的林彪事件。林彪事件給我們的打擊太大了，因爲這個接班人，突然成了叛逃份子，讓我們百思不得其解。1971年以後，大概是1974年前後，我們一群朋友就經常聚在一起，沒有什麼明確的組織形式，就是大家在一起討論，像一個沙龍。當然，最核心的問題就是剛剛提到的：爲什麼社會主義始終解決不了特權階級的問題？爲什麼文革這樣一場大革命，付出這麼大的代價還是解決不了？當時我們的思路，就是尋找民主。到哪裡去尋找思想資源呢？在我們裡面，有兩個路向：一個是從西方人道主義、人

本主義、還有民主自由思想裡頭去找；另一條路，是沿著馬克思主義那個方向去找，因此注意到馬克思主義的各種流派，包括修正主義、馬列原著、格瓦拉、甚至金日成，等等。今天，爲什麼我覺得那段歷史特別重要呢？因爲今天的許多爭議和分歧，最早在文革後期就已經萌芽了。

　　陳：您當時比較接近哪一種思路？

　　錢：我一直是以毛澤東和魯迅作爲我的精神支柱。所以當時我們自稱爲「民間馬克思主義者」。但是馬克思主義是被黨所壟斷的，如果要做「民間馬克思主義者」，對黨就會形成挑戰，所以是冒著很大風險的。當時全國各地都有研究馬克思主義的小組，一旦被發現，很多都被槍斃掉。另一方面，在當時整個的民間思潮裡面，也有些人轉向了西方的民主自由人道主義。在他們眼裡，我們是堅持馬克思主義的保守派。

　　文革後期，我還沒有擺脫毛澤東思想的影響，對馬克思主義本身也沒有更多反省。後來的一個轉折，就是77年的高考。通過高考，很多民間思想者考上大學，或考上研究生，然後就進入學院體制了。

二、從改革開放到八九運動

　　陳：您最近有幾篇文章，寫西單民主牆和北大的競選運動。那時候您剛回到北京，關注那些發展嗎？

　　錢：當然。文革後，1976到1980年，大概有這4年的時間，中國處在動盪時期。要改革，這是確定的；但怎麼改，從上到下都還沒有明確的方向。剛剛說到，1977年高考以後，民間思想者彼此分離了，一部分進入了體制。還在體制外的人呢，就發動了西單民主牆運動，形成一股體制外的民間變革力量。進入體制的另一批人，後

來發起了北大競選運動。

　　魏京生他們是體制外的，是西單民主牆的。像胡平、王軍濤這一波人，是大學生，他們是1980年以北大爲中心的競選運動的重要代表人物。其實，這兩批人原來都是文革後期培養出來的民間思想者，雖然社會位置不一樣，但政治方向是一致的。在我看來，這是一個自下而上的「民間社會民主運動」。它和黨內自上而下的改革派，最初是聯盟的。它當時提出的主要訴求是：中國的改革不能只是自上而下的改革，而必須也有自下而上的改革。也就是說，民間的普通老百姓，應該成爲改革的重要力量。民間不是附庸來參與，而是作爲一種獨立的力量，來參與一場全面的改革。

　　陳：您參與了這個運動嗎？

　　錢：我1978年考上研究生。那個時候，我面臨「作戰士，還是作學者？」的選擇。我的判斷是，我這人不適合搞政治，不適合實際的政治參與，而更適合作學者。當然，我自己很痛苦。我後來寫《豐富的痛苦：堂吉訶德與哈姆雷特的東移》，就是爲了反省我身上的堂吉訶德氣或哈姆雷特氣。當時呢，在安順那個思想者群體當中，大家都是我的學生啊，他們也分兩派，一派主張立即參與，一派主張還要看一看。

　　陳：像這樣的「民間思想村落」，除了安順之外還有嗎？

　　錢：全國各地都有。剛才提到的西單民主牆、民主刊物，和北大競選運動，都算是全國性的。改革開放爲文革後期的民間思想者的參與提供了一個新的時機。要參與是沒有問題的，爭議、分歧在於參與的時機與方式。其實在文革後期就有兩個思潮。一個思潮主張走政治改革路線，爭取民主、自由，從這角度來改變中國、解決中國的問題。另一個思潮主張從改變農村，從改變基層生活開始做起，而且認爲要改革就必須進入體制。

　　陳：您的分類似乎愈來愈複雜了。既有政改派，也有農改派。政改派有主張街頭政治、全民參與的，也有搞體制內選舉的。

　　錢：實際上，北大競選運動也是兩派，一派主張經濟改革，另一派走政治改革路數。我在給安順朋友的通信中談到我對改革的看法，認為鄧小平的改革在當時中國的歷史條件下是有積極意義的，應該支持；但是我們遲早要和他分手，因為他所代表的是黨官僚的利益，他的目的是要回到文革前的一黨專政的體制。而且鄧小平的改革可能會導致資本主義。當時有一篇小說〈喬廠長上任記〉，我懷疑未來的中國統治者就是喬廠長那樣的西方式的「企業家」，而我所受的教育注定了我對資本主義始終懷有警惕。

　　陳：這樣聽來，您當時並不看好體制內改革的前景，也不太相信「民間社會民主運動」真會成功。而且，您當時大概還是堅決反對資本主義的社會主義民主派。

　　錢：對。

　　陳：在資本主義復辟的問題上，當時魏京生和胡平怎麼看？他們講的民主，也是反資的社會主義民主嗎？

　　錢：可能我比他們要更保守一點，就是更受毛的影響。當時我還是個毛主義者，毛主義的思路還沒有改變。我還在想繼續革命，就是文革沒解決的課題我們還要繼續解決。不過，我既沒有選擇民間團體，也沒有選擇體制內改革那條路，而是選擇當學者。但是我的學術研究，跟過去的個人經歷還是有關係的，譬如我的第一本書《心靈的探尋》，其實還有文革的痕跡。雖然我回到北京以後，逐漸走出了毛澤東的影響，但是那本著作仍然肯定魯迅是馬克思主義者。

　　陳：能不能談談您後來的思想轉折？

　　錢：《心靈的探尋》還是強調了革命實踐的意義與影響，以及

行動的力量。從現在看的話，那本書有很強的過渡時期色彩。接下來，我進入了周作人研究，然後思想開始發生變化。周作人對我來說，原來只是因為魯迅研究深入不下去，非得換個角度不可，所以才去作。之後呢，對我就產生了兩個影響。一個影響是，周作人又喚起了我早年在家庭影響下，所接受的那套民主自由思想。另一個影響是，周作人研究使我獲得了學術界的承認。

應該說，在1980年代，我主要的目標是成為學者。自由主義色彩的強化，跟1980年代思想啓蒙的氛圍是有關係的。

陳：您怎麼看六四？六四對您的影響大嗎？

錢：六四對我及我們這一代，以及我的老師和我的學生這三代人都有極大影響，是個關鍵，是個轉捩點。像我們這些最初追求社會民主、平等的人，反對一切剝削、壓迫和奴役的人，不得不去追問：革命怎麼總是會走到反面？革命本身有什麼問題？還是我們自己有什麼問題？這個革命的悲劇是怎麼產生的？另一面是，革命出了問題，難道就這麼終結了，應該「告別」了，應該進入「保守主義時代」了嗎？（這正是六四之後的「時髦思潮」。）

我跟別人不同的一個特點，就是我的所有批判都同時指向我自己。我不認為革命是外在於我的，因此，所有對革命的批判都跟我有關係，革命的命運也和我有關。在這樣的思路下，我寫了《豐富的痛苦》，還有《1948：天地玄黃》。那本《1948：天地玄黃》屬於六四之後的一個思考，它想要討論的是：1948年，也就是解放前夕，為什麼大多數知識分子決定留下來？它的原因何在？又蘊含著什麼問題，以至於導致後來走到反面的後果？

六四之後，我有很強的「倖存者」意識。我們貴州安順這批人去參加歷史運動最前線的第一個學生，因為西單民主運動、社會民主運動被鎮壓而被逐出了歷史舞台；我的第二個學生去參加趙紫陽

的改革運動，六四之後隨著趙紫陽的倒台，他也跟著倒了。於是我想，他們倒了，我存活下來了，就必須站出來。我原來是想進入學院體制，但六四之後，我覺得學院不會是個出路。如果再繼續爭取學術界承認的話，我就危險了，再下去我可能要變了，可能就不是原來的錢理群了。所以，我就決定，要破門而出。其實在六四之後，我寫《豐富的痛苦》，我寫《大小舞台之間》，寫《1948：天地玄黃》，都越來越接近最後對現實的參與。

　　陳：寫完《1948：天地玄黃》之後，您決定更積極介入現實？

　　錢：96年10月份吧，我做了一場公開演講，那是個轉折點。那場演講叫做「周氏兄弟和北大精神」。我記得當時有位朋友對我說，北大已經「失精神」，你作為北大人再不站出來說話，我們就要說話了。這大概是一種「激將法」吧。我也覺得，要打破六四之後的沈悶，就必須從北大開始做起。因此，我這篇演講的中心，是提出要藉1998年北大百周年之機，重提繼承北大的「獨立，自由，批判，創造」的傳統。1997年，我在北大開周氏兄弟的課，後來變成《話說周氏兄弟》。這次我講魯迅和周作人，跟以前作周氏兄弟研究不一樣，著眼點在分析周作人跟魯迅的思想在1990年代中國的現實意義。我努力想把我的研究，轉換為社會資源、教育資源。結果在學生中引起了強烈反響，到1998年北大百周年校慶前後，就形成了一個以「重新認識(蔡元培)老校長」為中心的「尋求北大的真聲音」的熱潮，六四之後北大校園的沈寂終於被打破了。

三、魯迅思想的當代意義

　　陳：魯迅是您最重要的思想資源，但在解除戒嚴以前的台灣，因為魯迅被認為跟「共匪」有關，反而是周作人的流通比魯迅要好

一點。直到現在，台灣講到五四還是胡適，魯迅還是相當邊緣。所以，能不能請您特別談一下，為什麼魯迅這麼樣重要？他對現代中國的重要性何在？

　　錢：現在我正發愁了，因為陳光興請我明年去台灣講魯迅。在台灣講魯迅，我覺得非常難。魯迅對我個人來說，簡直就是太重要了。我對中國問題很多的觀察認識、我主要的思想資源，都是來自魯迅。我同意汪暉一個分析，他說五四是一個很複雜的結構，只有一點是大家一致的，就是要重新估定價值。實際上，有各種各樣的五四，譬如胡適的五四、蔡元培的五四，還有魯迅的五四。我要繼承的，是魯迅的五四，是左翼的五四。我在你們《思想》季刊（第三期）發的那篇文章〈魯迅和中國現代思想文化〉，基本上代表我主要的魯迅觀點。就像那篇文章講的，在整個中國現代思想文化裡面，魯迅是個特殊的存在。他既是中國現代思想文化的建構者，同時又是現代中國思想文化的解構者。

　　比方說，魯迅對民主與科學、對啟蒙，既是發揚者，但也有質疑。包括對革命、對社會主義、對平等，這些左翼的基本概念，魯迅既有支持的一面，也有懷疑的一面。中國這幾十年發展的最大問題，就是把人逼得走上極端，不能用複雜化的態度來面對現實。我們現在講的，構成現代思想文化的民主、自由、平等，還有革命、社會主義、啟蒙等等，所有的話語都是西方來的。對於這些話語，魯迅所採取的態度是：既接受、既發揚，同時又進行質疑，在這之間取得一種張力。在我心目中的魯迅，最大意義就是在這一點上。我最佩服他而且最肯定他的，就是他不但無情批判別人，更無情批判自己。比如他對中國傳統的批判，就跟胡適很不一樣。胡適把中國傳統當成鬼打，而魯迅呢，則鬼中有我、我有鬼氣。對魯迅來說，打鬼不是打鬼，而是打自己心中的鬼氣。所以，對外在的批判最後

都轉變成對自我的批判。後來我形成一個觀念，就是：我們評斷一個批判的知識分子，最主要得看他有沒有自我批判。這是一個最基本的標準。如果你只批判別人，你這批判十之八九是假的，至少是很可疑的。像這樣一個魯迅傳統，我覺得是非常值得繼承的。

陳：您剛提到，魯迅對現代性既有接受的一面，也有批判反省的另一面。我想請您講一些更實質的，比如說，魯迅的批判立足點在哪裡？魯迅有哪些關懷或觀點，是您覺得特別重要的？

錢：比如說，魯迅的立人思想，對個體精神自由的追求。對於中國傳統以及後來的革命思想，魯迅是有所警惕的。他認為中國傳統有家庭的人、社會的人、國家的人，但是缺乏兩個東西：一個是個體的人，另一個是人類的人。魯迅認為專制是對個體精神自由的一種壓抑，因此他接受了西方現代的民主自由平等這些觀念。但同時他又覺得，西方體制也有矛盾，最後也可能導致對個體的壓制。譬如民主，就可能變成少數服從多數的一種壓抑。如果你講平等，講到極端的話，也可能變成一種壓迫。所以魯迅有一個著名的概括：中國舊病未除，新病又來。魯迅最基本的出發點，是個體的精神自由。當然，他前後期強調的重點不完全一樣，前期比較強調個體自由，後期更強調平等。他後來有句話，說如果非得在民主自由和平等之間做選擇，他更偏向平等。

陳：您相當強調魯迅的立人思想，也就是追求個體精神自由的面向。從這裡，您借用魯迅去質疑那些犧牲個人自由的民族主義、國家主義、集體主義，或民粹主義運動。您的這個詮釋，接受的人多嗎？

錢：我同時也借用魯迅這個基本觀點去質疑美國的霸權主義和西方文明病。因此，我的詮釋大概不受歡迎，但我並不在乎。一個學者只能堅持他經過獨立研究與思考而來的，自己相信的東西；有

人支持當然很好，應者不多，也無所謂。當然，這涉及到另外一個問題，就是我和魯迅的關係。我的魯迅研究，可以用三句話來概括：第一，講魯迅；第二，接著魯迅往下講；第三，接著魯迅往下做。我這樣的姿態，在學術界就會受到批評。有些學院派知識分子會說，你只能講魯迅。你要接著往下講，你就陷入了過度闡釋。如果你還要往下做，就更加逾越了學者的身份。但我堅持接著往下講，因為我認為學術研究就是一個往下講的過程，否則要你學者幹什麼？其實學問的本身，就是不斷添加的過程。

我對魯迅的看法，跟別的學者有點不大一樣。我認為，魯迅可能是現在進行式的一個思想家，這是什麼原因呢？這涉及到大家對魯迅的認識，包括對魯迅雜文的認識。魯迅說他的雜文是一種「社會批評」和「文明批評」，無疑具有抗爭性，但是他在現實抗爭之外，也有超越現實的思考，而且他這方面的能力非常強。譬如他在批評林語堂的時候，概括出一個「西崽」的概念。別人很可能覺得魯迅的批判過於尖刻，林語堂可能未必像他說的那樣；但是，一直到現在，中國到處都是「西崽」，而且愈來愈多。所以我認為魯迅是個思想家，他既從現實出發，同時超越現實，有超越現實的一種概括。

魯迅是一個永遠不滿於現狀的批判者，某種程度他是一個彼岸的關懷者。在我看來，個體精神自由這個命題，是一個彼岸的理想，永遠也達不到的。魯迅從這樣一個理想來看現實，所以不管是來自哪個方面的、對個體精神自由的壓抑，他都要反抗。他不僅僅在中國發現了奴役關係的再生產，同時也在西方資本主義裡發現了奴役關係的再生產。任何地方，只要有奴役關係，他就批判。另外他也不斷警惕自己，不要成為新的奴役關係的製造者。而這樣的奴役關係，在現實的此岸世界，是永遠存在的，是不斷被再生產的；我們

甚至可以說，每一個科學技術、社會的進步，在推動歷史前進的同時，都會產生新的奴役關係。這就決定了魯迅這樣的有著彼岸關懷、烏托邦理想的知識分子，必然是「永遠不滿足於現狀」的，是一個永遠的批判者。這是魯迅說的真正知識階級的第一個定義。第二個定義就是，永遠站在弱者這一邊，用他的話就是平民這一邊。我覺得這兩條，代表著真正的左翼傳統，是最應該繼承與發展的。

　　陳：魯迅對國民性的批判，也是您「接著魯迅往下講」的重點之一？

　　錢：對奴隸這個詞，魯迅是最敏感的。他批判國民性的重心，就是批判中國人民的奴性。而他筆下的奴性是很廣泛的，帶有根本性的，最嚴重的是「奴在心中」，這種奴性直到今天都還存在。魯迅基本認為，中國問題的核心，是人心的問題。

　　陳：今天有許多人，強調中國的主要問題在於制度，而不在於國民性或文化精神層面。您不同意這個觀點吧？

　　錢：其實很多人批評魯迅，就是因為他不強調制度面。像李慎之就認為，當下胡適比魯迅有意義，因為胡適談制度問題，而魯迅是不談制度問題的。但是我覺得，我們對一個知識分子的評價，只能從他所討論的範圍來考察，而不能用另外一套標準。實際上，在今天的中國，制度問題確實很重要，但是國民性問題也重要。魯迅自己也曾經說過：一首詩趕不走孫傳芳，一砲就把他趕走了。魯迅後來支持共產黨，跟這個理解是有關係的。他覺得要解決中國問題，不能只講啟蒙，還必須有社會運動。

　　就當下中國來說，我還是堅持這一點：我們既要進行制度的改造，同時也要進行國民性的改造。魯迅有一個很著名的觀點，我也很同意，就是中國是個大染缸，只要中國人心不變、國民性不變，你再好的制度到中國來，也仍然是行不通的。現在很多人談憲政、

談憲政民主，這個在西方世界可能是有效的，但是拿到中國來，會
不會變？在台灣，是不是已經變了？我認爲大陸的基礎比台灣還
差，大陸的國民性問題比台灣的國民性問題還要嚴重，拿到大陸來
更會變。所以我還是相信，當下中國的危機，說到最後還是人心的
問題。人心、人性、道德底線的突破，是你一下子解決不了的，是
更帶根本性的問題。我爲什麼關心中學教育？因爲我覺得改變人
心，可能是更艱難的、但也許是更重要的工作。我不清楚台灣情況
怎樣，但是我想也會有這問題。我不相信說，這問題在台灣現實裡
不是一個大問題。

陳：您能不能談談周作人，跟魯迅做個對照？

錢：他們兄弟，有很多觀點是一致的。譬如個體精神自由，絕
對是周作人和魯迅共同追求的東西。但他們之間有兩個大的區別，
導致了很不同的結果。一個區別是，周作人過份強調個人和人類的
觀念，他忽略了國家、民族、社會的觀念。這是後來周作人成爲漢
奸的一個最基本原因。魯迅在去世之前，特地叫他的弟弟，也就是
周健人，去關照一下老二。魯迅注意到，當時那個救國宣言，很多
知識分子都簽名了，獨獨周作人不簽。他說這個不行，周作人一定
得有個態度。其實，魯迅也認爲簽救國宣言是沒什麼意義的，他能
理解周作人爲什麼不簽。但是他又認爲，作一個中國人，特別是面
臨日本的侵略，你不能沒有一個態度。這點是魯迅和周作人一個很
重要的區別。

還有一個區別是，在對現實達到同樣深刻的認識以後，你知識
分子該採取什麼態度？在這一點上，魯迅是繼承儒家傳統的「知其
不可爲而爲之」。周作人有道家的味道，「知其不可爲而不爲」。

周作人把個人主義和精神自由這些東西，給學理化了。這是周
作人的重要貢獻，對我的影響很大。周作人對我的另一個影響，是

性格上的。我本來是比較急的人，氣質上比較接近魯迅，但受周作人影響，我變得比較寬容、比較溫和。周作人的悲劇，也使我對國家主義、愛國主義、民族主義，採取比較複雜的態度。

　　陳：您怎麼理解「知其不可爲而爲之」？

　　錢：看得很透以後，就很容易走向虛無主義。周作人的虛無主義色彩，就比魯迅要濃。但魯迅表達更多，老是說絕望啊絕望。我覺得魯迅最可貴的一點是，他反抗絕望，他絕望還能反抗。有很多人介入社會，是因爲期待會有什麼好的效果。而魯迅在一開始就把這個路給堵住了，他不追求效果，不追求最後的那個結果。我覺得這一點，對當下青年是很有意義的。

　　其實周作人也不完全消極，他是做好自己的本業，做學術文化建設。我們今天回過頭來看，周作人對現代中國的文化建設是有很大貢獻的。雖然我自己偏向魯迅，但是我覺得做專業的知識分子，也有它的意義和價值。

四、一黨專政的三種模式

　　陳：接下來，我想問一個大題目，就是您對中國革命的反省。

　　錢：一方面，我覺得中國革命有它產生的合理性。當時的國民黨政權是一個獨裁政權，而且跟美國的關係糾葛不清。在那種情況下，共產黨起來反抗是合理的。而且，中華人民共和國的成立，至少有幾項貢獻。第一，它實現了國家的統一，這是不可抹滅的基本貢獻；第二，它實現了國家的獨立；第三，它爲整個國家的經濟發展奠定了基礎，如果沒有那基礎，今天不可能有這樣的發展。另外，中國的社會主義經驗，雖然有很多弊病，但本身還是有很可貴的一些遺產。

　　譬如講到地震，過去的社會主義經驗有三條原則：一條是預防
為主；第二條是土洋結合；第三條是群防群治。這些都是社會主義
很好的經驗，不僅僅是在救災方面。比如說，毛澤東時代的醫藥衛
生強調以預防為主，強調中西結合，強調把醫藥衛生重點放到民間
去。毛時代的體育政策，強調全民健身，人民體育。在教育方面，
毛強調農村基礎教育，強調師範教育，強調中專教育，為農村培養
教師人才。這一系列的社會主義經驗，都有很大的合理性。而我們
一個最大的問題，就是在1980年代，把這些可貴的經驗完全摧毀掉、
拋棄掉了。

　　那麼，問題是什麼呢？好的社會主義經驗，跟社會主義所承擔
的很多弊病，是包裹在一起的。所以，我覺得，我們應該首先對毛
澤東和革命的遺產進行批判，在徹底批判的前提下面，才有可能去
搶救出其中合理的某些面向。從1980年代到現在，我們一直沒有對
毛澤東思想、對社會主義遺產，好好去做清理，以至於今天年輕一
代，要嘛一無所知，要嘛就覺得社會主義好得不得了。

　　陳：您對毛主義有哪些批判？

　　錢：毛說革命是要把顛倒的歷史重新顛倒過來，這是什麼意思
呢？就是革命要把壓迫者變成被壓迫者，把被壓迫者變成壓迫者。
我覺得這點大有問題。把地主打倒，你本來打倒地主就可以，但你
把地主打倒之後，他已經失去土地、成為農民的時候，你還要再進
行專政，這就有問題了。實際上，就是製造了新的不平等，或說新
的等級制度。甘陽說毛澤東時代是個平等時代，這我實在不能同意。
一方面，它製造出新的不平等、新的等級制度；另一方面，因為你
壓迫別人，自己也是不自由的。所謂工人農民成為主人，只是一種
說法而已，從來沒有真正實現過。你很難說毛澤東時代的工人農民，
是國家真正的主人。而且，農民在毛時代顯然是二等公民。

壓迫關係顛倒過來以後，真正受用的是統治者，是黨，不是工人農民。我對中國共產黨的一黨專政，曾經有個概括，分三種模式。第一種模式是從1949到1966年，以工人農民和勞動者作爲群眾基礎的一黨專政。

陳：第二種模式是指文革？

錢：稍後再講文革。毛主義的第二個大問題出在哪裡？毛澤東思想裡面有很大的烏托邦主義、民粹主義、或者農業社會主義的成份。彼岸的理想，不能把它完全此岸化。共產主義是個天堂，但它建立在地面，就變成了地獄。毛澤東想要建立一個絕對平等、絕對純粹的共產社會，而這個絕對的、純粹的理想社會的實踐結果，一定是專制主義。就毛澤東主義來講，那套農業社會主義的東西，肯定在中國現實中得不到實現。毛想用專制的手段來實現他的理想主義，結果就是使得專制主義變本加厲，變成一種不受任何限制、不受任何監督的絕對權力。

陳：1949年以前，毛澤東爲了吸引知識分子，曾說共產黨不搞訓政，馬上就可以民主。但不出幾年，在韓戰快結束的時候，卻發起思想改造運動，一下子把民間報業都整肅掉。然後1957年反右，然後三面紅旗，然後文革，等等。看起來，權力集中化的邏輯一直是在的。這個現象，您認爲跟毛主義很有關係嗎？

錢：跟毛澤東當然是有關係的。他在青年時寫的筆記裡面提出了兩個概念，一個是豪傑，一個是聖賢。他認爲聖賢，是要影響人的思想。所以中國革命有一個特點，是別國革命所沒有的，就是要改造你的思想。中國的專制最可怕的就是這東西。史達林是不管，你若不合我就把你殺掉了。毛澤東想當聖賢，要影響人的思想，他是要改造人性的。然而毛澤東失敗也是失敗在他想改造人性。

改造思想，是中國革命的一個特點。中國革命不僅僅是一個經

濟革命、一個政治革命，還有一個思想革命。毛澤東更看重的是思
想革命。而毛最厲害的一點，就是根本不允許出版社私營。一直到
現在，中國對輿論的控制還是舉世罕見，這跟毛的遺產是有關係的。

　　陳：您剛才提到毛的農業社會主義，能不能說詳細些？

　　錢：毛澤東拜訪過周作人沒拜訪魯迅，什麼原因呢？就是周作
人提倡新村運動。新村運動是空想社會主義的東西，毛一直懷著這
個仰慕。但是在革命成功之前，他不太可能實施。他當時在延安部
隊裡搞的是軍事共產主義，後來解放後，他一直強調延安經驗，就
是延安時期在特殊情況下實行的軍事共產主義。今天新左派對毛澤
東評價很高的一個原因在哪裡？因爲毛澤東比較強調中國經驗，他
不搬蘇聯那一套。我相信，在這一點上，毛澤東和蔣介石是一樣的，
他們都是民族主義者。毛澤東強調的中國經驗，某種程度就是延安
經驗，而延安經驗其實就是軍事共產主義那一套經驗。解放後，毛
把這個拿來，強調要走中國自己的路，不要像蘇聯那樣。知識分子
很容易接受毛，跟這個是有關係的。

　　所以，講到毛的農業社會主義，遠的根源的是來自新村運動，
近的根源是來自延安的軍事共產主義經驗。我的考察是，毛真正實
現他的理想，是在1958年，這就跟1957年有關係。1957年反右是毛
澤東一生的最大成功，爲什麼呢？他通過反右運動，把所有的知識
分子、所有的右派全都打下去了。1958年初期，毛說周恩來離右派
只有五十步遠，把周恩來也打下去了。實際上，反右是毛澤東的一
種策略，就是先聯合知識分子和青年學生來打壓黨內的官僚，然後
又聯合黨內的官僚把知識分子打下去，然後翻過來再打黨的官僚。
結果在國內，毛就獲得了完全的、全面的權力。毛澤東一生真正把
權力全部集中到他一個人身上的時候，是在57年以後。57那年，毛
還利用史達林去世之後，赫魯曉夫必須仰賴他的幫助，順勢成爲國

際共產運動的一個領袖。他不是1957年到莫斯科開會嗎？到了1957年年底，毛在國內獲得了絕對的權力。在我看來，毛澤東一生真正實現他的理想、按他理想辦事的時候，只有1958-59這短短兩年。

陳：就是大躍進、人民公社？

錢：1958-59年毛澤東主要做了兩件事。一是建立「一大二公」、「政社合一」、「組織軍事化，行動戰鬥化，生活集體化」的具有濃厚軍事共產主義色彩的人民公社。後來在文革一開始提出要將全中國建成一個集工、農、商、學、兵為一體，融黨、政、軍、民、學為一爐的大軍營式的「中華人民公社」的理想社會模式，也是延續這樣的思路。就是試圖將現代生產手段和交換手段，硬塞到一個幾分是幻想、幾分是對陳舊生活方式的抄襲的社會形式中。它其實就是馬克思、恩格斯早在《共產黨宣言》裡所批判的「封建社會主義」。它既是一種不可能實現的空想，而其實際作用卻是極大地強化了對中國老百姓，特別是農民政治、經濟、思想、生活上的全面控制，強化了「第一把手專政」的極權統治和個人獨裁。這樣由執政者所掌控、用暴力手段實行、規模空前的，也造成空前災難的「空想社會主義」試驗，是國際社會主義史上的第二次。其直接引發的就是三年大飢荒，導致3600萬左右的非正常死亡，這在人類歷史上也是空前的。

這樣的後果也和毛澤東做的第二件大事直接相關，就是他所發動的「大躍進」，即所謂「向地球開戰」。毛澤東不是說「與人奮鬥，其樂無窮」嗎？1957年反社會上的「右派」，1958年初反黨內的「右傾」，他確實嚐到了「與人奮鬥，其樂無窮」的甜頭。但是到了「大躍進」，他要「與天奮鬥」，就受到了大自然的懲罰。他想要征服人可以，征服自然就不行了。大躍進某種程度是大自然對他的一個報復，所以他失敗了。這個失敗造成大的問題，於是他又

發動文化大革命,想要重新振起。我不認爲毛澤東發動文化大革命,完全是黨內鬥爭、完全是權力之爭,那個說法太膚淺了。不排除是有那個成份,但是,毛澤東顯然還是要堅持實行他那個已經失敗了的空想社會主義實驗,而其前提條件就是要建立一個新的一黨專政的模式。

陳:您認爲文革所代表的,是一黨專政的第二種模式?

錢:毛通過文革所要建立的,就是一黨專政的第二種模式。什麼模式呢?就是近於馬克思所分析過的拿破崙專政模式,由自認爲代表人民的皇帝,和群眾專政直接結合,把中間的環節打掉。

陳:在台灣,錢永祥先生曾用「民粹威權主義」的概念,去理解李登輝體制的性質。那也是一種強人和群眾相結合的統治方式。

錢:台灣的情況我不了解,但肯定比不上毛澤東。毛澤東想把中間的環節全部打掉。中間環節是指什麼呢?一個是黨的幹部官僚,另一個是指知識分子。現在很多人,像新左派就很欣賞這種領袖和群眾直接結合的模式。這種一黨專政模式,跟前十七年的一黨專政模式是有區別,但專政的實質沒有變。文革最大的特點,就是要把整個黨毀掉,但是又不可能完全離開這個官僚機構,所以最後還是把它恢復了。

陳:第三種模式呢?

錢:從江澤民、從第三代領導者開始,建立了一黨專政的第三種模式,就是以經濟建設爲中心,以技術精英、政治精英和經濟精英作爲權力基礎。在江的時代,所謂「先進生產力,先進文化的代表」指的就是政治精英、技術精英、經濟精英,就是要把毛澤東的「窮人黨專政」變成「精英黨專政」。胡錦濤呢,是想做一些調整,這先不說。所以,我認爲是有三種模式,共同點就是一黨專政。如果說中國革命有任何教訓的話,最後可以歸結到這個面向。

五、富國強兵的國家主義的現代化道路

陳：有些人說，一黨專政是中國現代化道路上的必要之惡，您怎麼看？

錢：我們跟西方國家不一樣，我們是一個東方的落後國家。從1840年以後，我們就受到帝國主義侵略，所以始終有一個被壓迫國家和民族趕超西方國家的情結，這是全民性的。一個落後國家，當它要趕超先進資本主義國家的時候，怎麼辦？這時候它就需要一種特別強大的社會動員力量，因為別的都不行啊，技術、知識都不行，怎麼辦呢？只好搞組織力量。靠強大的社會動員力量，集中精力去做一些大的事情，譬如搞大建設。這樣才有可能在比較短的時間內，縮短與西方國家的距離。這種中國現代化的道路，是有群眾基礎的，背後有民族感情做支撐。

實際上，我們從洋務運動開始，就意圖搞國家強權，或者是強權政治人物，因為只有國家強權或強權政治人物，才可能進行高度組織化的社會動員。你看洋務運動，它是寄望於光緒皇帝，希望光緒成為強權人物，然後來推動現代化。中國其實一直是走這條路。我把這條路概括稱作「富國強兵的國家主義的現代化道路」。洋務運動是這條路，戊戌政變也是這條路，孫中山革命其實也是這條路，接著蔣介石也是這條路。然後毛澤東、鄧小平，甚至一直到現在，都是這樣一條富國強兵的國家主義的現代化道路。

那麼，這也就說到了魯迅的另外一個意義。他提供了另一個思路，就是中國的現代化一定要以立人為中心，要更關注人的個體生命的成長、自由、發展。其實包括胡適在內，胡適一直提「好政府主義」，但什麼是「好政府主義」？就是強的政府主義嘛，強調強

而有力的國家干預。所以實際上，就是你剛剛說的，爲什麼共產黨最後這麼成功？因爲這條路線滿足了民族強大的要求，而包括知識分子在內，幾乎都有這個情結。爲什麼那麼多知識分子支持共產黨？跟這個情結是有關係的。大家覺得，只要富國強兵，其他事都可以犧牲。

陳：有人說這是救亡壓倒啓蒙，可是啓蒙好像從來都不是重點，強國主義一直是主軸。最近所謂的「中國崛起」、「大國崛起」甚至「中國雄起」，都是這種思維下的產物。

錢：我們現在講的中國崛起，其實做的就是富國、強兵這兩條。所以我說，魯迅的立人思想是有當代價值的，是有批判意義的。當然你得承認，魯迅思想不大具有可操作性，而且某種程度是一個知識分子的理想主義。如果按魯迅治國也不行的，你怎麼立人嘛，是吧？立人思想因爲是和國家主義對比，所以顯現出它的意義和價值。但是實際上，這東西很難落實，它必須有相應的制度爲保證。

話說回來，中國共產黨之所以成功，就是因爲它走了「富國強兵的國家主義的現代化道路」。它把中國這個社會的組織力量、動員力量，幾乎發揮到極盡。其實這次震災也是。叫救援士兵從四千尺跳下來，不顧代價地救援，這個在其他國家都是做不到的。一旦遇到大災難，這種絕對的專制主義確實有效。這個我覺得可能也是共產黨成功的一個方面。毛澤東把黨的力量滲透到每一個單位，滲透到最基層，滲透到每一個人。這麼強大的一種控制力量，若做好事，是會發揮它的作用，效率絕對比民主要高得多；但做壞事就糟了，因爲沒有任何平衡，沒有任何糾錯機制。這就是專制體制的問題了。

中國今天所發生的嚴重的兩極分化，其實就是這條「富國強兵的國家主義的現代化道路」的必然後果。經濟發展的成果首先爲掌

握國家絕對權力的黨官僚及其子女所奪取，導致權貴資本主義，這幾乎是不可避免的。結果是：國家富了，軍力強了，權貴也富了，工人、農民、普通老百姓卻陷入了相對貧困的狀態。而這樣不受制約、監督，沒有科學、民主的決策機制，全憑長官意志的「集中力量辦大事」，這樣的經濟建設和發展，也必然是以資源的掠奪和生態的破壞爲代價。其實改革開放這些年我們又在進行第二次的「向地球開戰」，其破壞力絕不亞於大躍進時期，現在我們又面臨著大自然的報復了。歷史這樣一再重演，原因就在始終不變的一黨專制體制和國家主義的現代化路線。

六、政治改革的三起三落

陳：您提到，文革後有不少民間人士主張由下而上的改革，但最後還是失敗了。您最近寫了不少文章，談當時的民間社會民主運動。對您來說，那段歷史的重要性何在？

錢：中國改革開放的第一階段，大概是從文革結束到80年這一段時間。當時改革路線還沒確立，包括鄧小平自己都猶豫不決，還在考慮各種可能性。我覺得，這是中國思想最活躍、也提供了最多可能性的一段時期，思想史的價值特別地高。剛才我已經講到了，關於改革開放，其實是有不同路線思考的。一個設想，就是要結合自上而下的改革和自下而上的改革。那樣的路就不完全是國家主義的道路，而有底層民眾的參與，還有社會民眾的制約和監督權利。另一個主張就是要全面改革，除了經濟改革外，還要包括政治改革、社會改革、文化改革。

陳：最後被鄧小平壓下去了？

錢：這些民間的聲音和力量，爲什麼被打壓下去呢？其實黨內

當時有三種意見。一種意見是，應該讓這些民間自發組織合法化。
另一種意見，就是胡耀邦他們，主張鬆綁結社法和出版法，同時也
對這些民間組織有所制約。但是陳雲覺得這兩種辦法都不可行，他
說當年我們就是利用這些辦法跟國民黨鬥爭的，所以絕不能允許群
眾組織有合法性。鄧小平基本接受了陳雲的意見，因為採取這條路
線，就可以最大程度地剝奪社會反對力量的生存空間，保證黨的不
受挑戰、監督，不受制約的絕對權力。鄧小平是將這樣的黨的絕對
權力視為命根子，而絕不讓步的。

　　不過，鄧也不是完全沒考慮過政治改革的問題。中國的政治改
革，我說是三起三落。第一次，是1980年以後鄧小平自己提出來的，
說要政治改革，但是到1981年就把它擱置了。後來發展到一定程度
的時候，鄧小平這人還是很有遠見的，他就覺得完全擱置也有問題，
所以他在1987年，又一次提出在保證黨的領導前提下的政治體制改
革。那次政治體制改革，是在趙紫陽的操作下來進行的，如果做到
的話，中國會大大前進一步。但是那個時候，黨內是有爭論的，因
為鄧小平和胡耀邦對當時中國改革最主要的危險是什麼，有不同的
見解。胡耀邦認為黨內腐敗是主要問題，但是鄧小平認為自由化才
是最危險的，這就是後來他把胡耀邦打下去的最根本原因。按當時
十三大所提出來的改革建議，如果能實現的話，中國可能就不是今
天這個局面了。

　　陳：然後出現了八九運動……。

　　錢：那個時候，雙軌制帶來的腐敗問題愈來愈嚴重。八九學生
運動，主要訴求兩個東西：一個是反腐敗，另一個就是要求出版言
論、結社自由，特別是結社自由。學生要建立自己的組織，工人要
建立自己的組織，知識分子要建立自己的組織，不受黨的控制而要
自己組織。後來雙方僵也僵在這事情上，一邊要你承認「高自聯」

的合法性，另一邊是絕對不給你承認的。當然這一問題，跟國際背景也有關係。我剛才沒說到，1981年鄧小平之所以擱置政治改革，有個背景，就是波蘭團結工會的問題。八九學運其實也有類似背景，就是整個全球的民主化背景。

陳：您怎麼看1992年鄧小平的南巡講話？

錢：現在一般都比較肯定鄧小平的南巡講話，我覺得這講話有兩個方面。一方面，南巡講話使得改革可以繼續下去，這是他的功勞，帶動了東部地區的迅速發展。另一方面，南巡講話鼓勵了幹部經商。以前腐敗問題主要是雙軌制的矛盾所造成的。南巡以後呢，就轉向了土地買賣，轉向了股份、股票，而且大批幹部從事經商。

陳：八九運動反官倒，結果鄧的南巡反而為權貴資本主義亮起了綠燈。

錢：就是南巡之後，權貴資本主義迅速地發展。其實在我看來，八九運動的時候，官倒還只是局部問題，只是利用了雙軌制的空隙，那個腐敗是有限的。可是一旦進入市場、生產資料，一旦到了股票，就是另一回事了。到了金融，就更是另外一件事了。既然發展就是一切，當然也急著穩定壓倒一切，於是就形成了新的既得利益集團。所以這次十七大，或十七大之前十六大，再一次提出政治體制改革，算起來已經三起三落了。而前兩次權貴資產階級還未形成，政治體制改革的阻力與成本都要低得多。現在，就面臨著已經形成了的權貴資本的權力網絡，要觸動他們的既得利益，就必然處處受阻，幾乎寸步難行了。

七、從江時代到胡溫體制

陳：您如何評價江澤民時代？

錢：如果要說江澤民的成績的話，就是社會穩定，沒亂，而且
經濟有很大的發展。但也同時造成了兩個問題：一個是盲目發展所
造成的惡果，除了浪費資源、破壞環境外，還把發展的代價轉移到
工人和農民身上。再一個就是，形成了新的既得利益集團，即所謂
的「三個代表」。而且我認為，江總體是親美的。江時代的中國經
濟改革，跟世界新自由主義思潮是一致的。實際上，也就是在江時
代，中國的自由主義思潮得到很大的發展，而且非常深刻地影響了
年輕一代。在此之前，我認為還是社會民主主義思潮比較佔優勢。

剛才我們休息的時候討論過，其實中國知識分子裡面，真正歐
洲式的自由主義者很少、極少。長期以來，中國自由主義基本還是
一個社會民主主義思潮，包括朱光潛，甚至包括胡適。胡適的好政
府主義聽起來就是國家干預嘛，而且胡適有一段時間是很支持蘇聯
的。所以我說，在江時代興起的自由主義思潮，跟以前的中國自由
主義是很不一樣的。

陳：胡溫體制下的言論控制，比江時代還更厲害，對吧？

錢：我今年有篇文章談到這個問題。我認為，現在的中國已經
是世界的中國了。所以，我們必須在全球化的背景下，考察中國現
行的極權體制和西方的關係。中國是冷戰結束以後，唯一還在堅持
一黨專政的大國，也因此面臨來自西方社會的巨大壓力。怎麼應付
這種壓力呢？我覺得共產黨採取的辦法，是軟硬兩手，「中學為體、
西學為用」。現在的胡溫體制，從鄧、從江一路延續下來的原則，
有四個基本點是絕不動搖的。一個就是絕對不能有言論自由和出版
自由；第二個，絕對不能有結社自由；第三個，絕對要黨控制軍隊；
第四個，黨要掌握授權，權力由黨授，等於是授權者。這四個基本
點不動，為什麼不動？因為共產黨從國民黨的垮台，得到一個教訓。
當年的國民黨，腐敗程度大概比不上今天，但為什麼垮得這麼快呢？

因為當時有共產黨在，人心轉向共產黨。但現在，當人民對共產黨失望的時候，轉向誰呢？轉不到啦，因為共產黨是「唯一者」。你被它吃定了，只好認了。或者把希望寄託在它自身的改革上，而不可能有其他選擇。

　　陳：我插個話。1840年代前後，英國工人階級發起了一個大規模的爭權運動，叫憲章運動。那個運動是主張政治改革的，因為你不給我選票，讓我沒辦法改變我的經濟處境。我舉這例子是要說，當年英國的資產階級專政，在選票問題上雖然遲遲不肯讓步，但至少留下了一個維權、爭權的政治空間，讓底層人民可以搞搞運動，甚至搞大運動。對照今天的中國大陸，共產黨完全不給結社自由，專制的程度似乎遠甚於19世紀英國的資產階級專政。您怎麼看？

　　錢：現在這個胡溫體制，是很厲害的。它表現出極大的靈活性，和毛澤東時代不一樣，和鄧小平時代不一樣，甚至和江澤民時代也不一樣。四個基本點絕不許動，這四個東西很硬，但其他都很軟，都可以動，都可以妥協。而且一定程度吸取各種意見，不斷做出各種調整。更重要的是，它能把人才吸引過來。你只要不涉及我的四個基本點，要錢有錢，要人有人，要怎麼做就怎麼做，最大限度地滿足你的要求。這樣一搞，誰還關心那四大自由？結不結社有什麼關係？一般人會這樣說，是吧？一個政權，只要能促進生產發展，只要能吸引人才，這個政權是不容易垮的。

　　現在這個極權體制跟過去不一樣，因為它的經濟發展跟西方世界形成一種互相依存的關係。這樣就出現了一個非常有趣的現象，就是說，西方左派拼命批評共產黨，西方右派比較支持共產黨。雖然西方人不分左右，經常用普世價值批判你，但是考慮到經濟利益、國家利益的西方右派，還是務實地支持你。所以說，中國目前的極權體制，某種程度是得到國際支持的。這跟六四的時候，是有很大

區別的。

如果我們從批判的眼光去看，這是國內壟斷資本和國際壟斷資本的一個合作，一個共謀，一個世界性的問題。但是另一方面，西方對你還是不放心，找到機會還是想要羞辱你、打擊你，因為你畢竟還是共產黨，還是一黨專政。今天起來反抗極權體制的話，會面臨到另一個問題，就是如何保持獨立性，而不被西方人所利用？這也是一個重要問題。

八、新左派與自由主義之爭

陳：您怎麼看知識分子和黨國的關係？知識分子已經被收編了嗎？

錢：我曾經用魯迅的話，魯迅兩個文章的題目，來說明現在國家對知識分子的要求。就是八個字：第一個是「同意」，你知識分子要贊同我、同意我；第二個是「解釋」，你要用專業知識幫我解釋國家政策的合理性、合法性、科學性；然後是「宣傳」；最後就變成了「做戲」。只要你做到「同意」、「解釋」、「宣傳」、「做戲」這四點，要錢有錢，要名利有名利，什麼都給你。要是你不聽這八個字，就打壓你。這些年大學的一系列評選制度啊，其實就是一種新的科舉制度，靠這個來收編知識分子。

陳：您怎麼看新左派與自由主義之爭？

錢：原來，我很希望新左派與自由主義的爭論，能夠像三十年代那樣，轉變成對中國社會性質的分析和討論。我自己不是經濟學者，不是社會學者。但是我覺得，要進入批判立場之前，得先把社會性質搞清楚。這本來應該是多學科的知識分子來共同完成的。但我覺得非常遺憾的是，新左派和自由主義很快地變成了互相聲討。

　　我自己有幾條底線，或最基本立場。一個就是，我反對一切對人的奴役，反對一切專制，反對專制主義。我所謂的專制主義是一個大的概念，不僅僅包括中國傳統專制主義；只要是對人的剝削、對人的壓制，在我看來就是專制主義。另一個立場就是反中華中心主義，我對中華中心主義有極高的警惕。再一個就是，我堅持知識分子絕對要保持自己的獨立性。我覺得，知識分子和體制發生關係，這本身並不是問題。問題是你在跟體制發生關係的時候，或提出建議的時候，你是不是保持了你的獨立性？我覺得現在新左派和自由主義知識分子的根本問題，就是和體制的曖昧關係。有獨立性的很少；想當國師的、依附於體制的很多。這是我對他們一個主要的批評。

　　另外還有一個很大的問題是，他們彼此都把對方看成主要敵人，而我最反對這一點。把對方看成主要敵人，反而把體制給忘了。這就是魯迅說的，你們揪成一團，極權體制的維護者反而可以在一旁觀戰。兩派爭論如此激烈，官方從不干涉，原因就在於此：你不構成實質性的威脅。

　　當然另外一個就是言論自由的問題。我覺得，不管新左派和自由主義有什麼分歧，言論自由應該是最基本的共同點。可是當政府來打壓自由主義的時候，新左派非常高興。尤其在《冰點》事件上，有些新左派實在不像話，說當事人是漢奸應該判刑，這真是荒謬極了。你可以不同意他的觀點，批評他的觀點，但你怎麼可以想借助權力來壓制對方呢？這就過了線了。去年的《讀書》事件也是這樣。不管怎麼說，《讀書》事件顯然是對新左派的打壓。但是有些自由主義者竟然興高采烈，而且還對記者說，汪暉這人就是壞，早就該如何如何；他們也是想借助權力壓制對方。我尤其不能理解：這到底是什麼樣的自由主義？自由主義的最基本原則就是：我不贊成你

的觀點，但是我用生命保衛你的發言權利。連自由主義的最基本觀點都視而不見，還談什麼自由主義呢？你再恨汪暉，再討厭新左派，這個時候你也要保護汪暉說話的權利啊，對不對？這其實都是魯迅說的「乏」。

　　陳：台灣也差不多。很多當年把自由主義掛在嘴邊的人，國民黨一下台，什麼自由主義馬上忘得一乾二淨。

　　錢：這是一個我們爭取民主自由的原則問題。江澤民把老左派的《中流》雜誌關掉，我就很反對。後來別人問我說，老左派一直打壓你，你爲什麼反對關掉《中流》？我說那是兩回事嘛，對不對？那件事之後，我就懷疑中國到底有沒有真正的自由主義知識分子？要講自由主義，言論自由絕對是一個前提。我覺得中國知識分子很大一個荒唐是：不爭取自己的權利，老想爲別人爭取權利。許多知識分子，當然也包括我，大談工人農民的權利，但卻很少談自己的權利。但我心想，你維護工人農民當然是對的，但是同時也得維護自己的利益嘛。對知識分子來說，最起碼的要求是言論自由、出版自由，還有結社自由。這是知識分子自己最基本的要求，對不對？但是知識分子自己不講這個，自己不談言論自由、出版自由。這讓我覺得非常驚奇，百思不得其解。我給北大的學生演講，我說現在大學裡面，青年教師是弱勢群體，應該起來爭取自己的權利。我的意思是說，新左派、自由主義，不管你們有什麼分歧，你們能不能聯合起來，爭取言論自由、結社自由？但是現在沒人響應我這觀點。

　　陳：新左派老是說自由主義不關心社會公正，您怎麼看？

　　錢：目前中國政府很多專制的東西，起來反應的主要是自由主義者，他們經常發動集體簽名。如果講理念的話，新左派更強調公正，但是一到了具體的維護人權這些事情，支持自由主義的人反而比較有行動力。奇怪的是，新左派反而沉默。新左派有自己的文章，

關心環保問題，也作了一些工廠調查，等等。但是對於現實的維權抗爭，他們常常保持沉默。這其實對他們是很不利的。

九、對民間組織的期許

陳：我知道有些搞民間組織的朋友，是不太願意去介入新左派、自由主義這些意識型態辯論的。

錢：今天還沒講到的另一個題目，就是民間組織。就像剛才說的，中國改革後來完全變成是自上而下的改革。但是我認為，一定要恢復自下而上的民間參與，才能使改革有群眾基礎。現在中國的民間力量有兩種，一種是維權的，這我接觸得比較少。維權運動，某種程度是直接對抗政權的一種反抗力量。另外一種民間力量，就是我參與比較多的青年志願者組織、慈善組織、NGO組織。我覺得中國最根本的問題就是立人問題，所以基層老百姓、包括農民的啟蒙是很重要的。所以我相當支持、鼓勵青年志願者到民間去、到農村去。

李大釗在五四前夕有一篇很有名的演講〈青年和農村〉，他說現在大家想搞憲政民主，但是如果農村不改變的話，你這憲政民主要怎麼落實？如果到處都是欺騙農民來換取選票的政客，怎麼辦？台灣就有這問題，是吧？所以說，真正要搞憲政民主的話，它必須要落實在農村，因為農村人口佔大多數。農村要改造，農民要覺醒，這才能使得中國的憲政改革有最堅實的民眾基礎。五四的時候，李大釗就提出這觀點，我看了刺激很大，感覺歷史好像又要重演。自由主義者談憲政民主，我並不反對，但要怎麼落實憲政民主？這才是最根本的問題。

我的憂慮是，按照中國現在這種狀況，如果像台灣一樣開了黨

禁報禁，很可能會造成更大的混亂。所以，我認為應該從農村基層，從學校教育、中小學教育做起，才能改變魯迅說的大染缸，才能創造出接受新思想、新制度的新土壤。這是我最近關注鄉村教育、中小學教育、關心青年志願者運動，背後一個最基本的判斷。

陳：您對青年志願者似乎有很高的期待？

錢：對，我非常支持青年志願者的行動。青年志願者屬於80年代後的理想主義者，他們已經開始對現狀不滿，對自己狀況不滿，想要尋找一條新的出路。我跟青年朋友說，你們可以發揮毛澤東說的「先鋒橋樑」的作用，因為現在又到了青年知識分子和工人農民相結合的時候了。我說，你們這一代的最大問題，就是沒有信仰，沒有生活的目標。那要怎麼解決問題？兩條路：一條是讀書，廣泛地吸收各種精神資源；另一條就是到農村去。你到農村去，知道了什麼是中國，到那個時候，你的生活目標、你該怎麼做，會出現一個答案。這些孩子們的活動力很強，我要做的事情，就是給他們提供精神資源，把我的專業知識轉化成年輕一代的教育資源。我提一個觀念，叫做「志願者文化」。我提出四個重建，就是制度重建、文化重建、價值重建，還有生活重建。對年輕人來說，我認為最重要的是價值重建和生活重建。每一個志願者組織，都可以看作是一個小的公民社會，或者說是一個小的公民學校，年輕人可以在這樣的公民學校裡學習怎麼對待物質和精神的關係，怎麼對待個人和群體的關係，怎麼建立一種新的生活方式。

哈維爾有一個「存在革命」的觀念，意思是說：我們先不動現行的體制，先從我們自己開始、從眼下開始，從改變我們自身的存在開始；從新的小群體開始，實驗新的價值理念、新的生活方式，然後逐漸擴大。這是漸變的方式，不是革命的方式。

我現在已經把我的工作轉向年輕這一代。最近有兩本書要出

來，一本是《錢理群教育演講集》，談我對中小學教育、大學教育、農村教育的看法；另一本《致年輕朋友》，是我跟青年志願者、跟大學生的談話，主題就是價值重建和生活重建。我還寫過一篇《和青年志願者談魯迅》，效果非常好。我現在準備一系列地寫，和青年志願者談晏陽初、談胡適、談哈維爾、談中國傳統。我還準備談墨子，因為我覺得墨子也是資源。

　　我告訴你一個數字，這數字是很讓人興奮的。據民政部統計，這是已經打折扣的了，現在民間志願者組織，全國已經有33萬個。如果每一個組織只有30個人的話，就有1,000萬人參與；如果每一個組織的受益者有30個人的話，就有1,000萬人受益。如果能夠繼續發展下去，會是非常可觀的。所以我非常敬佩《民間》雜誌，我現在準備寫一篇長文章，研究這《民間》雜誌。

　　陳：《民間》雜誌已經被停掉了……。

　　錢：對。政府對志願者組織的心態是很矛盾的。一方面，沒有民間組織的參與，政府很多事都辦不了。像這次四川震災，全民都接受了資源整合的概念，志願者組織獲得了很大的合法性。但是另一方面，政府當然想要控制、防範這些民間組織，因為這某種程度是一種結社啊，只是這種結社不帶政治性。我認為，我們不應該把政治觀念強加於青年志願者身上，不應該鼓勵他們去搞政治性的運動。

十、立足民間的社會民主主義者

　　陳：在當代中國知識分子裡面，您追求「社會民主」的那個精神是很強烈的，而且是很特殊的。19世紀的古典社會民主運動，既要求社會平等，也爭取個人的解放與自由。可是在20世紀中國，這

個政治傳統卻似乎沒有力量。您剛才說，在江澤民時代以前，社會民主主義思潮比較佔優勢，我對這個說法其實是有些保留的。比方說，最近《炎黃春秋》的老幹部開始談民主社會主義、談社會民主，但他們的重心還是放在上層的政治體制改革。您剛才提到的朱光潛和胡適，嚴格來講，應該也不算是社會民主主義者。主張國家由上而下搞重新分配的中國知識分子不算罕見，但是俾斯麥式的半封建右派國家也搞這套。真正主張由下而上爭取社會平等與個人自由、反封建反專制反權貴的社會民主主義者，在中國總是被打壓，對嗎？

　　錢：我也想過，如果要概括我的立場，就是「社會民主」。如果說我有正面主張的話，我是主張社會民主力量這個東西的。我跟黨內老幹部不同在哪裡呢？我的很多觀念，是在社會底層形成的。我就是站在平民這邊，站在底層這邊。還有就是受到魯迅的影響，以及57年反右到文革的個人經歷，等等。你剛才問我，為什麼社會民主在中國沒有得到很大的發展？我的回答是：因為它始終沒有形成獨立的力量啊！比如說，中國社會民主運動的一個高潮發生在48年，就是我那本《1948：天地玄黃》的研究對象。但是48年那個高潮，有個最基本的問題。當時，那些知識分子有個錯誤的判斷，把希望寄託在毛澤東身上。他們認為毛澤東可能是一個社會民主力量，這也是為什麼他們選擇留下的一個主因。

　　然後第二次，就是1957年反右運動中，挨批挨整的那些青年學生。那些學生不可能有很堅實的理論基礎、言論基礎、學理基石，他們某種程度是用激情去評論他們的感受。當時，比較有整體思考的，是顧准。但是顧准那時候呢，也有同樣一個問題。長期以來，把毛澤東和社會民主主義連在一起是很自然的。所以顧准的社會民主思想，跟毛澤東還是糾纏在一起的。

　　我自己也不例外，直到1980年代才逐漸擺脫毛主義的影響。文

革後的民間社會民主運動，剛剛已經講過，就不多提了。這幾次社會民主主義的高潮，最後都無疾而終，都沒有形成一股獨立的力量。

陳：大陸搞了那麼久的平等主義革命運動，但是今天卻出現這麼嚴重的不公正、不平等問題。您怎麼理解這個反差？

錢：大陸的平等主義運動，實際上是跟民粹主義連在一起的。我一直想保護魯迅資源，因為魯迅反對把平等的概念，扭曲成絕對的平均主義。在中國，平等這概念不斷被歪曲、被曲解，到底是為什麼我也搞不清楚。

大陸有一個嘲諷，不曉得你聽過沒有。所謂最講精神的國家，是最不講精神的；最講平等的國家最不平等。所以外界很難懂得中國，外國人覺得中國簡直是不可了解的國家，從一個極端跳到另一個極端。毛澤東把平等提到一個絕對的高位，但是現在的中國卻是一個最不平等的國家。

陳：您批判一切專制主義，批判現代中國的一黨專政。但目前看來，中國要告別一黨專政，還是條漫漫長路。您對大陸未來的政治發展，感到樂觀嗎？

錢：總體是悲觀的。而且我早已斷言，我這一輩子看不到，我絕對看不到……。不過我的態度是，總體悲觀但具體積極，我能力能做到多少算多少。一步一步地從自己做起，至少多做一點努力。

我覺得，如果總結20世紀的中國政治，它有一個明顯的問題，就是一直沒有過一黨專政的關。如果回顧歷史的話，其實中國有幾次是可能突破一黨專政那個關的。第一次是在國共第一次合作的時候。第二次是在抗戰勝利後，出現第二次國共合作的可能性的時候。對大陸來說，第三次應該是在1956年，民主黨派要求聯合執政的時候。然後，我覺得文革結束之後，又出現了一次機會。但是回頭來看，中國政治家始終都邁不開一黨專政這樣一個檻。所以在這意義

上呢，我一直很關注蔣經國在台灣走出的那一步。蔣經國那一步，不管怎麼說，在中國的民主經驗裡是很關鍵的一步。

陳：面對當前這種急遽掠奪式的資本主義化，下層民眾的處境堪憂。如果一黨專政不能改、改不動，如果沒有自主工會運動，如果沒有政治言論與結社的自由，那要如何才能實現「由下而上的社會民主」呢？光靠志願者行動，似乎仍不足以動搖目前這種封建與權貴相結合的黨國資本主義。但怎麼辦呢？

錢：這也是我的問題所在。我的一個基本想法，就是要「用權利來制約權力」；從一個獨立知識分子的角度和立場出發，首先就是要爭取憲法所規定的言論、出版和結社自由。我關心社會組織的發展，動因也在於此：這是實現自下而上的「社會民主」的一個前提條件。但這在當今中國與世界，會遇到很大的阻力，首先當然就是體制所代表的既得利益集團。這將是一個長時期的反覆的博弈過程，同時也還要警惕國際資本勢力的利用，要注意保持自己的獨立性。這都是極其困難的，但這是中國社會民主化道路上必須邁出的一步。如前所說，1989年的「六四」就是邁出這一步的最初努力，結果被無情鎮壓了。20年以後，我們依然面臨著這樣的爭取言論、出版、結社自由的任務，而且是更加迫切了。任何一個歷史提出的任務，是遲早要完成的，我們今天只能繼續完成「六四」未能完成的任務。據說現在有一種否認「六四」的思潮，但我認為「六四」所提出的任務，以及它在中國社會民主化進程中的意義，都是不能否認的。當然，它也有不成熟的方面，它的經驗教訓都是應該認真總結和吸取的。

作為一個深受魯迅懷疑主義思想影響的知識分子，我的憂慮也許還更要深遠：我還關心實現了言論、出版、結社自由「以後」的問題。今天的台灣已經面臨了這樣的問題；而且我敢預言，大陸「以

後」所遇到的問題將遠比台灣還要嚴重、複雜得多。我深信，在那時候，如果我還活著，也還會提出新的質疑、新的批判。這也是我一再強調魯迅的觀點，「真的知識階級」永遠不滿足於現狀、是永遠的批判者的原因。

　　但我們又不能因為認識到、預見到言論、出版、結社自由並不能解決一切問題，並且會產生新的弊端，而就放棄今天爭取言論、出版、結社自由的努力。這都是一個歷史過程，是必須一步一步地走過的。

　　我當然更知道，在當今的中國，要爭取言論、出版、結社自由，是極其困難的。如前面所分析，這是當局絕不肯讓步的四個底線中的兩大底線。但也許正因為如此，我們就非爭不可。一位朋友說得好：「要保護言論自由的唯一手段就是：使那些企圖濫用權力的當權者們從親身經歷中知道，一旦他們侵犯了言論權利，就一定遭到堅決的反抗。除此之外，我們別無其他保障」。2006年，新聞總署提出要「因人廢書」，章詒和他們進行了堅決的抗爭，雖然沒有根本制止對出版自由的干涉，但至少使當局者以後再要「廢書」就不那麼肆無忌憚了。因此，我對章詒和們始終心懷敬意：權利是要靠自己爭取的，想不經過鬥爭，就獲得憲法賦予的權利，那只是幻想。

　　我一直堅持魯迅所提倡的「絕望的反抗」，就是儘管心懷絕望、看透了一切、對結果不抱任何希望，也還要反抗；既是對自己所不滿意的現實的反抗，也是對自己的絕望的反抗，「知其不可為而為之」。這是一種既清醒（擺脫了一切幻想）又積極（永遠不放棄努力）的人生態度。你談到志願者解決不了中國的問題，這是當然的。我對志願者運動的有限性是看得很清楚的。如前所說，我甚至不主張志願者參與政治活動，這是從保護青年出發的；我從來認為中國的問題要靠成年人來解決，尤其反對讓青年人做犧牲。同時，我在關

心中小學教育、農村教育和青年志願者運動時，對自己所能發揮的作用，一直是持懷疑態度的。它對我自己的意義，也許更大於實際的社會意義和作用。

但是，我也有有限的樂觀。就是我在一篇文章裡所說，「中國民間社會裡，越來越多的人，在關注，在思考，在討論，在行動，希望就在這裡，在這裡」。這也是魯迅說的：觀察中國，「狀元宰相的文章是不足爲據的，要自己去看地底下」；「要論中國人，必須不被搽在表面的自欺欺人的脂粉所誆騙，卻看看他的筋骨和脊樑」；「他們有確信，不自欺；他們在前仆後繼的戰鬥，不過一面總在被摧殘，被抹殺，消滅在黑暗中，不能爲大家所知道罷了」（〈中國人失掉了自信力了嗎？〉）。不說別的，單就是北京，你深入觀察一下，就會發現有許多的沙龍。人們聚集在一起，並不僅是清談，也在力所能及的範圍內，做從不同方面促進中國變革的事情；這樣的民間聚集與行動，是遍佈全國的，儘管這些力量都是分散的，互不聯繫的。體制內也有人在做事，而他們的面目更加模糊不清，這也是極權體制的一個特點。每一個人、每一個群體所做的事情都是有限的；但其「合力」的作用卻是不可低估的：它必將在某一機緣下，對中國的變革發生巨大的影響。這是恩格斯的觀點：歷史的發展是靠合力的作用，我是相信這樣的歷史發展觀的。因此，在我看來，當下的中國大陸，問題極多，危機重重；但卻是充滿活力的，存在著各種可能性，也有一定的活動空間。我甚至認爲，在這樣一個時代裡做事情，有人歡喜，有人罵，還有人怕，這樣的人生或許是更有意義的。我之所以一面絕望著，一面又在不斷做事，用我的話來說，就是「想大問題，做小事情」，原因就在於此。

陳：錢老師，謝謝您接受《思想》季刊的訪談。最後，您想向台灣的讀者朋友說幾句話嗎？

　　錢：最後還要說一點：我今天接受您的訪談，是有點冒失的。因爲所談的問題，大都超出了我的專業範圍；因此，我不是以一個專家、學者的身份來討論學理問題，而是作爲一個中國大陸的公民，對我所關心的問題發表一己私見，而且都是「書生議政」，就不免空疏、片面，甚至充滿謬誤。不過是表明，當今中國大陸，有這麼一個錢某人，在關心、思考這樣一些問題。就像我在國內演講中也經常說的那樣：我姑妄說之，您和台灣的讀者朋友就請姑妄聽之吧。

　　陳宜中，中央研究院人社中心副研究員，並擔任《台灣社會研究季刊》以及本刊編委。研究興趣在當代政治哲學以及社會主義思想史。

阿敏小集

當代著名學者薩米爾‧阿敏(Samir Amin)應浩然基金會之邀，於2008年8月6日抵台訪問兩週，於南北舉辦了多場的講演和座談，並赴各地參觀。經鍾秀梅與林深靖二位協助，本期《思想》發表阿敏在台的重要演講稿，並由秀梅教授撰文，介紹阿敏的經歷、學術與風采。我們向鍾秀梅與林深靖致謝。

編　者

歷史發展的兩條道路：
歐洲與中國發展模式的對比[*]

薩米爾・阿敏
林深靖中譯

一、人類演變過程的普遍性與特殊性

在人類歷史發展的過程中，具體而當下的事件總是特殊的。要窺見這些事件並不困難。但是，如果只停留在觀察具體而當下的事物，我們就無法提升到足以認知人類歷史的層次。人類歷史——就現象而言——似乎建構於某些特殊事件發展過程的延續，在它們之間除了偶然，談不上任何的關聯。這些延續大概都只能從因果和獨特事件的串接來解釋。這種解釋方法強化了「文化主義」的傾向，也就是說，每個「民族」的自我認同是來自於其「文化」的特殊性，而這些特殊性又是超越歷史的，以至於不管人世怎麼變化，文化特殊性總是會頑強持續。

對我而言，馬克思是在特殊性之外，致力於找尋普遍性的思想家。當然，這裡所說的普遍性不應該馬上就扯到有關現象本質的理想論述或思維(譬如黑格爾或孔德的那個套路)，而應該從各別具體

---

* 本文是阿敏來台之前完成的文稿，尚未發表即電郵譯者，要求事先翻譯，做為來台灣與中文世界對話的基本材料。

事件的分析去做歸納。這些歸納究竟是不是定論或正確的，我們不敢做「絕對」的保證。但是，沒有這個過程，肯定研究不出什麼成果。

分析特殊性，而後發現普遍性如何從特殊樣態中凸顯出來。這就是我對馬克思的閱讀。

秉持這樣的精神，我提議從人類社會發展三個重要階段的接續來理解歷史唯物主義——社群階段、部族階段、資本主義階段(有可能帶來超越其自身的共產主義)。我的提議有異於於過去傳統上人云亦云的所謂兩種生產模式的對立，亦即「歐洲模式」(那個著名的五階段論：原始共產主義、奴隸、封建、資本主義、社會主義——這不是史達林發明出來的，而是歐洲在馬克思前後就已經存在的主流論述)，以及「亞細亞模式」(或乾脆說是死路)的對立。魏復古[1]有關水利社會的那一套理論，在我看來毋寧是幼稚、誤導，而且充滿歐洲中心的成見。我也不同意庸俗馬克思主義者所生產出來的，所謂放諸四海而皆準的五階段論。

秉持同樣的精神，我提議在看待部族社會大家庭中的矛盾時，也要能夠看到一種要求超越部族社會組織體系基本原則的普遍意願，而其超的方法是發明後來被定義為資本主義現代性(帶有邁向社會主義／共產主義的可能)的那些手段。資本主義並不必然是歐洲獨占特有的發明。它也正在部族社會的東方被逐漸建構起來，尤其是在中國，以下會進一步說明。

然而，一旦資本主義以其歷史既定的樣態被建構出來，也就是

---

1   譯按：Karl August Wittfogel(1896-1988)，德裔美籍漢學家，主要
     著作為1957年出版的 *Oriental Despotism: A Comparative Study of
     Total Power.*

說從歐洲出發，那麼，歐洲為了其單極集權再生產的需求，透過征戰和壓制其他社會向全世界擴展，阻絕了人類資本主義發展的「另一條道路」（譬如，「中國道路」）。歐洲的征伐擴展模式完全忽視並泯除了區域性資本主義多樣性發展的重要性及其貢獻，最後，整個世界只能以二分法區隔出宰制者資本主義／帝國主義中心、以及被宰制者資本主義邊陲。

以下我提議一個解讀「兩條道路」（地中海／歐洲地區道路以及中國地區的道路）的方法，這不是五個階段／亞細亞死路的對立模式，而是建立在另一種分析原則之上。這個分析原則將中國已經完熟的部族模式，和邊陲化的地中海／歐洲部族模式對立起來看。我說中國是已完熟的部族模式，因為它顯而易見的已經非常穩定，很早就已是一個權力相當集中的帝國。反而是歐洲仍在部族社會的邊陲形態，它依然十分脆弱，幾度意圖邁向權力集中的帝國，最後這些企圖都以流產告終。

歐洲與中國發展道路對立的核心：農民問題

地中海／歐洲發展道路與中國的發展道路從一開始就截然不同。因為部族模式的完熟穩定，首先要能夠將農民世界堅定地整合到整個系統的建構之中，要達到這個目標，必須要保障農民都能夠取得土地。這個原則，中國很早就採取了。雖然，我們都知道，要讓耕者有其田，過程中充滿了波折與衝突，有時候還相當嚴酷，但最後困難還是被克服了。相反的，在地中海／歐洲地區，由於很早就採取了農地私有化政策，而且歐洲模式的資本主義現代化過程中，農地私有化還成為絕對而基本的原則，農民被剝奪了取用土地的權利。

歐洲中心的歷史資本主義不斷將生活在農村的居民大量驅趕出

去，這種歷史資本主義必然造成人口的大量外流，後來征服了美洲才得以紓解外流人口的問題。若是沒有美洲，歐洲的進一步擴展根本就不可能。歷史資本主義於是變成窮兵黷武的資本主義／帝國主義，發揮了前所未有的暴力。

另一方面，中國開展出來的資本主義發展道路(在19世紀下半葉，中國被帝國主義武力侵略之前)就完全不同，它是確立而非泯除農民進取土地的權利，並從而強化農業生產，同時將工業製造分散到鄉村地域。這讓中國在許多物質生產的領域大大超越歐洲，一直到工業革命造就了現代歐洲之前，中國都處於領先的地位。

領先歐洲的現代中國

歐洲思想家多意識到中國的優越地位，艾田柏[2]和其他不少學者都已認知這個事實。中國也很早就是行政理性的典範，用考試來錄取、晉用政府官員，而不是依據家族的傳承。即使在生產技術的理性應用層面，中國的農業生產和作坊／製造業也都曾經遠遠超越歐洲。思想家們對中國的殷羨崇敬之情，一直要到歐洲使用武力優勢(僅有的優勢)侵略中國並切斷中國模式之後，才逐漸消逝。

因此，中國其實很早就已經在開展它的資本主義道路，而且其模式和西方依恃武力的資本主義／帝國主義全球擴張形態大相逕庭。

有待探討的是，中國現代化的道路，其源起和形成都比歐洲至少提早5個世紀，為何卻未能產生主導作用？而歐洲的道路，開始得那麼晚，卻何以能夠在很短的時間之內結晶成形並主導全世界的發展？在這裡，我試圖做一個解釋。那就是歐洲部族社會的邊陲性格

2　譯按：René Etiemble(1909-2002)，法國著名漢學家、語言學家。

相當突出(「封建」之路),相對於當時處於中心的中國部族生產模式,中國的演變太過穩重而遲緩。這裡就牽涉到我時常提起的「不平等的發展」:邊陲地域的發展模式,由於比較不是那麼穩定持重,比較靈活,因此能夠很快超越突破老舊系統的矛盾,而處於中心的發展模式,由於太過凝重,反而放慢了發展的速度。

二、前現代的區域化以及部族剩餘的中心化

「現代化」這個用語於今意義相當分歧、模糊而且曖昧。現代化所造成的現象卻似乎已輕易被認為是理所當然、無法迴避的,是現實命定的發展結果。當前的全球化,大致也類似於上述的現象。全球化,看似在人類歷史上第一次牽涉到整個地球,其實可以在更古早的時代發現其脈絡。除了那些古老世界的廣大區域之外,譬如前哥倫布時期的美洲就是孤立的,與全球化互不相干。在這裡,我用全球化/區域化來做區隔。

我用一個共同的標準來定義這些現象:那就是「剩餘」(surplus)的組織與分配。在前現代的體系(古老的區域化),剩餘可以顯現部族的特性;而在現代體系裡——資本主義體系——剩餘可以顯現資本利得的特性,或者,更準確地說,強勢賣主主控的資本利得特性。這兩種剩餘形式的區隔是質的區隔,也是決定性的區隔。部族剩餘的抽取是透明的:農民被束縛在領主的土地上進行無酬的勞動,由國家或領主來決定抽取收成的比率。這個模式通常是不存在貨幣交易的,即使偶有貨幣的形式,也都是次要的或例外的。至於主宰性資本的利潤/利得則通常是不透明的,因為它中間隔著貨幣商業交易網絡的運作:勞工的薪資、生產工具的買/賣以及經濟活動的產出。

部族剩餘的抽取因此與區域(不管大或小)政治權力的執行分不開。相反的，資本主義的剩餘看來是與政治權力的運作有所區隔的，它是控制市場的機制運行的結果(勞動、生產品和資本本身)。部族體系(前現代的)不會牽涉到廣大的地域和多種族群。舊時代生產力的發展程度還是相當有限的，而剩餘通常主要是來自農民的生產。部族社會可能是零散的，有時候甚至極為零散，每一個村莊或領地都可以自我形成一個初級的社會。

部族社會的零散並不妨礙它們參與到更大的交易網絡，不管是商品或其他形式的交易，也不妨礙他們參與到建立在更廣大地域上的權力體系。初級的部族社會並不必然生活在自給自足的狀態，儘管他們生產的絕大部分，必須要用來保障沒有任何外在關係的自我再生產的需求。

部族帝國的出現必然會要求政治權力可以通行運作於零散的部族社會。歐洲／地中海／中東地區的羅馬帝國、哈里發王朝(Califat)和鄂圖曼，都可以歸類於部族帝國的形式。中華帝國以及印度歷史上幾度發生的帝國，也都屬於這種型態。商品和貨幣關係在其內部的擴張以及對外關係的擴展，方便了部族帝國的出現；而反過來，部族帝國的出現，也助長了商品和貨幣關係在其內部的擴張以及對外關係的擴展。

即使在中心權力得以控制的地區，部族帝國並不必然追求同質化的政治標的。政治機關所制定的法律和規章也許可以約制某些經濟運作，但是，在組成帝國的各個區域之間，並不會自己產生向中心集中的現象。

歷史告訴我們，部族帝國其實是相當脆弱的。它的顛峰相當短暫，接續下來的就是一個漫長的解體過程，通常就被定義為沒落衰敗時期。理由就在於，剩餘的向中央集中以及初級部族社會再生產

的內在需求並不能相容。它們很快經不起外來的攻擊和內部的反叛，內部被統治階層和邊陲外省的反抗向來都是相當龐大的。生態、人口、軍事武器、遠方的商品交易……各不同層面的演變都在不斷進行，效果鮮明，部族帝國無力因應，只能從衰落走向悲劇。

唯一的例外——而且是極為龐大的例外——就是中華帝國。

三、中國的旅程：一條沉靜的大河？

在此之前的省思都都集中在中東／地中海／歐洲地區。這個地區是塑造早期人類文明的舞台(部族文明)——埃及和美索布達米亞——隨後周邊又發展出商業／奴隸一體的希臘文明，緊接著，從古希臘時期開始就不斷有建構部族帝國的嘗試(羅馬帝國、拜占庭帝國、哈里發王朝、鄂圖曼帝國)。可是，這些部族帝國從來沒有真正穩定下來，一個個都經歷了漫長而混亂的衰敗過程。這些條件也許反而有利於歷史形態資本主義的提早誕生，是歐洲攻占世界的前奏。

中國的歷史旅程卻是截然不同。中國幾乎一開始就自我建構成一個部族帝國，其穩定性更是絕無僅有，儘管歷史發展過程中有某些時刻幾度面臨解體的威脅，最後這些威脅卻都被克服了。

標音文字，觀念文字

中國得以在遼闊的領土上成功地建構中央集權的部族，其原因當然有多種說法。有些外界不太熟知的中國學者(譬如溫鐵軍)，根據地理和環境變遷的數據，提出了一些假設，強調中國很早就發明密集耕作的方法，人口也因而快速增長，遠遠超越了地中海／歐洲。關於這個複雜的問題，到目前為止，相關研究很有限，因為主流的歐洲中心主義對這些問題不感興趣，我無意在此開啓一場辯論。對

我而言，我傾向於主張，中國的獨特發展，是因為長期以來使用的
是觀念文字。

最早發源於中東的標音文字（字母或音節），漸漸成為地中海／
歐洲地區以及印度次大陸所有語言的基礎。要聽得懂讀得通，首先
要能夠認識書寫下來的每個字的意義，不認識字義的人只能乞求於
翻譯。這種文字模式的擴張，強化了各個語言的區隔，甚至將部族
的認同也建立在各自的標音文字之上。這對於地區性的政治權力造
成發展的障礙，同時也阻撓了部族的中央集權化。隨著資本主義現
代性的發展，它建立了共同語言民族國家的神話。在當代的歐洲，
共同語言民族國家的神話延續下來，甚至還不斷強化，對歐洲的政
治統合形成巨大的障礙。要超越──或部分超越──這個障礙，只
有採用一種共同的語言，即使這種語言對許多人而言是陌生的。也
許是現代國家傳承自古帝國的語言（譬如，某些非洲國家採用法文、
英文、葡萄牙文做為共同語言，印度使用英文，而對於拉丁美洲的
印地安人而言，他們也必須隨俗使用西班牙文或葡萄牙文），或者，
「商業英文」就正在成為當代歐洲的共同語言。

中國則發明了另一種書寫的方法，是觀念文字，而不是標音文
字。一個單字或一組單字指向一個物品（譬如門）或是一個概念（譬如
友情）。中國各地有各種方言，但是你不管用什麼樣的讀法，這些語
詞還是指向同一個意義。就像你看到「門」這個字，你可以用法文
讀成porte，用英文讀成door，用阿拉伯文讀成bab；「友情」，你可
以讀成amitié、friendship、sadaka，就看你是法國人、英國人或是阿
拉伯人。這種書寫方法構成中華帝國權力在整個大陸擴張的強大助
力。這塊大陸，這個中國世界，其人口相當於整個美洲從最北的阿
拉斯加到最南端的火地島，或者整個歐洲從葡萄牙到海參威。中國
文字的觀念模式毫無困難地容許大陸各地各種不同的方言發音。是

一直到最近，透過普及教育，以北京話爲基礎的普通話才逐漸成爲整個中國世界的共同語言(標音)。

中國超前歐洲五個世紀

中國發展的歷程被形象化爲「一條沉靜的大河」，這無疑是相當勉強的。

從古老中國一直到基督教紀元初始時佛教的傳入，中國其實長期以來是處於許許多多部族各據領地，許多王國長年交戰衝突的狀態。只不過，早在春秋戰國時代，統一在單一帝國之下的思維就已經存在，孔老夫子的言論也早已爲這種統一思維留下紀錄，這是在西元前5世紀的事。

中國後來又接受一種強調個人救贖的宗教，也就是佛教，雖然在傳入中國之後與道教已經有所混雜。這相當於歐洲的基督教時代。這兩個社會，基督教的封建歐洲和佛教的中華帝國，有許多令人驚訝的相似之處。但是，還是有兩個重大的差異：(1)中國是一個政治上統一的帝國，在唐朝達到了文明的巔峰，歐洲則未曾有過政治上的統一。(2)農民取用土地的權利雖然隨朝代興衰而有所變化，中國還是傾向於重建這項權利，反觀歐洲則長期陷入封建領地不斷零碎化的混亂局面。

中國從宋朝就開始從宗教中解放出來，到明朝就更是明朗，佛教不再是信仰的核心。中國於是進入了現代性的時代，比起歐洲的文藝復興還早了五個世紀。中國的文藝復興以及後來的歐洲文藝復興，其相似之處令人驚撼。中國「回歸到其源頭」，也就是儒家思想，而且採用自由、理性、非宗教的詮釋方式。這和歐洲的文藝復興何其相似！歐洲的文藝復興發明了回歸到希臘羅馬老祖宗的論述，以便和啓蒙運動者所認定的中古世紀宗教蒙昧主義切斷關係。

在條件俱足的情況之下，現代中國在各個層面上都出現驚人的進步：國家的組織、科學知識、農工業生產技術、理性思想都大幅躍進。中國的非宗教化比起歐洲提早了五個世紀。現代中國認定是人在創造歷史，這個概念在後來成為歐洲啓蒙運動的核心思維。上述這些進步所產生的影響不斷強化，以致一旦出現私人大量占有土地的危險傾向時，都能夠藉由中國內部的理性力量獲得糾正。

中國政治和經濟組織模式的穩定，建構了一種生產力發展的模型，該模型築基於農業持續的密集生產。這和歐洲歷史資本主義的發展模型有明顯分野，那是建立在耕地的大量私有化、驅趕農村居民、人口大量外移以及對世界的征戰和占領。這種歐洲資本主義模式是透過剝奪來進行自我積累，不僅是原始的，而且是恆常的（這是單極化發展的另一種面貌，也是資本主義全球化必然的面貌）。中國所運行的軌道原本可以導向另類型態的資本主義，是自我封閉的，而不是向外擴張的。中國商貿關係的驚人發展，是與部族社會緊緊連繫而不是分離，足以證明其具備了發展另類資本主義的可能。然而，與部族社會的緊密聯繫使得其發展的過程相對緩慢，尤其是與歐洲走向完熟資本主義的路徑做比較。

就整體社會勞動的平均生產力而言，中國保持領先歐洲的地位，直到19世紀工業革命，情況才有所改變。

啓蒙時代的歐洲，就如同我前面所說的，很了解中國的先進角色，並視其為典範。只不過，不管是在向重商主義轉型的歐洲啓蒙時代，或是後來19世紀資本主義成形的時代，都無法超越舊體制各王國分崩離散的樣態，即使到了現代民族國家的形成，都無法在歐洲建構一個統一的權力，無法像中國一樣，得以掌握部族或資本主義剩餘的向中央集中。

在中國方面，他們的觀察家也窺見了其歷史發展道路的優勢。

有一位中國旅客於1870年普法戰爭之際造訪歐洲,他就將當時的歐
洲大陸比擬爲西元前五世紀的春秋戰國時代!

　　中國的沒落,一方面是源自農村、農業生產密集化/商品化發
展模式的衰竭,另一方面是源自歐洲的武力侵略。但是其沒落時期
相對短暫,而且也沒有造成這個大陸國家的解體,雖然解體的威脅
在沒落期間不時浮現。中國1949年革命的主要性質以及革命成功之
後所採取的道路,不管是在毛澤東之前或毛澤東之後,都還是可以
重新放入這個相當長時間的獨特歷史發展角度來觀察。

四、資本主義全球化的脆弱性

　　資本主義定義於政治體系和經濟體系宰制關係的翻轉。此一翻
轉也配合著新生的商品異化、社會生產的不透明化以及伴隨而來的
剩餘之搾取。

　　社會上關鍵性的轉變通常是此一翻轉的結果。其中包括:(1)
經濟企業精神的釋放以及生產力迅猛的發展;(2)各種條件的整合使
得社會科學(包括經濟學)得以浮出頭來,而且其論述得以從道德層
面的思維解放出來,進入到客觀因果關係的探討;(3)現代性浮現出
來,並且在表述中大量使用解放人類的語詞,認爲可以自我創造歷
史並組織創建現代民主的條件。

　　資本主義是第一個可以真正全球運行的體系。因爲它發展出來
的力量,過去任何再先進的社會也無法比擬,它要征服世界,指日
可待。這個力量,在向重商主義轉變的那些世紀(1500-1800)已出現
苗頭,在工業革命之後更是勢不可擋。

　　歷史資本主義(亦即實質存在的資本主義)透過歐洲中心征戰世
界的帝國新勢力,逐漸走向全球化。這種面向全球擴張,首先是殖

民美洲，而後透過各種不平等條約搾取那些形式上獨立的國家，或
者乾脆用武力占領，變成殖民地。有些天真的經濟學家認爲全球化
是人類歷史自然發展的趨勢，然則，資本主義全球化不可能沒有新
帝國勢力的政治(和軍事)介入。正是透過不平等的政治關係，許多
國家的「市場」開放了，被征服了，而邊陲國家的經濟結構從此被
「整治」了，被要求配合新帝國勢力的擴張模式。這種新的單極化
勢力，在人類歷史上是空前的龐巨，而此單極化勢力的形成，其實
是透過政治手段，而不是透過勝利的工業競爭。可是，一旦「整治」
完成，單極化的宰制勢力會透過彷彿唯一法則的開放性經濟競爭，
不斷複製、深化，雖然這種看似開放的競爭其實是不平等的競爭。
在這種情況之下，邊陲國家即使可以重新取得政治上的獨立地位，
卻無法自動帶來宰制關係的終結。單極化是歷史資本主義的內在成
分。資本主義和帝國主義是不可能分開的。

　　歷史實存資本主義建構在對農民的系統性搾取之上，運用資產
階級私有化耕地的手段，取消既往有助於農民取得土地的有利條
件。被這些手段驅趕出來的農民，有一部分被新生的都會所吸收，
那兒，他們被迫長期在極端惡劣艱困的條件下提供廉價的勞動力。
然而，若不是有歐洲向美洲移民的透氣口，這樣的資本主義體系可
能早就內爆了。在歷史上，這個移民潮十分巨大，因爲這些源自歐
洲的移民人口幾乎等同於歐洲人口的數量。

　　可是，歷史資本主義全球化之後，卻禁止現代的邊陲國家人民
享有類似的移民可能性。它甚至對這些邊陲國家關閉了資本主義發
展的道路，不允許它們以後來者的身分複製曾經被歐洲國家採取的
途徑。

　　除了那些分享到資本主義／帝國主義全球化利潤的買辦新貴階
級之外，大部分被宰制國家的子民並無法接受其國家這種被宰制的

身分。在20世紀,這種拒絕演變成在社會主義或民族解放鬥爭旗幟之下的革命。社會主義革命或民族解放鬥爭的成功,迫使帝國主義勢力必須要適應到這些前所未有的轉變。

近30年來,由於20世紀的社會主義和民族主義所倡議的另類模式已經衰竭,資本主義/帝國主義的勢力開始展開反撲。此一反撲的力量,就是批著「全球化」的論述。然而,若是不重新開展一場持久的征戰,資本主義/帝國主義的目標其實無法達成。也因此,當代的全球化方案,與美、歐、日等新三角宰制性強權恆常的軍事行動無法分割。

脫離全球化,脫離資本主義

那些曾經是受其害者的人民(占了全世界的80%),根本無法接受資本主義全球化。也因此,資本主義全球化其實比想像得要為脆弱。

離開資本主義全球化(我稱之為脫鉤),也就是離開邊陲資本主義地位的首要條件(用通俗的說法,就是脫離「低度發展」,脫離貧困)。脫離資本主義/帝國主義全球化和脫離資本主義是一體之兩面。這套等式帶來許多問題;因此,我們必須知道它究竟有沒有受到足夠的重視。

主流的思想,尤其是歐洲中心的思想,對於前面這一套推論根本無動於衷。他們認為,「西方模式」是無可替代的,只可以被模仿,也應該被模仿。當我們說,資本主義/帝國主義的發展,根本讓模仿都變得不可能。這樣的說法,超越了他們理解的能力。

馬克思的思想本質上並不是歐洲中心的。只有馬克思開展的出來的現代思維,才可能脫離歐洲中心主義的成見和枷鎖。可是,歷史馬克思主義的流派卻不乏這些成見與枷鎖的受害者。他們以直線

的歷史觀來看待歐洲的勞工運動和社會主義運動，這根本與馬克思
無關。在此直線歷史觀之下，他們認為，若不是在已經全面資本主
義化的國家，譬如歐洲的某些工業中心城市，「社會主義革命」根
本不可能發生。他們還認為，社會主義必須先通過資本主義發展的
過程，像法國那樣，一個「資產階級革命」的歷程是無可避免的。
歷史馬克思主義總是忽略依存於全球化資本主義的單極化現象，而
這才是我們真正的挑戰。在中心國家，人民知道他們從國家的宰制
地位獲得好處，單極化現象延緩了社會主義意識的發展和成熟。

五、在社會變革的行動中洞澈世局是否可能？

啓蒙運動的現代性在於宣示「人」才是歷史的創造者，這在人
類歷史上開啓了一個全新的篇章，告訴我們，洞澈世局是有可能的。

洞澈力和異化是辯證矛盾的兩大支柱。洞澈力表示對於需求和
權力的認知，並且透過此一認知，展現自由自主行動並進而變革現
實的能力。洞澈力也意味著一種社會科學的浮現，而正是這項科學
讓我們得以認知到客觀的需求。相對的，異化指的是做為行動者的
人屈服於看似外來的力量——某種超自然的力量——而事實上，這
些力量只不過是形塑社會現實的人類思想和行為的產物。

在所有前現代的社會，不管是歐洲或其他地方的社會，洞澈力
是不存在的。彼時，人們認為，社會從一個階段演變到另一個階段，
並不是由某個社會力量來構思和執行，並從而發展出一套計畫（或許
可以成之為革命性的計畫）；社會的演變本來就是無可迴避的，自我
催發的，而社會演變的過程是混亂渾沌的，交雜著衰敗的跡象（譬如
舊體制的衰敗）。從羅馬帝國的奴隸社會演變到中古歐洲的封建社
會，就是這種缺乏洞澈力的演變的案例。缺乏洞澈力並不意味著缺

乏智慧。我們祖先的智慧並不遜於我們，只不過當時他們沒有足夠
的配備來掌握必要的演變——即使這種掌握是相對性的。當時，行
動者同樣可以布局開展明智的行動策略，可是他們不清楚自己的選
擇將導引到什麼方向，也不會自問其行動將產生什麼實質的結果。

與隨著現代性的到來以及洞澈力的浮現，社會演變的模式可以
說歷經了一場哥白尼革命。啟蒙運動者首度構思一種全面而嚴密的
變革方案，亦即在舊體制的廢墟上建構起築基於理性的新社會，而
理性也就是解放的要件，這就是我們後來稱之為資本主義的東西。
這項計畫定義了資產階級意識型態的基本要素，同時也確立了管治
經濟生活和政治生活的法則相分離。經濟生活的管治法則是保障私
有財產、自由企業和自由契約；政治生活的管治法則則是後來逐漸
發展成民主的那些基本要素：尊重不同的意見、權力的非宗教化、
人權和公民權的制訂。這兩個面向的發展計畫，都在理性的大原則
之下取得其正當性。

這項帶有洞澈力的方案形塑了資本主義的現代性，同時也自我
定義為貫串歷史的終極理性——認定在此之前的歷史是非理性的，
而今則是歷史的終結。孔德就表現了上述的終極觀點，簡約地概括
了資產階級現代性的意識型態。但是這種帶有勝利者姿態的資本主
義新體系，還是有它的受害者，也就是勞工階級。勞工階級因此也
從另外一個不同的角度，提出他們變革現實的方案，也就是超越資
本主義，建構社會主義的方案。相對於資產階級的洞澈力，他們也
展現自己的洞澈力。從烏托邦社會主義的理想化方案到馬克思倡議
的歷史唯物主義方案，這種經過認知需求的過程，並從而建構變革
社會的計畫，其洞澈力是顯而易見的。他們意圖將社會的民主化推
展到每一個面向，包括經濟生活和政治生活。兩者的管治不再是分
離的，而是相互連結的，同時也都要有助於社會和人類的進步。他

們反對啓蒙運動時期資產階級分離經濟生活和政治生活的意圖，揭露資產階級思維模式可能導致的商品異化，並於此同時給予理性／解放這組語詞一個全新的意涵。馬克思擬議的共產主義就代表著這一個方案的進展。就像資本主義將舊體制推到前歷史階段一樣，這一套觀點又將資本主義歸檔到前歷史的範疇，他們想像資本主義的終結就是共產主義的未來，而共產主義將開展一個全新的歷史。

洞澈力的存在也許是相對性的，然則它的確發明了革命的道路來做爲變革社會的工具。過去舊體制衰敗之後，在無可管控的混沌當中結晶出新事物的歷史道路，被具有洞澈力的革命道路所取代了。

革命的道路的確是資本主義所決意採取的，首先是早產的荷蘭革命和英國革命，接著是北美英國殖民地的獨立戰爭，最後則以法國大革命最爲鮮明具體。爾後，爲了開闢構築社會主義／共產主義的道路，又輪到另一批人採取革命的路徑來做爲變革社會的模式。這裡的「革命」通常都被視爲歷史上的重大時刻，要對不合時宜的現實的矛盾一次性地給出理性／解放的答案(對資產階級而言，革命的對象是舊體制；對工人和社會主義運動而言，革命的對象是資本主義)。

當前這個時代的特質是，昔日變革社會的意圖，於今卻被視之爲「洞澈力的幻象」，並被要求及時捨棄。理由是，第一波的社會主義建構計畫已經衰竭，其成功變革社會的能力幾乎已經枯絕。所謂洞澈力，當然是相對性的(初期革命的成功讓其忘記這種相對性)，現在，就社會主義革命而言，連當初的洞澈力都已受到質疑。不過，第一波社會主義計畫的衰竭，於今從比較長遠的時間來看，當時源自馬克思流派的革命方案多少有點盲目——他們低估了全球化資本主義單極化的趨向與特質。第二波的社會主義計畫——未來有待建構的——必須要從此記取教訓。從另一個角度來看，歷史上

資本主義的成形其實也是歷經幾度波折，最後才浮現出其成功的模式：譬如，早期義大利地中海周邊城市的建構可以說是夭折的的資本主義浪潮，緊接著是三個世紀之後的大西洋重商主義，這波浪潮為後來的歐洲資本主義／帝國主義終極形式預鋪了成功的道路，並且為其及早開闢了征服世界的通道。

我要強調的是，放棄洞澈力的意志與原則，並不是為未來開闢一條新路，而根本是封閉了通往未來的道路，並回頭走向前現代的蒙昧主義。在當前這個中空的歷史時刻，亦即介於第一波社會主義枯竭和第二波社會主義必將也需要浮現的中間時刻，蒙昧主義占據了舞台的前端。蒙昧主義有各種表現的形式，有時候是「硬性」的，有時候是「軟性」的。「硬性」的形式是回歸到末日啓示錄式的希望，最極端也最可笑的表現形式就是「秘教」，縱使它戴著宗教或種族基本教義派的面具，其破壞力已經相當可觀。這並不是回歸到被資本主義現代性粗糙物質消費主義所否定的所謂「靈性」，而比較是表現出人民面對老年資本主義的無力感。「軟性」的形式則是根本放棄嚴密的國際觀思考，放棄對權力提問，取而代之的是一種玄妙的信念，認為「個人」只要透過當下立即的行為就可以改變世界，那些在哲學上自稱是自治主義者的運動——譬如安東尼奧‧納格利[3]的哲學，或者我們這個時代那些自視為左翼的都會波希米亞中產階級[4]，都是屬於軟性蒙昧主義的版本，他們捨棄洞澈力，寧願以

3　譯按：Antonio Negri，義大利哲學家，生於1933年，他提出「保障工資」的概念，認為個人收入應與工作脫鉤，每一位世界公民都有資格領取「世界基本薪資」，以保障其存活的基本需求。這一套理論深受無住屋者、失業者等運動團體的歡迎，其主要著作有《帝國》、*Goodbye Mister Socialism* 等。

4　譯按，阿敏這裡使用的法文是bobos，指的是bourgeois-bohèmes，放

蒙昧主義的方式，一舉抹去當下權力的現實（寡頭市場、軍事干預等）。軟性蒙昧主義於今勢頭正旺，因為這一套論述正是當今媒體樂於宣揚的對象。

放棄洞澈力等於回歸到在衰敗中等待渾沌演變的舊日模式。已經進入老人期的資本主義可以藉此開啟一個新的時代，一個可能帶來戰爭與巨大屠戮的時代，這些戰爭的方式，我們這個時代的人並不陌生。一個世紀之前，羅莎・盧森堡曾經用「社會主義或野蠻世界」來表達兩種主義的相互替代。於今，我們可以使用的語辭是：資本主義或文明？罪惡的渾沌衰敗狀態或是洞澈力與社會主義方案的重生？

脆弱的單極資本主義全球化、世界主義與國際主義、洞澈力的需求：人類文明面對的挑戰性語詞

30年前我就提出，對於人類文明的挑戰是資本主義／帝國主義，它透過剝削不斷積累，無可避免地走向單極化的道路。我當時就提出一組對立的語詞：「革命（洞澈力）或衰敗（羅馬帝國經驗）」。

我在這裡只不過是簡短地回溯這些概念，讀者可以從我最近出版的著作中找到更完整的推論：《老年資本主義之外》、《新自由主義病毒》、《論多元世界》、《論第五國際》、《文化主義批判》、《從資本主義到文明》、《南方的覺醒》。

洞澈力的需求——即使它一向是相對性的——是無可迴避的。一旦放棄它，就等同於回歸到蒙昧主義。蒙昧主義只會帶來一個更

（續）

　　　蕩形骸的、波希米亞時尚的中產階級。讀者可參見大衛・布魯克斯
　　　著，《BOBO族：新社會精英的崛起》（遠流，2001）。

難以管治的恐怖世界，這「另一個世界」比起老年的全球化資本主義更爲野蠻。

洞澈力意味著世界主義的認定與歸屬，世界主義不同於當今實存的全球化。舊時代的世界主義(基督教、伊斯蘭教、佛教以及其他)曾經伴隨著部族帝國主義而存在，這與我們現在強調的世界主義也大相逕庭。我們的世界主義是現代的(人創造歷史)，也是社會主義的(人類的進步必須建立在合作和團結之上，而不是競爭)。

林深靖，台灣立報《新國際》增頁主編，浩然基金會「另立全球化專案」委員。近年多次前往印度、法國、墨西哥、古巴、委內瑞拉等地，參與國際左翼知識界與行動者相關論壇。著有《政經事件簿》，譯有《法國當代短篇小說選》、《巴黎情人》、《奇幻精品店》等書。

一個獨立的馬克思主義者：
薩米爾·阿敏

鍾秀梅

台灣之行

2008年8月，著名的左翼理論家與實踐者薩米爾·阿敏，經香港劉健芝教授的推薦，欣然答應浩然基金會的邀請，在台灣進行近兩個星期的拜訪與講座。阿敏時年77歲，剛動完心臟手術能到台灣是件不容易的事情。在他的著作中，多次提到台灣受惠於冷戰期間的地緣政治，透過土改的進行與其他改革方案因而發展資本主義。他在台灣密集的拜會與觀察，對話多於建言，雖然幾場演講場合，台灣聽眾總是焦慮的追問阿敏關於對台灣前景的看法，他並沒有對台灣多下判斷，但總是希望台灣與大陸聯合起來對抗美國。

阿敏與法國妻子伊沙貝爾風塵僕僕的抵達下榻飯店，已是疲憊不堪，又因調整時差徹夜失眠，直到第二天晚才稍稍恢復，有了進食的欲望。到了第三天，透過陽明山溫泉與食物的調理，阿敏夫妻漸漸恢復體力。第四天，阿敏開始接見一些學界與運動界的朋友，伊沙貝爾的興趣則是參觀美術館、畫廊。他們喜愛吃各種食物，而且都不忌口，阿敏甚至開玩笑的說：「給我一個煮熟的肥英國人，我也敢吃！」毛派的阿敏特別喜歡吃中國菜，喜吃辣的他覺得四川

菜最好，上海菜很難吃。我們問他上海菜是否有太重的資產階級情調，他說：「對！」而且他對日本料理也很有意見，他覺得壽司長的都一樣，而且刀法沒有創意，並說日本菜欠缺變化，就只有炸的與蒸的兩種煮法。他與妻子參訪台灣山區時，吃各種山產，也吃蟲子、動物內臟、種種奇怪料理，顯然阿敏對食物的品味同階級立場有關之外，非洲經驗對他影響甚深。

阿敏夫妻優雅、幽默與和善；他們都是法國共產黨黨員，黨齡超過50年。年輕的時候，因為各自所屬的黨支部人數太少合併，從此兩人一同展開漫長的革命與愛情，經歷許多的波折與親情的生離死別，一生為國際社會主義盡心盡力。當阿敏專心和大家談論問題時，不太希望伊沙貝爾插話，不懂英文的她只好安靜的在旁畫畫，有時阿敏會靠過來看著她的畫。伊沙貝爾老得好美。她來台前，同法國朋友探聽台灣，她的法國朋友說：「台灣是美國的殖民地，就像夏威夷。」沒想到到達台灣後，她覺得幸好不是。她有著法國人的好奇，看許多東西都很盡興。伊沙貝爾到了黃昏之後，視力變得模糊，需要牽著阿敏的手，特別是台灣的路面高高低低、坑坑洞洞的讓老人沒有安全感，阿敏說：「這是中國人設計要消滅老人家的。」有一次晚餐過後，伊沙貝爾憂心的提及，想到跨國公司的全球化，造成貧困人口急增，她就想拿著衝鋒槍出去掃射那些寡頭食利者。同阿敏年紀相仿的伊沙貝爾革命熱情依在，但纖小的她，如何拿得動武器？

阿敏夫妻拜訪嘉義山區茶農的時候，被美麗的茶園吸引住，很驚訝為何這麼高的山區還有經濟作物。阿敏對於檳榔經濟也很有興趣，問了關於檳榔產業的許多細節。當阿敏夫妻經過一個村子時，剛好有一戶人家在辦喪事，他們好奇為何喪家在燒紙房、紙車和紙衣服等儀式。陪同友人解釋，喪家希望死者進入另一個世界可以享

用這些物質生活。阿敏評論這個儀式說明兩件事，一是另一個世界還是資本主義世界，二是中國人很實際，不會把真正的賓士車拿去燒。第二天早上，當車經過村子時，阿敏說昨晚有經過這個村子，隨同人員開玩笑說阿敏很適合打游擊戰，走過的地方都記得，伊沙貝爾隨即回答：「不可能，阿敏每天晚上都需要一張舒服溫馨的大床。」

埃及童年

　　薩米爾‧阿敏的一生非常精彩，有必要略作介紹。本文將根據他的《向前看的一生：一個獨立的馬克思主義者回憶錄》和他在台灣期間幾天日夜的相處與交談，整理阿敏生命的幾個重要部分，分別是阿敏埃及的幼年生活、法國的學生時代與黨的活動、非洲發展的經驗、第三世界主義和2000年後的一些重要的思辯，希望對阿敏的一生的幾個實踐與思考的轉折點有所探討，並且也向他的一生堅持社會主義道路的奮鬥禮敬。

　　阿敏的出身同一些出身資產階級後來反叛自身階級的社會運動活動者類似，其父系家族是埃及的科普提克系（the Coptic）貴族。科普提克貴族在19世紀中葉形成，因擁有地產而建立其社會地位，後代也受較好的現代教育，大多從事教職、記者、工程師或出版業等。他的祖先曾在1860年代加入埃及的共和運動。阿敏的曾祖父是個傑出的工程師，本來可以當上部長，但是在英國殖民地時期，英國人盡可能不讓阿拉伯人進入國家權力核心，本地菁英向上爬升的機會被扼殺。阿敏的祖父擔任教職，是社會主義者、反殖民主義者與反法西斯主義者，也是阿敏的政治啟蒙者，阿敏回憶兒時幾乎離不開他的身影。他說小時幾乎是祖父的跟屁蟲，祖父讓他吃辣椒，要他

回去不能向祖母說，從此他對辣的食物著迷了。阿敏的政治生命很早就萌芽，他小時最喜歡跟著祖父到咖啡館，聽祖父輩談論政治。

阿敏的父親是醫生，留學法國，1920年代和優秀的基進雅各賓主義者結婚，阿敏私下說他媽媽在當時不得了，因爲沒有幾個法國女性進得了醫學院。阿敏的父親懂英、法語，可是和阿敏在生活中卻說阿拉伯語。阿敏認爲他父親是反殖的民族主義者和民主共和派，後來的政治態度傾向帶領建立埃及共和國的領導人那賽爾（Nasser）。阿敏長大後經常與父親交換政治心得。他在埃及的青少年時期，在他的家鄉薩伊德港參加了「親共產黨」的青年組織，阿敏的父親很慶幸兒子沒參加「親民族主義黨」，因爲當時由阿門得‧湖珊（Ahmad Hussein）帶領的民族主義黨有強烈的納粹色彩。

阿敏母系的祖先是法國大革命激進黨員的後代，他的舅公曾移居俄羅斯，舅婆知道阿敏小時立志當共產黨，主動教阿敏俄文。阿敏父母親一直灌輸阿敏人不應分等級而有階級歧視的觀念。有一次，都是醫生的父母用私家車戴著6歲的阿敏到薩伊德港的鬧區，看到有個小孩撿食地上的食物吃，阿敏問他父母爲何會這樣子，母親說因爲社會造成他這樣，阿敏回答說：「那麼，我將改變這社會！」他的母親說：「太好了！」阿敏的好友也是世界理論大師弗蘭克（Andre Gunder Frank），在阿敏快50歲時問阿敏高齡的母親，到底阿敏何時成爲共產主義者？阿敏媽媽毫不猶豫地說：「6歲。」

青年巴黎年代

阿敏於二次世界大戰後的1947年到了巴黎受教育，時年16歲。時刻重視政治情勢的阿敏，認爲從1947年到1957年的法國10年光陰，是他知識和政治形成期，也是關注資本主義與社會主義的理論

演化重要的階段。那段期間法國正處於第四共和時期，1948年4月，戴高樂政府接受了由美國主導的馬歇爾計畫，注定法國往後的10年，導向同美國合謀的帝國主義資本主義的計畫中。阿敏認為當時法國政治有三分之一的共產黨支持者，致力於人民民主，另外三分之一的戴高樂擁護者，關心戰後的恢復與議會政治。法共的勢力雖不可忽視，戴高樂政府時代也有幾席閣員，但是對於法國的殖民主義與冷戰時代的資本主義重整，法國共產黨似乎並沒有扮演關鍵阻止的角色。

　　阿敏青年巴黎的這10年，戴高樂政府在法國殖民地的作為尾大不掉，有阿爾及利亞的謝提乎(Setif)大屠殺、大馬士革的爆炸、越南的戰事和馬達加斯加島的鎮壓。這一連串的殖民者暴力，並沒有平息這些殖民地人民的反抗。1954年，兩造之間的對立關係達到高峰，戴高樂政府發動越南戰爭、阿爾及利亞戰爭、摩洛哥和突尼西亞衝突，最後的骨牌效應是蘇伊士運河問題與非洲問題的情勢緊繃。另外，阿敏認為法共由於政治勢力不足，未能阻擋歐洲軍事聯盟的形成、煤鋼共同體和羅馬條約的制訂等等資產階級的戰略部署，加上對於阿爾及利亞的態度曖昧，對越南人民反抗法國殖民問題也是觀看態度，最後失去群眾支持。雖然如此，阿敏在巴黎加入的青年共產黨組織和部分在大戰期間從事反抗德國納粹的老左翼，仍進行著社會前線的運動，他們分別建立了「反殖民陣線」與「反冷戰的大西洋陣線」從事抗爭，突破了法國共產黨領導中心的政治弱點。

　　阿敏在1950年代成為毛派和第三世界主義(third worldism)的實踐者，與當時反對法共黨中央的現實主義與史達林主義有關。法國共產黨在1950年到1953年韓戰期間，對於衝破冷戰的包圍共產主義世界立下功勞，他們在1952年5月28日組織了大示威反對李奇威

(Ridgeway)將軍參與韓戰,可是當天的行動以逮捕法共領導人
Jacques Duclos收場,法共組織因而內挫。不只如此,阿敏認爲當時
蘇聯政策是機會主義,對於冷戰立場不清楚,甚至鎮壓1953年東柏
林工人的反抗,並反撲1956年夏天的匈牙利起義。阿敏認爲雖然中
共對蘇共提出批評,但是共產國際對情勢的錯誤研判,導致只能找
出和平運動爲最大公約數,無法粉碎美國帝國主義,結果也裂解了
西方左翼的第一波反冷戰組織。

　　阿敏認爲他的政治選擇和「創造性的烏托邦」(creative utopian)
的人文社會主義思考有關。他覺得多種另類是可能的,這些另類的
創造是由那些想改變世界的能動性所選擇的另類,而不僅是接受被
動的空洞計畫。阿敏舉法國大革命拒絕布爾喬亞民主、蘇聯人民的
努力與中國革命的例子,說明了這些創造的另類烏托邦,即是拒絕
由資本主義所製造的線性現代觀。另一方面,阿敏對於蘇共中央的
教條馬克思列寧主義的「反對我黨就是背叛」的一元論感到反感。
阿敏自認在許多年後,他用「沒有資本家的資本主義」的理論對蘇
維埃的真正本質做出理解時,發現教條馬克思列寧主義的反多元
論,無非反映了馬克思主義的經濟化約決定論,其實合理化了蘇維
埃當權者的理論部署。

　　聰明的阿敏有數學與物理天賦,他的法國老師鼓勵他作科學
家,但黨性堅強的阿敏選擇法律系讀政治學與經濟學,拿到了政治
科學文憑。政治早熟、活動力強的阿敏在青年時代參與「國際民主
青年聯盟」(the World Federation of Democratic Youth),結識許多來
自東歐共產國家的朋友,對於東歐共產世界的發展,有真實的掌握。
他常說他並沒有太多時間在學校聽課,至今記得的就是Jean Baby和
Michel Debeauvais的馬克思主義課程。他幾乎每個星期都去參加法
共青年小組討論,這樣的聚會創造冗長的討論與激辯,看似花時間,

但也創造許多想法、組織各種反戰、反殖民與反帝國主義聲援活動。
當時有許多成員來自亞洲與非洲地區，阿敏的共產小組有意識的組
織他(她)們，鼓勵他(她)們走出自發的民族主義框框。

重回埃及

　　阿敏的非洲關連除了民族認同的一線牽外，還有如何改造非洲
的命運之課題。他同許多非洲青年一樣，是戰後第一代到歐洲深造
的非洲知識分子，這批人到了法國組織非洲青年。他們歷經反殖民
主義與社會主義思考的鍛鍊，到了1960年代後期，又紛紛回去非洲，
在非洲獨立運動中擔任要角。解殖之後，他們成為非洲重要政治領
導人，多少有社會主義的基本常識，阿敏與其中一些領導階層是巴
黎青年時期的舊識。

　　阿敏認為賽內加爾獨立後第一位詩人總統桑果的「黑色態度」
(negritude)，大致上代表了非洲解放運動的領導人的具體主張。他
認為曾留學法國的桑果的主張:「西方是理性，黑人是直覺。」(Reason
is Greek, intuition is black.)只是權宜的戰術思考，到底獨立後的非洲
往哪裡走？是透過宗主國的社會主義革命，走向社會主義？對於帶
有種族主義和殖民主義的西方資本主義世界採合作還是反抗？阿敏
認為像是肯亞、以及前法國在非洲殖民地都獨立得太快，對於上述
問題無能處理，旋即面對百廢待舉的國內事務。

　　1953年，阿敏回到埃及，當時情勢緊張，英帝國加緊控制以那
賽爾為主的民族主義運動。阿敏覺得獨立在望的埃及因為有埃及共
產黨的力量，那賽爾不至於全面向美國靠攏。1955年的萬隆會議(第
三世界不結盟運動)和周恩來、尼赫魯、蘇哈托所討論的對帝國主義
的全球策略，讓蘇彝士運河國有化。阿敏覺得那賽爾太埃及沙文主

義，急於和蘇丹聯合，沒有理會埃及共產黨所提出的「聯合兄弟國反對共同敵人的鬥爭」策略。

阿敏在埃及家鄉薩伊德港的時光，常到附近的納迪瓦福地(Nadi Wafdi)俱樂部討論政治。那裡有政客、黨派活動份子、工會份子等，也常有不同政治力量的包打聽，社會氛圍關切著那賽爾的政治走向。阿敏同支持那賽爾的父親持不同政治立場，阿敏覺得那賽爾周邊圍繞的是回教兄弟基本教義組織、阿門得‧湖珊支持者與皇室殘餘，不可能有基進的改革，但他尊重父親肯定那賽爾推翻皇權與進行土地改革和國有化的努力。

阿敏後來返回巴黎完成博士論文，和伊沙貝爾結婚後，於1957年10月又回到開羅。他受邀在那賽爾政府旗下的馬克思經濟學家Ismail Abdallah工作。 Ismail Abdallah設立了類似公司的經濟機構Mwasasa，這個機構不受政府部門間的拉扯與監督，可以獨力完成各種經濟計畫與公共部門的規劃。阿敏主要負責現代埃及的經濟分析，包含棉花、紡織、食物工業、建材、化學、鋼鐵和工程等，並找出對策。這個工作讓他看到新的獨立國家的「新階級」(new class，吉拉斯語)如何形成，新的國家產生新的特定利益階級擁有太多決策權，一般民眾和工人階級的權力卻逐步邊緣化。

Mwasasa機構、建設部、財政部和工業銀行是當時埃及政府四個決策中心，雖然Mwasasa是以社會主義國有經濟計畫為主，但是，其他三個部會的「成長模式」(growth model)的技術官僚思考，視經濟建設優先於社會與政治建設之前，致使財政部和工業銀行不買Mwasasa公有計畫的帳。建設部、財政部和工業銀行漸漸形成共利結構，存在無能與貪腐問題。後來那賽爾政府越來越不能忍受埃及共產黨的批判，於1959年1月大逮捕一千多名埃共，年輕的阿敏逃過一劫，但是他的頭頭Ismail Abdallah被抓進牢裡。幾年後，阿敏化名

Hassan Riad，於1963年出版《埃及經濟現實》一書。

非洲生涯

　　阿敏透過父親的協助，順利偷渡離開埃及，但是從此再也見不到他，阿敏父親幾年後過世。阿敏1960年回到巴黎，在法國財政部底下的SEEF機構工作一年，這個工作似乎又讓阿敏經歷了在埃及Mwasasa機構一樣的情境；左派專業者要在體制內改革的局限。阿敏和一些相近的同僚，想爲法國設計一套「脫鉤」（delinking）於全球資本主義市場機制的相對價格體系，以讓法國的社會政策更爲有效與活絡，但是由於世界銀行干預，SEEF所設想的社會公平方案失敗。

　　透過Mwasasa和SEEF的經驗，讓阿敏一方面有了珍貴的實務經驗，一方面也瞭解到受制於莫斯科的資產階級民族主義限制的那賽爾主義，與擁抱資本主義市場的戴高樂主義的局限。1960年的中蘇論戰，給了阿敏適當的體悟，從此超越了同儕或上一輩的「莫斯科鄉愁」或「那賽爾鄉愁」。正好，前法國殖民地蘇丹共和國與部分賽內加爾成立馬利共和國，這個新生的共和國把「馬克思主義與列寧主義當作是國家信仰」，急需要一名像阿敏這樣的經濟學家，阿敏欣然前往。

　　阿敏夫妻在馬利首都八馬科有許多美好的回憶。伊沙貝爾記得蘇聯派駐馬利第一任的大使是從西伯利亞來的，這名大使從攝氏零下50度來到攝氏50度的八馬科，一下飛機便馬上被送進醫院，無法一下子承受100度的溫差。馬利豐富的動植物，讓他們開了眼界，偌大的蜘蛛會織成幾公尺方圓的網，飢餓的猴子會攻擊人，吃午餐時，會有老虎趨近他們等等。阿敏夫妻和少數歐洲的左派份子，來到此

地實踐他(她)們的夢想。

　　阿敏在日常生活中，常有奇遇。當他駕車行經紅綠燈口時把車緩了下來，一名警察喝住他：「你在紅綠燈口幹什麼！」阿敏惡意的回答：「我把車開慢，看看兩邊，若沒有東西我才開過去。」但是那名警察堅持的說：「不！你停了下來。」阿敏只好說：「好吧，我錯了。」這時這名黑人警察便開口大笑，他之前從來沒聽過一名歐洲人對他說：「我錯了！」自小受西方教育的歐洲專家，來到超現實與魔幻寫實的非洲大陸，西方的理性被挑戰與顛覆了。

　　阿敏曾在1960年代，和革命者切‧格瓦拉交換關於非洲剛果革命的想法。阿敏覺得切‧格瓦拉近似清教徒的獻身精神在非洲行不通，因為非洲大部分人口是部落小農，他(她)們的唯靈論信仰來自狂野的大地，多數農民把非洲反殖民主義戰士當作領導，因此，白皮膚的切‧格瓦拉想要成為非洲革命領導中心恐有困難。阿敏很得意的說：「後來，切‧格瓦拉離開非洲，證明了我的推斷是正確的。」

　　阿敏在馬利的工作很具體，內容包括幫忙建設高等學校、設立村里健康中心、改善交通系統、提高農業生產、抑制通貨膨脹、改革公共財政、推行公平有效率的稅制、降低官僚化與社會生活的民主化等工作。阿敏覺得這段期間最美好的工作經驗，是和一群謙卑但分屬不同領域的非洲專家一起工作，包括醫生、農藝家、獸醫和來自中國的專家。有一次，阿敏和一群從中國來的農業專家到尼日的磨特三角洲考察，阿敏問他們可不可以將這些新生地開發給3萬名新農民移居，其中一個中國人自信的回答說：「300萬人都沒問題，而且用不了多少錢。」阿敏常用這個例子來反駁一些坐頭等艙、住豪華飯店的到非洲考察的法國非洲專家，擅自做出非洲不宜發展的結論。

　　阿敏於1963年到1967年服務於位於塞內加爾首都達卡的聯合國

研究機構IDEP，這個研究機構還擔任教學的功能。原先IDEP的領導是雙頭馬車，一位是德國人Dahomey，另一位是英國人John Mars，他們都沒有第三世界經驗，也拒絕雙語和當地人溝通，但是他們會用他們個別熟悉的語言，宣稱自己本人才是執行長。負責教學的五位教師來自埃及、非洲獅子山國、西非等地。阿敏曾當過IDEP執行長，他讓學生組織研究小組，培養獨立研究的能力，將這個機構定位於批判反思與非洲發展的實踐與理論基地。後來因為聯合國希望IDEP執行長由非洲本地人擔任，因此塞內加爾人Toure出線，他把阿敏在馬利、象牙海岸、摩洛哥、突尼西亞、阿爾及利亞所做研究調查封鎖，阿敏一氣之下離開了這個工作。後來阿敏在達卡大學教書，同時間，因為法國六八學運的關係，法國大學需要有新的視野，邀請阿敏回法任教，他便往返於法國與非洲之間。

　　阿敏在法國Poitiers大學教經濟理論，他的原則是讓學生通過閱讀發展反思與批判的能力，比如說第一年他讓大一學生讀美國新古典主義經濟學家Paul Samuelson和蘇維埃學者Popov的著作，然後分成幾組討論，把好的問題分成一列，然後有問題的部分，再回到原文作解釋。第二學期用不同的經濟學理來回答學生的問題，學生的分數是和學生一起打的。後來，阿敏到了巴黎八大萬聖納（Vincennes），這所學校是六八學運的產物，以跨學科和社會理論批判為名，德里達、福科、德勒茲均出身於此。阿敏在此可以自由發展他的「資本主義政治經濟學」，提供學生論辯什麼是資本主義？為什麼蘇維埃與毛主義要超越資本主義模式？阿敏覺得這些提問與討論有助於當時學運學生的思考，不必只只耽溺於理論的思辯而已。

第三世界主義

　　1955年萬隆會議的不結盟運動成形後，帶出兩個問題，一是第三世界真正發展了資本主義，還是有其限制？二是社會主義可否走出上述發展的困境？阿敏肯定毛主義路線領導第三世界社會主義的革命路線，有別於蘇聯的社會帝國主義的策略，特別是萬隆會議之後，一連串反帝戰爭的勝利，有阿爾及利亞戰爭、越戰、柬埔寨戰爭等。毛主義路線激發第三世界反帝運動的勝利，可是阿敏認爲當革命高潮退去後，隨之而來的是內部衝突的出現。比如那賽爾主義在1967年最高峰之後，埃及社會容許傳統伊斯蘭的論述、鎮壓共產黨和貪腐等。而印度的發展就更爲明顯，尼赫魯在位後期和其繼任者，夥同國家技術官僚與北方大地主或工業家勾肩搭背，並未解決大規模貧窮的問題。1980年代東亞的社會主義勢力大倒退，藉用資本主義經濟改革的模式走向保守化，呈現其內在矛盾。

　　但是也有例外，古巴革命、智利阿連得社會主義政權的短暫浮現、和尼加拉瓜革命，創造了另一個「創造的烏托邦」，對於全球資本主義在1975年之後的擴張與第三世界民族資產階級的買辦化的趨勢說不。雖然如此，阿敏覺得二次大戰之後第三世界的轉變有四種類型：一、向世界資本主義體系開放，表面是自由主義意識型態，骨子裡是反民主的國家干預，清楚的發展資本主義，像是台灣、南韓。二、蘇聯支持的社會主義實驗地，這些國家有民粹主義傾向，同全球市場又不清不楚，沒有民主可言。三是有自己特色的社會主義，像是中國、古巴、北韓等。四是新殖民主義的模式，經濟長期停滯，或是要依靠外來刺激。

　　阿敏認爲現在的第三世界包括拉丁美洲富裕地區、東亞、前蘇聯等成爲全球資本主義的邊陲地帶，非洲和阿拉伯地區則成爲第四世界，不管這些地方如何分類，他覺得資本主義吸收不了那麼多的勞動力與勞動後備軍，這些地區應該走出資本主義的限制。阿敏在

1970年到1980年回到聯合國IDEP復職，在這麼長的時間裡，認識了許多優秀的第三世界思想家與活動份子，這些人成為他後來設立的「第三世界論壇」(Third World Forum)的核心成員。

　　「第三世界論壇」成員的組合為跨學科的(經濟、政治、社會人文、歷史等)學院份子，不願意走聯合國發展模式，他(她)們不是來自第三世界，就是有第三世界連帶背景，這些批判的有機知識分子要走出「歐洲中心主義」。阿敏評估「第三世界論壇」為聯合國「發展的年代」指出一條另類的發展方向，並為1990年代中期的反全球化運動提供理論與實踐的基礎。

幾個重要辯論

　　薩米爾·阿敏認為戰後時期(1945-1990年)，新興民族國家拋棄自主型國家生產體系，進行結構重組，融入世界生產體系。全球化不斷深化的新表現，導致世界體系的三重失敗：(1)世界體系生產無法整合成超國家的政治與社會組織，來協調因為資本主義中心國的技術壟斷、控制全球金融市場的運作、對自然資源的壟斷、媒體與通訊的壟斷和大規模殺傷性武器的壟斷等所造成的「全球紊亂」。特別是冷戰後兩極格局壽終正寢，美國成為這一領域唯一的壟斷者。(2)全球化體系並沒有發展出一種相對等的政治與經濟關係，提昇具工業競爭力的亞洲和拉美的戰略位置，共同實現全球增長。(3)世界體系將無法加入工業化競爭的邊緣區域如非洲排除在外，造成世界各地政治、社會和意識形態的危機，1989年之後的東歐、半工業化的第三世界和新近邊緣化的第四世界產生動亂的真正原因也是如此。

　　大致上，薩米爾·阿敏認為第三世界民族國家可以成為集體的

權威，來干預既定的資本主義經濟，在國際競賽中創造不平等的經濟關係。阿敏的這套思考策略影響了第三世界民族國家，面對世界貿易組織(WTO)中由「三合一的集體帝國主義」(即美國〔加上加拿大〕、歐盟與日本)所主導的農業自由化的策略，提出了聯合第三世界國家杯葛WTO農業自由化議程，最終要保衛第三世界各國農業與小農的生存。阿敏再次強調，由私有財產制宰制的全球交換市場，主要是「三合一的集體帝國主義」所領導的全球化，實際為帝國主義加上跨國企業的全球化所創造新形勢的貧困化。另一方面，阿敏認為由美國所主導的第三波民主，以改善第三世界的「民主」、「人權」、「人道主義」為名，其實是為了取得這些區域的資源而干預它國。

阿敏的主張，在2000年時曾引起《帝國》一書的作者麥可‧哈特和安東尼奧‧納格利的反對。他們認為阿敏對第三世界民族國家作為革命的主體的看法有誤，他們勸告左翼不要「停泊於任何民族國家權力的鄉愁或慶賀任何國家復活的政治。」他們宣稱「現代主權」統管赤裸裸的生活，生命力量的權力宰制著個人，新的帝國的主權讓多重的危機包圍，反映了多重的矛盾。哈特和納格利認為：「現代化危機清楚的定義是向帝國世界所有危機告別，權力既無處容身也到處可見，帝國是烏托邦或道地的非場域。」

阿敏後來在《自由主義病毒》一書反駁麥可‧哈特和安東尼奧‧納格利的想法。阿敏覺得他們的「沒有帝國主義的帝國」是時髦的空話。也就是說，庸俗的北美大學政治學教授把美國類比於羅馬帝國、奧匈帝國或英法殖民帝國，完全不考慮世界體系矛盾的中心已經產生不同的相互連接，這些與全球資本積累和再生產相互權力關係的轉變有關。阿敏所謂的新的「三合一的集體帝國主義」敵人表現於對技術、自然資源開發、媒體、交通和大規模毀滅性武器的壟

斷與受益。阿敏進一步指出，資本主義全球的擴張，集體帝國主義中心除了政治干預外圍社會，也要靠軍事補充，還有靠世界貿易組織、國際貨幣組織和世界銀行的經濟機構管理。

2003年後，薩米爾‧阿敏和麥可‧哈特參與巴西愉港「世界社會論壇」之後，同時接受Camilla A Lundberg和Magnus Wennerhag的訪談，針對民族國家角色、民族主義與運動策略有精彩的交鋒。麥可‧哈特認為美國作為民族國家沒有那麼厲害到可以控制別人，美國的帝國策略只不過透過華盛頓的武器(五角大廈)、紐約的金錢(華爾街股市)和洛杉磯的乙醚(好萊塢電影)概念迷惑世人，事實上美國並沒有那麼強大。阿敏覺得沒有政治就沒有經濟，資本主義的操作沒有民族國家力量的支持與新自由主義配套政策的推進，根本成立不了。也就是說，對於第三世界的階級鬥爭與政治意識的覺醒，民族的舞台仍是重要的，民族國家也可以是階級力量的集合體。國際主義者阿敏認為放棄民族國家易被壟斷資本與發達國家工具化，其結果是弱化了第三世界的民族國家力量，比削弱民族主義更嚴重。

結語

阿敏有一天結束台南演講，我們載他們去關了嶺泡溫泉與吃飯，他非常高興，吃完飯後，他說：「我現在可以游泳到舊金山了！」當時乍聽之下以為是開笑話，但是他2008年8月底離開台灣到12月底，在四個國家組織了不同的會議，其中9月在越南組織的「南南人民團結會議」和11月在委內瑞拉的「另類的世界論壇」，他擔任著重要的角色。

他離開台灣後，一直注意他在委內瑞拉的「另類的世界論壇」對現今金融危機的回應，他還是一貫提出「脫鉤」運動策略，除了

前述觀點外，他主張各個民族國家要控制本國的貨幣與金融市場，
掌握科技主動權與資源的使用權，並發展自主的農業等想法。

　　與阿敏短暫的相處，從他身上學到許多的啓示。他非常平易近
人沒有任何架勢，台上的風釆可稱是一代大師風範。他的一生爲社
會主義革命創造條件，但又不教條，具有深刻反省力，又能穿透人
類歷史發展經驗的每個階段的限制。他不潔癖，左右勢力都能相處，
並隨時轉化爲革命的動力。他說有一天卡斯楚同他談了六小時，卡
斯楚身邊的人提醒卡斯楚話講得太多了。阿敏說：「卡斯楚先向那
些人道歉，並跟我說他當過老師，所以話比較多。」阿敏也是查維
茲的座上賓，他爲委內瑞拉的左翼政權提供了他過去在歐洲與非洲
寶貴的「治國」經驗，讓國際左翼力量更堅實。薩米爾・阿敏帶給
台灣的珍貴禮物，即是他的勇往向前的人生與作爲。

　　鍾秀梅：成功大學台灣文學系助理教授，研究領域為反思發展主
義課題、台灣1970年代反叛青年的口述史和婦女與生計等課題。

族群平等與言論自由

攝影／黃義書

言論自由應該受到高度保障；而且，愈是不為當局或大眾所喜的政見或異端言論，其發言權利就愈需要受到保障。否則，少數派被多數者入罪，烏鴉遭喜鵲禁聲，異端受制於正統。言論自由的權利必須廣泛、平等，並提倡「以言論（而非國家機器）反制言論」之政治文化，其主要理由即繫於此。

　　然而，「仇恨言論」呢？1980年代以降，隨著多元文化主義、社群主義、以及美國校園「政治正確熱」之興起，有人主張仇恨言論應該受到管制。儘管他們並未挑戰言論自由作為公民基本權利，但認為某些仇恨言論已侵害到他人之重要權利、社會和諧、人格或社群尊嚴，因此主張加以管制。另一方面，部分政治自由主義者（如德沃金）則反對政府管制仇恨言論，並駁斥種種管制主張及其理由。

　　各方對仇恨言論管制有不同看法，不僅僅是學理或思想的分歧問題，還存在著不同的經驗判斷與價值取捨，乃至激烈的政治衝突。2005年的丹麥漫畫事件即為生動的例證。

　　2009年3月，台灣爆發「郭冠英事件」，同樣引發了仇恨言論管制與否的激烈辯論。目前，郭冠英已遭新聞局開除。行政院長劉兆玄則宣示要盡快制定「族群平等法」，以管制族群仇恨言論。

　　族群仇恨言論該受到管制嗎？怎麼管？或為什麼不應該管？理由又何在？雖然郭冠英事件暫時落幕，但是它所引發的課題，值得更深入的反思、叩問。本刊於2009年4月12日與紫藤文化協會、台灣社會研究季刊、世新大學台灣社會研究國際中心，共同舉辦了一場座談會，以期深化關於言論自由、仇恨言論管制與否的公共辯論。呈現在讀者眼前的這個專輯，即是這場座談會的成果。

編　者

仇恨言論、族群平等、反歧視：
郭冠英事件的爭議與回應*

廖元豪

一、族群平等法就是反歧視法[1]

「范蘭欽」事件又挑動了台灣的敏感族群神經。行政院院長公開表示應該制定族群平等法，對這種挑動族群歧視的言論予以制裁。

理想上，這似乎是個好提議。制定了這個法律，從此以後，凡是罵人台巴子、中國豬、大陸妹、番仔、「外籍新娘少生些」之類的言論，一視同仁課以比對郭冠英更重的處罰，讓台灣的歧視文化徹底改過來。

但族群平等法真的能夠「移風易俗」，消弭在台灣根深蒂固，而且政治上極為好用的歧視言語與行為嗎？國內外的經驗證明，各

---

* 本文原始(較為簡略的)版本曾發表於《新社會政策雙月刊》第3期，頁25-28(2009.4.15)。另一較著重法律分析的版本即將刊登於《台灣法學雜誌》。

1 本節摘錄並改寫自作者投書報紙之文章：廖元豪，〈反歧視，別只是公關立法〉，聯合報，2009.3.26民意論壇, A11。更完整的敘述，請參照廖元豪，〈族群平等法？〉，Vision 2020人權頻道，available at http://rights.vision2020.tw/?p=164 (last visited, April 8, 2009).

種反歧視法要能夠產生實效，制度設計上一定要注意以下重點：

(一)反歧視法之目的：保障弱勢，而非社會表面和諧

首先，反歧視不只是爲了「防止社會衝突」，而是爲了「保障弱勢群體」。「歧視」之所以該禁止，不只是「品味」問題，而是由於主流大眾歧視的言行會壓迫排拒弱勢群體。實證研究指出，即使單純的歧視「言論」，也可能造成少數族裔畏懼、自卑，乃至身心的不良影響[2]。因此，反歧視法必須有著「不對稱」的結構：同樣是族群敵視的言行，弱勢要受到更多的保障，優勢族群有時反而可以「雍容大度」地容忍邊緣群體的反彈。

就拿郭冠英的例子來說，他的「台巴子」言論侮辱絕大多數的台灣人，所以會引起眾怒，即便沒有「族群平等法」，他還是遭到嚴厲制裁。但回顧一下近十年來，明示暗示羞辱貶抑新移民、原住民、同性戀者、外勞的公眾人物，哪一個因此被免職了？族群平等法若要立法，應該要濟弱扶傾，而不是錦上添花。

(二)明確界定「歧視」意涵

其次，法律上要具體定義被禁止的「歧視」言行；不只是「言論」，歧視的「行爲」更該制裁。模模糊糊的「歧視」或「族群」規定一方面可能過份侵犯言論自由，也會讓本來就保守的行政與司法機關，更不願意動手。立法者要明文挑出最有問題，最該檢討的歧視言行，明確地加以禁止。

亦即，要保障弱者免於壓迫與歧視，抽象不確定的法律概念、

---

2 See e.g. Richard Delgado & Jean Stefancic, *Understanding Words that Wound* 11-20 (2004).

彈性非正式的機制往往不夠用[3]。戴嘉多等人針對「替代性糾紛解決途徑」(Alternative Dispute Resolution, ADR)對少數族裔(主要是非裔)的效果進行研究,就得出「非正式法律機制不利於少數族裔」的結論。戴嘉多指出,正式、明確、清晰的法律制度,才能保障少數、弱勢族群。

　　台灣的本土例子可拿愛滋患者是否該遷離社區公寓的「關愛之家」案[4]來看:原有的「後天免疫症候群防治條例」僅抽象規定「不得歧視」,但一審法院依然判決把愛滋患者趕出社區——法官根本不認為那叫做「歧視」;但修正後的「人類免疫缺乏病毒傳染防治及感染者權益保障條例」明文規定不得「拒絕居住」,才讓二審法院判決他們勝訴。具體、明文的規定,不僅符合「法律明確性」的要求,同時也才能真正有利於弱勢,發揮保障民權的作用。

(三)要實效,不要空洞軟法

　　第三,要有嚴厲的罰則加上有效的執行機制。「反歧視」的目標,往往在對抗社會既有的慣行跟偏好,所以無法單純依靠自然演變或市場機制來矯正[5]。不但要有「反歧視法」或「人權法」,而且

3　Richard Delgado et al., "Fairness and Formality: Minimizing the Risk of Prejudice in Alternative Dispute Resolution," 1985 *Wis. L. Rev.* 1359.

4　在95年重訴字542號判決中,地方法院判決關愛之家必須遷離社區,即便居民對愛滋病傳染的恐懼在醫學上並無依據。幸好,在96年上易1012號判決中,高等法院依據當年度立法院增訂的新法「人類免疫缺乏病毒傳染防治及感染者權益保障條例」(明文保障「居住」權利),認定再興社區不得單純以住戶是愛滋病患為由,要求這些人遷離。

5　See e.g. Cass R. Sunstein, *Free Markets and Social Justice* 151-66 (1997); Elias H. Tuma, *The Persistence of Economic Discrimination: Race, Ethnicity, and Gender—A Comparative Analysis* 171-72 (1995);

這些法必須有直接、強烈、明顯的法律效果,要讓受害者有機會發動法律程序,而不能依賴單一主管機關的行政裁量。在美國,任何人一旦被指控牴觸各類反歧視法,高額的懲罰性民事賠償甚或刑罰就可能隨之而來。這才可能讓歧視者膽戰心驚,有所收斂。

有人說,社會文化必須靠著教育慢慢改變,而不能依賴法律。這話錯了。法律本來就是教育的一環:藉由立法與堅定的執行,才能讓每個人反省現有的慣行是否正確。中華民國的現代法制,從民國十八年的民法起,就發揮了超越當代,挑戰封建舊俗的功能。近年來有關婦女權益的相關立法更是如此。美國如果沒有1964年的民權法,今日也不可能靠著「自然改變」而選出非裔的總統。

如果「族群平等法」又只是另一種公關效果居多的「基本法」,而不能改變人們的歧視慣行,不能阻止比郭冠英更大的官員與公眾人物繼續亂說更惡質的話,那麼就沒有意義。

二、對族群平等法的質疑與回應

對於制定族群平等法,甚至所有的反歧視法,都有不少質疑的聲音。本文同意其中的許多看法,畢竟這不是個非黑即白的議題。不同的國家社會,要從自己的環境背景歷史來檢討,找出一條適合的路。如果訂得不好,這個法寧可不要。

不過有些反對或質疑,本文認為頗有商榷的餘地。除了在之前的文章早就提過的東西之外,在這兒也回應一下。就當作一個魔鬼的辯護士,為「族群平等法」說點話好了。

(續)─────────────────

    Glenn C. Loury, *The Anatomy of Racial Inequality* 26-54 (2002).

(一)用法律制裁族群偏見反而激發族群衝突？

> 有些意見認為，台灣社會平常根本沒有族群問題。不去挑起，
> 一切都風平浪靜。要是真的制定了禁止族群歧視的法律，藍綠
> 雙方成天「獵巫」，那才吵不完呢。

的確，真的立法去制裁族群歧視，無論這個法管的是「言論」
或是「行為」，它必然會造成一些衝突——要罰人，還有不衝突的
嗎？尤其所罰的是台灣社會或政治場域相當普遍的行為。

但，如果我們真的認為「族群歧視」是件錯事，難道只因為怕
「衝突」，就不去處理？還是說，因為它太瀰漫、太普遍，所以就
認了？

別說美國、歐洲、南非的黑人在推動反歧視法時流了多少血淚，
打了多少仗。台灣的女權運動者，在推行各種女性平權立法時，一
定也都發現「衝突」很多。多少男性(無論社會階層為何)到現在都
還排斥「女權」、「女性主義」，或不想聽到「父權」這種批評。
性騷擾立法、性別工作平等法、民法……那個沒有遭遇強大的反彈？

當然會有反彈。因為父權結構、男性沙文主義，都是這個社會
根深蒂固的結構，「歧視女性」一直是普遍存在的習慣、偏好。所
以女權運動要用各種方法「對抗」這種偏好，即便引起部分男性反
彈，也在所不惜。我們看到、聽到許多女權鬥士，在聊天、吃飯、
工作、國會議場、選舉場域……隨時對男性不自覺露出的沙文主義
迎頭痛擊。

再拿郭冠英事件來說。當管碧玲去找出范蘭欽的文章，當許多
網友努力比對找出本尊，然後漫天蓋地的批判蜂擁而至。這難道不
是一種「衝突」？

　　所以，「衝突」本身不是重點。族群平等法就跟「性別工作平等法」、「性騷擾防治法」，甚至所有的規範一樣，都可能造成「衝突」。但為了消弭歧視，為了對抗既有的惡質偏好與壓迫慣行，某種程度的「衝突」是不可避免的。唯有這種壓迫結構改變了，真正的「和諧」才有可能。

　　質言之，該衝突就衝突！會有「衝突」，一定表示其來有自。當被壓迫者反抗，被歧視者求取正義，原先的壓迫者一定會防禦、反擊，或至少覺得委屈。

　　但我們不能因此要求被壓迫者噤聲，為「和諧社會」而忍讓。男性沙文主義者總是要女權運動者噤聲；奴隸支持者必然叫廢奴主張者閉嘴；國民黨威權統治時期，我們也一直聽到政府把「黨外」說成「破壞團結」的禍首。

　　當然，「衝突」要限制在「必要」範圍，而不能亂槍打鳥，搞得一發不可收拾。因此，「如果」衝突是必要的，也要將範圍鎖定清楚，把最嚴重的、最根本的、最需要即可矯正的，還有「可能用法律處理的」歧視與仇恨惡行挑出來處理。

(二)侵犯言論自由，造成寒蟬效應？

　　也有人說，為了郭冠英事件而立法，會侵犯言論自由。我們只要管「公務員」就好。一般人還是可以說各種言論而不被法律制裁。

　　也有人說，可以接受「反歧視法」去管「歧視『行為』」，但是不該管「言論」。否則會造成寒蟬效應…許多關於台灣社會族群議題，都不敢公然討論了。

　　更有人說，其實就算法律真的禁絕，大家也可能在心中偷偷的講，或私下場合討論蔓延。這是無法改變的。

這些說法都有些道理。本文的回應是：

第一，「公務員」當然跟「個人」不完全一樣。但即便我們接受「公務員的言論自由比一般人少」的命題，郭冠英這個案子反而突顯出這種「雙重標準」在我國有點困難——如果沒有「族群平等法」之類規範的話。

爲什麼？因爲要懲戒公務員，不表示主管機關或公懲會可以拿著抽象道德訓令或倫理要求去處罰。公務員懲戒法明文規定懲戒的要件有二：「違法」以及「廢弛職務或其他失職行爲」。郭冠英的文章既然與職權行使無關，就必須指控他是「違法」。請問他違反了什麼「法」？當刑法只處罰針對「個人」的誹謗與公然侮辱，而沒像歐洲那樣禁止種族仇恨或種族優越言論時[6]，要說他「違法」其實很牽強(解釋上不是不可能，但會不會被法院接受還很難說)。

所以，即便要管「公務員(私下)言論」，也得有法。而現在未必有法可制裁郭冠英呢。

其次是有關「行爲」與「言論」的區別。我們可不可能只管歧視的「行爲」而不管「言論」呢？

「言」與「行」能否區分，本身就是個問題。不過筆者大致上願意接受這個區別。即便要制定族群平等法或反歧視法，主要規範的對象依然是「行爲」。「單純言論」應該只有構成歧視行爲之工具，或本身就有嚴重危害時，才可能被處罰。

但真正要制定反歧視法，不能完全排除規範「言論」的可能性，惡質的仇恨言論，往往也構成歧視壓迫結構的一環[7]。這也是爲何聯

---

6 關於歐洲各國對仇恨言論管制的狀況，參閱Sionaidh Douglas-Scott, The Hatefulness of Protected Speech: A Comparison of American and European Approaches, 7 *Wm. & Mary Bill Rts. J.* 305 (1999).

7 在言論自由受到最高度保障的美國，許多論者早已指出，法院與主

合國「消弭一切形式種族歧視公約」[8]，會把禁止種族仇恨與優越言論，當作是締約國的義務。

美國或許多國家認為「言論自由」受的保障高於「行為」，通常是預設「言論原則上不造成實害」，所以可以容忍。除非有「明顯而立即的危險」，要不然無論多讓人不爽，都不能動到法律來制裁。然而，如前所述，實證研究已經顯示，社會弱勢族群在面對優勢族群的仇恨或歧視，的確會產生許多「實質傷害」，包括：生理與健康的傷害、心理傷害、經濟上的損害，同時也危害整體社會利益(而不只是單純的「心裡不爽」)。[9]硬要說言論只是言論，不會造成傷害，無須管制，不是忽視現實脈絡的理論空談，就是自以為中立但實際上忽視弱勢需求的思維。

如果郭冠英的言論讓許多人說要動用法律制裁(公務員法也是法……公務員免職是最嚴重的法律制裁)，那似是顯示，公眾都承認這樣的言論，已經構成「實害」或「立即危險」。

然而，郭冠英的文章，與許多政治人物貶抑社會弱勢的話語相較，那個危害較大？坦白說，范蘭欽那幾篇文章引起眾怒，除了「族群仇恨與歧視」外，更重要的因素恐怕是「國族」或「愛國主義」。簡單來說，他不愛台灣，不喜歡台灣人，所以被公幹。但言論自由

(續)

流的言論自由觀點太忽略社會「結構」與現實，變成一套專門保障主流優勢與商業利益的機制，值得檢討。可參閱廖元豪，〈Virginia v. Black與種族仇恨言論之管制—批判種族論的評論觀點〉，收於焦興鎧主編，《美國最高法院重要判決之研究：2000-2003》，頁105-150(2007)。

8 此一國際公約已經中華民國政府簽署並批准。

9 參閱廖元豪，前揭註7文，頁131-137。See also Delgado & Stefancic, supra note 2, 11-20.

應該容許「不愛國」的言論[10]，卻未必能容許「族群仇恨」的言論。

　　還是像前面所說的，我們得找出台灣社會最需要處理的歧視類型，審慎地加以處理。筆者也不贊成像歐洲那樣「一朝被蛇咬，十年怕草繩」，連單純的「拒絕承認大屠殺事件」都當然被入罪。就像筆者對現在刑法「公然侮辱罪」的濫用很擔憂一樣——「誹謗」至少要「毀損他人名譽」（有實害），但「公然侮辱」根本不論這些言論對相對人有什麼嚴重的傷害，只要開口罵人或在網站批人「腦殘」，都會被判刑。管制仇恨言論的規定，不論怎樣訂，都應該要比刑法第309條的「公然侮辱罪」嚴謹（至少一定要涉及「族群」，再加上某種「實害」或「實害之虞」的要件）[11]。

10　E.g. Texas v. Johnson, 491 U.S. 397 (1989).（焚燒國旗的抗議行動，受言論自由保障。國家不得以法律懲罰「不愛國（旗）」的意識型態）。

11　或許可以參照「移民／移住人權修法聯盟」之前透過徐中雄立委提案的「入出國及移民法修正草案」（院總第1864號，委員提案第5999號）中，第五十七條反歧視條款之規定：

　　　任何個人、公私立機關或機構，不得對外國人、無國籍人民、經歸化而取得中華民國國籍者，或原為大陸地區人民、港澳地區人民而已定居於台灣地區者，為任何歧視行為。

　　　前項所稱歧視行為，指下列行為：

　　　一、在就業、交易、服務、教育、社會福利給付，或其他活動方面，對第一項所列各類人士，以其國籍或原始國籍、種族、族裔身分、膚色，或出生地為由，予以不利之差別待遇。但有非歧視性之正當理由，且在必要限度範圍內者，不在此限。

　　　二、以言詞、文書、廣播電視，其他傳播方式或行動，對第一項所列各類人士，以其國籍或原始國籍、種族、族裔身分、膚色，或出生地為由，予以侮辱、貶抑、威脅，而有造成相對人之恐懼，或干擾相對人正常生活之虞者。

　　　三、然宣傳或主張特定國籍或原始國籍、種族、族裔身分、膚色或出生地之優越或低劣者。

　　筆者也反對把台灣弄成個虛偽、假中立,「不提族群」的社會——
凡是碰到族群議題,大家通統閉嘴。這種假中立,其實往往是站在
主流族群的角度來評價、觀察、對待少數、弱勢族群。不但形成新
的文化霸權,而且更讓非主流族群在社會上遭受不利[12]。

　　但現在顯然不是如此嘛!現在的問題是,許多人根本站在族群
優越論,去打壓無力還手無能還嘴的弱勢族群,讓他們覺得自己是
社會的次等公民。平等、相互尊重、出於誠意來討論甚至辯論族群
議題,怎麼會被界定成「種族仇恨言論」呢?

　　也許有人覺得「嫖大陸妹風險高過美國牛肉」[13]、「中國豬滾
回去」、「越南新娘有餘毒」[14]、「原住民移民到中南美洲」這種
話,以後都不太敢說了。甚至有學者可能覺得,以後作研究不能隨
便假設「新台灣之子發展遲緩」或「大陸配偶不認同台灣」。如果
這就是所謂「寒蟬效應」的話……那寒蟬就寒蟬吧,這些話再也不
要出現在公共場域了。

(三)歧視、偏見、偏好本來就是社會常態?

(續)————————————————————
　　　　為前項第一款之差別待遇者,應就該差別待遇措施之正當
　　　理由與必要限度,負舉證責任。

12　See e.g. Hazel Rose Markus, "Identity Matters: Ethnicity, Race, and the
　　American Dream," in *Just Schools: Pursuing Equality in Societies of
　　Differences* 68-83 (Martha Minow et al. eds., 2008).(在美國,主流族
　　群的人往往不覺得「族群」是個議題,而認為無須討論族群。但在
　　教育領域,卻往往不自覺忽視了少數族裔、非主流族群的需求與文
　　化經驗)

13　涂醒哲,〈台灣國大島 vs. 釣魚台小島〉,蘋果日報,2005.7.20論
　　壇。

14　這是台聯立委廖本煙冒出來的話。參閱廖元豪,〈誹謗一人有罪,
　　誹謗族群沒事〉,聯合報,2006.4.8民意論壇,at A15。

梁文傑先生在「郭冠英事件該落幕了」[15]指出：

在台灣這個社會，每個人或多或少都會有一些對其他族群的偏
見。直到今日，據中研院的社會意向調查，還是有許多外省人
和閩南人不願把女兒嫁給客家人，因為客家人「比較小氣」。
但許多閩南人和客家人都不約而同認為外省老公比較不大男
人，客家人更認為嫁給外省人是首選。而不管外省人、閩南人
或客家人，願把女兒嫁給原住民的都是少之又少。我們希望這
些偏見永遠不存在，但人類社會只要有「我群」和「他群」之
分，就會為了強化自我認同而製造出種種對他群的偏見。即便
只是讀不同班級的小學生，也會覺得「我們班的人比較乖，他
們班的人比較壞」。如果我們真要對偏見和歧視的言論以法律
相繩，那所有人都可能在不知不覺中被入罪。這也是「族群平
等法」萬萬不可通過的原因。只要在一定範圍內，容許偏見存
在是全體台灣人共同的美德，也是台灣人對於族群相處有能力
自我調適的證明。

筆者完全同意，自由社會的本質，本來就是讓每個人可以自由
選擇，實現各自的偏好。這些偏好有很多很多是非理性的，私領域
的。我選擇跟誰交朋友，與誰結婚，參加何種團體，挑選哪位醫師，
甚至選擇跟誰做生意⋯⋯這是結社自由、契約自由，以及各種私權
的特質。沒有那個民主國家有權限管到這些地方。即便是族群偏好，
在私領域也當然無可厚非。難道「南洋台灣姊妹會」，「泰雅族同

15　梁文傑，〈郭冠英事件該落幕了〉，《中國時報》，2009.4.1時論
　　廣場，A16。

鄉會」，或是一個不願嫁給客家人的女性，也要被處罰？

　　但難道「族群平等法」或各種「反歧視法」是完全不能進場規範的嗎？「偏好」與「選擇」當然在民主社會也可能被糾正、被規制，甚至遭到制裁。在僱傭、商業交易、公共運輸、選舉、訴訟……等領域，如果基於種族、族裔、性別而有差別待遇，在所謂「先進」的民主國家，都還是會遭到法律制裁……即使那是你的偏好[16]。你絕不可能說「我就是不喜歡黑人，所以我家漢堡不賣黑人」，也不能拿「年輕貌美的空姐比較討乘客歡喜，所以男性空服員比例較低」來當性別歧視的藉口。

　　也就是說，「反歧視法」不是要全面否定個人的「偏好與選擇」，但卻要規範甚至制裁那些可能傷害弱勢的、嚴重破壞社會秩序的「偏好與選擇」。妳要跟那個族群的人結婚，或是喜歡跟那個性別的人玩，是你的自由；但妳我就是不能運用商業力量、公權力，或其他方法（包括「行為」與某些「言論」）去「傷害」或「壓迫」另一個族群！

　　就此而言，郭冠英的言論雖然惡質，但有無構成「強勢壓迫弱勢」的「歧視」，恐怕還有爭議。但政治人物公然貶抑、羞辱新移民、原住民、女性、同性戀者……則是百分之一百該受制裁的！

（四）「族群」的差異在台灣根本不存在？

---

16 可參照美國聯邦司法部民權司（U.S. Department of Justice Civil Rights Division）如何主管並以各種手段執行多項反歧視法：http://www.usdoj.gov/crt/activity.php（last visited, April 26, 2009）。另可參照美國紐約市人權法（New York City Human Rights Law）之規定，可知即便是一個城市，相關的反歧視法密度與執行機制有多麼嚴謹複雜：http://www.nyc.gov/html/cchr/pdf/hrl.pdf（last visited, April 26, 2009）。

有人說，「外省人」與「本省人」，甚或「閩南人」與「客家人」，都是相同的「族群」。台灣的族群問題只有「原住民族」與「漢人」。

「族群」該怎麼分，本來就不是純粹生物學上的「生理差異」。文化或自我認同的成分，遠大於「生理」。即便最典型的「黑人」與「白人」之分，也已經被證明根本是法律與社會建構的結果[17]——白人混血八分之一黑人血統的小孩，算是黑人還是白人？不是「本質」，而是看「法律」如何定義。歐巴馬的母親明明是白人，這個半黑半白，half-half的混血卻被全美國定義成「非裔美國人」(African-American)而非「高加索白人」(Caucasian)！

何況「族群」應該包括race與ethnicity，而後者更往往是由於宗教信仰、文化傳統而造成的差別，與生理差異或血緣的關聯不大。

就此而言，「客家」與「福佬」，「外省」與「本省」的差異可否被界定為族群，當然可以辯論。但硬要說這些區分與「族群」無關，也太武斷了些。至少，如果「他們自己認為是不同族群」，那通常也就是「不同族群」了。

何況，上述說法至少也承認「原住民族」跟「漢人」是不同族群。那麼，漢人對於原住民族的歧視言行，可否用法律規範？再加上經常面臨生活歧視，人數已經超過四十萬的新移民（及其第二代），可否立法規範？

坦白說，筆者也認為漢人，或本土出生的台灣人「之間」的族

17　See e.g. Kevin Brown, Do African-Americans Need Immersion Schools?: The Paradoxes Created by Legal Conceptualization of Race and Public Education, 78 *Iowa L. Rev.* 813 (1993).

群爭議，需要動用法律來規範的情況真的不多。因為外省、客家、
福佬這幾個群體之間，雖然有大有小，但基本上在政治社會領域都
有相互自然抗衡的能力。如前所述，「反歧視法」不是個中立平衡
的制度，而是以保障弱勢群體免於壓迫為主軸的機制。[18]所以，「族
群平等法」若要制定，應該主要用來保障結構上弱勢的「原住民族」
及「新移民」免於「舊移民」的侵害；而不是動輒扯入族群間文化
鬥爭、資源競逐的賽局。後者雖然重要，但透過現有的民主程序，
應該已足處理。

　　廖元豪，政治大學法律學系助理教授。研究憲法、移民政策與法
律、批判種族論、全球化法律。主要著作涉及婚姻移民之人權保障、
種族仇恨言論之管制等；另著有《美國法學院的1001天》(2007)。
目前正思索並研究如何在台灣倡議「反歧視」的運動與法制。

18　參閱廖元豪，〈誰的法律，誰的人權？：建構「弱勢人權」芻議〉，
　　《律師雜誌》，321期，頁10-20(2006)。

「范蘭欽事件」的轉型正義意涵

葉 浩

　　根據筆者不甚嚴謹的歷史觀察：號稱有五千年文化的華人，歷史上從未發動過宗教戰爭。

　　「范蘭欽事件」的轉型正義意涵這觀察的正面意義是，華人向來以和為貴，對真理或形而上的爭議總是能暫時擱置，然後聚焦在較為實用的事情之上；用不著像以賽亞・伯林這樣的思想家提醒，人們為抽象的概念或真理、正義等價值而戰只會帶來災難。華人的務實，是避免政治禍害的智慧。負面的意義則是：華人不求甚解，有和稀泥的習慣，例如「國家」、「民族」、「種族」等等概念經常替用不分，而現今台灣的政治困境不能說與此無關。

　　不管如何，只要不涉及國家認同，台灣其實是個相對寬容的社會。宗教是當今國際衝突的根源，而與之有關的墮胎問題，據當代西方法政思想祭酒德沃金所說，是可能導致美國分裂的因素。諸多在其他國家會動輒激起強烈情緒反應的議題或言論，在台灣都不是問題。不同宗教信仰的人相處十分和平，儒釋道可以不管形而上與本體論的差異而融為一體，甚至西方的基督教也可以吾道一以貫之。然而，只要一涉及藍綠問題，融洽的氣氛可以瞬間變成劍拔弩張的敵對。

　　「范蘭欽事件」最近再一次挑起了台灣社會最敏感的神經。行

政院長劉兆玄斬釘截鐵地說要推動「族群平等法」來杜絕類似事件
的發生，也引起了輿論界的激烈討論。鑑於已有學者從法律觀點來
探討此事件所涉及的「言論自由」，也有人提供了他國處理類似案
件的實際做法，作為立法的參考，筆者想從轉型正義的角度，提供
另一個面向來理解與思考「范蘭欽事件」的意義。

　　為了方便討論，請容許筆以簡短篇幅勾勒出西方有關言論自由
與寬容精神的思想歷程。

一

　　西方民主社會今日所強調的寬容精神，其實有一段血淚史。源
自於16世紀的基督教派間之衝突，「寬容」其實是不得不採取的政
治權衡之計，或說集體的生存之道，甚至該策略之所以能奏效，也
有以今日眼光看來不甚光榮的原因。試想，基督教派之間的教義認
知，不只攸關生死——更精確的說，是關乎「永生」或「永死」的
大事。把關乎形上學的教義問題暫擺一邊，留給神來做最後的審判，
當然不失為良策。但更重要的是，對立的教派皆視對方為錯誤，甚
至是惡者的同路人，必定在死後被判刑下地獄，只要現在能「戒急
用忍」，最後的勝利便會來臨——換句話說，寬容的理由在於深信
自己是真理的一方，而敵方陣營必然滅亡。

　　洛克是西方最早將宗教寬容提升至理論層次的哲學家。根據他
的想法，人人都是神的受造物，在神的眼中人人平等，也有各自的
恩賜可以認識神，用對自己適當的方式崇拜神，所以應該容忍彼此
之間的差異——除了無神論者或異教徒之外。基於此原則，政府也
不該以特定的方式介入人民的信仰，一來政府沒有掌管此事的權
限，二來即令政府想做也不能成功，畢竟宗教信仰首重虔誠，而迫

使一個人虔誠是超乎政府能力所及的。

　　洛克的寬容論述，是英國「政教分離」思想的本源，也奠定了今日西方自由主義奉爲圭臬的政府中立或憲政中立原則。而歷史的反諷在於，原本旨在確保信仰虔誠不受政治干擾的論述，也就是憲法保障的基本權利，後來竟成了無神論者將宗教打入「私領域」的理由，至於洛克的理由，早已爲多數人所淡忘了，甚至有人會以他的名義來倡議政府對於重大分歧議題該保持中立。

　　無論如何，中立原則成了民主憲政的重要一環，政府的統治僅限於公領域，且對於宗教信仰等私領域的事務無權過問，只能在個人權利受到侵犯時，才能祭出公權力來制裁侵犯者。一個人擁有宗教信仰的權利，意味著其他人有不能妨礙其行使該權利的義務；也唯有如此，所謂的權利才具有實質意義。然而，隨著西方逐漸「除魅」與實行民主之後，侵犯信仰自由與表達的主要威脅不再是持守中立原則的政府，而是群眾。

　　民主意味著多數決，也隱藏著多數暴力的可能，而且這可能不只會發生在公領域的政治議題上，也可能發生於其他的思想與言論之上。洛克時代的自由主義者所擔憂的是政府與人民之間的權利義務關係，19世紀的自由主義者所關切的已經是人民與人民之間的關係，亦即社會輿論對特定言論會產生寒蟬效應的可能。這正是約翰‧彌爾所擔憂的問題，其政治思想至今仍是西方捍衛言論自由最重要的思想資產。他支持言論自由的理由有三：（一）「信以爲真」與「所信爲真」兩者存在著距離，而歷史上有太多的曾被眾人信以爲真理的事物，後來都被視爲一場錯誤，蘇格拉底被處以死刑與耶穌被釘十字架，是歷史上兩個血淋淋的例子；（二）禁止一個言論得到發聲的機會，有可能就是剝奪全人類獲得真理或糾正原有想法的機會，無論對現今或未來的人而言，這種剝奪所造成的壞處，相較於可能

帶來了益處實在懸殊；（三）相斥的言論有存在的必要，因爲唯有如此，我們才能擁有活的信仰，而非死的教條，所以即令不存在，也該要有人刻意製造。

基本上，彌爾捍衛言論自由的論述是工具論角度的辯護，並且以人人皆可能犯錯的「可誤主義」（falliblism）爲根本依據。特別的是，此論述將可能犯錯的矛頭指向自己，而這也指向一種寬容與自省的公民精神──亦即當面對與我們所信相反的言論時，首要態度是反省自己是否有錯。當然，寬容的精神也意味著得忍受不喜歡的人或言論，除非該言論會對人造成實害。

於是，言論自由──如同一切的自由──只有在非常特殊的狀況才能限制，亦即唯有在可能造成他人傷害時才能限制。彌爾所提的「傷害原則」至今依舊是憲政民主國家所賴以規範自由的基礎，其要點在於畫出一條區分「事關自己」與「事關他人」的界線，認定唯有事關他人時公權力才能介入。這當然是條難以劃分的界線，而且有時效性，隨時代的變遷而必須重劃。彌爾所處的年代，人與人之間的相互影響或許沒有今日緊密，所以他主張只有在言論可能馬上造成肢體傷害時才會受到禁止。例如，人們有散播反商支持共產的言論，但不能在穀商家門口對著集結的群眾前進行，因爲那便是基於個人意識形態的煽動行爲。然而，隨著時代變遷，西方限制言論自由的「傷害原則」也在內容上愈來愈明確，從禁止可能帶來肢體傷害的煽動犯罪言論，轉變成對個人名譽造成損傷的毀謗，直到今日正處反恐時代的歐美民主國家所陸續推動各種限制「仇恨言論」──**其目的不外是「傷害」特定族群**──的法案，皆旨在因應時代的需要。

二

　　鑑於西方的經驗，筆者並不反對立法作爲手段來約束類似「范蘭欽」的言論。不過，正如孟德斯鳩以「法的精神」概念所指出，立法必須合乎社會的特定歷史與風俗習慣才可能有效，才算是正義，我們得正視台灣社會的特殊性，才能立適當的法。

　　首先需要正視的是：台灣是個由政治精英領導進行轉型的民主國家。這種由上而下的民主化模式意味著，即使領導的政治精英全都已經瞭解民主的真諦，長期接受黨國教育長大的廣大民眾，並不見得已具備了民主制度所仰賴的公民素養。倘若當時的政治精英，推動民主轉型並非出自於對於自由、平等與人權等政治價值的肯定，而是爲了正當化延續統治或爭取政權，問題則更加棘手。

　　國內的民主轉型究竟該歸功於當時執政的國民黨精英或「黨外」的民主鬥士，筆者不是台灣史家，無能介入爭辯。我只想指出，台灣至今雖然擁有民主的軀殼，但尚未有健全的靈魂相配。近日的政治發展更令人擔憂，雖然威權的幽靈不見得即將借屍還魂，但時而與我們同在也是個事實。

　　心理諮商師喜歡拿一種可以看成少婦或老嫗(或者蝴蝶與蝙蝠)的圖案給病人，用以檢定後者的心裡健康狀態。民主轉型的完成，需要的就是類似把老嫗看成少婦般的全面性價值翻轉──亦即許多黨國教育底下所教導爲真理的東西，如今該被認定爲錯誤的概念。這些東西包括「國家安全可以壓倒人權」，「沒有國那裡會有家」，「自由等於失序」等反民主的價值觀念。

　　台灣過去的黨國教育當然有上述的反民主觀念，但更特殊的是還包含得一種建立在「敵我」區分的族群意識之上。尼采的道德系

譜學將這種妖魔化對方爲惡者的策略，解讀爲一種弱者的自慰心理，魯迅則稱之爲「阿Q」精神，其基本運作策略就是將自我神聖化的同時，更不忘妖魔化敵人！

對於一個威權時代的良好公民而言，亦即成功將黨國教育內化的良民，要求他們馬上揚棄內化的價值觀念，擁抱民主，猶如要求一個奇蹟。同理類推，要求大中國教育底下長大的國民突然重新認定自己爲台灣人，也過於嚴苛：非但如此，逼急了還可能會讓人化舊敵爲新友。而從這觀點來看，「范蘭欽」並非是不可理解的現象，而郭冠英似乎是國民黨威權統治下反民主教育的受害者。

三

郭冠英出櫃承認自己是高級外省人「范蘭欽」之後，曾以「言論自由」名義爲自己辯護。此刻我們不得不說，這是對於民主制度的誤解，因爲，正如上述，沒有民主國家可以讓單一的權利無限上綱。的確，民主制度假定人人皆是理性的道德個體，但這假定總與現實有所距離。畢竟，這制度——正如張灝先生所指出——同時也預設了人性的「幽暗面」。三權分立本是爲了防止濫權，職位的任期制也是如此，假定一個剛從威權體制轉爲民主的台灣社會，人人都已經具備了民主精神，懂得反思與尊重他人意見，似乎是種不負責任的鄉愿。

實施民主幾百年的西方，並沒讓制度反映這種鄉愿。言論自由並非是個可以無限上綱的原則，對於一個竭力捍衛自由的自由主義者是如此，對於致力保障自由的先進民主國家也是如此。其實，倘若寬容真的存在，法律便只是備而不用；反之，亟須以立法手段來規範言論的時刻，已經是問題浮上檯面的嚴重時刻。立法規範並非

是種人權倒退，反而是因應特定時空需要所採取的措施，用以保障人權的實踐。英國愛丁堡大學的政治理論講座教授Cécile Fabre曾指出，法律是個系統性的事物，若欲保障特定一項權利，可能就需要在另一方面做出相應的讓步。我們可以延伸說，若要保障人民免於仇恨言論所帶來的畏懼與自卑等負面情緒，亦即維持人性的基本尊嚴，基於種族、宗教等的特定歧視言論可能就有需要適度禁止，否則只會造成法律在實踐上互相牴觸，反而破壞法的尊嚴。

　　郭冠英為自己辯解的另一個理由則是，辱台言論是出自於分身「范蘭欽」，與身為公務人員的本尊無關。倘若他真心如此認為，這也是對於民主的一種誤解。一來，享有言論自由的「限度」與身份的確有關。軍人不能以言論自由為理由洩露軍密是明顯的例子。二來，沒有人可以分身之名行違法之事，畢竟，本尊與分身是同一個人。前日本首相小泉純一郎以「個人」身份進靖國神社參拜，中國人無法接受，便是一例。台灣的政治精英偶爾也會分別以「黨主席」或「市長」等不同身份表達支持特定或不同政策的立場，照理說也無法接受。民主憲政並不保障一個人有分身的自由，即令醫學上證實為人格分裂患者，法官也得依病情斟酌刑責。

　　筆者在此必須強調，「可以理解」並非代表正當，說郭冠英是個受害者，也就是說過去的公民教育從「今日」的民主觀點來看是錯誤一場。並且，我們在指責「台巴子」的言論不當時，也不該縱容「外省豬」之類的說法。正如上述彌爾的思想所點明，民主國家的公民精神首重反思。這不只是個道德問題，根本上還是個邏輯問題。同樣的標準該用在所有人身上，不能因人而異，民主講求人人平等，沒有人可以因身份而凌駕於此。德國大哲康德認為道德的最基本要求即是如此，民主社會又何嘗不是如此。

四

　　台灣的族群問題之根源在於民主轉型的工程尚未完成，而最大的障礙則是島上的多數人對此毫無意識清楚的認識。

　　相對和諧的台灣社會，總在族群議題出現時瞬間走調，原因在於我們未曾徹底處理過威權時代的歷史不義，也就是沒有妥善處理轉型正義。轉型正義工程本身也是個被汙名化的概念，經常被誤解為族群操弄的手段。反對此工程的人——絕大多數為藍營支持者——的主要理由是：台灣早已民主轉型成功，*國民黨過去的一切行為皆合乎法律*，眼光應該放在未來。支持者則認為，台灣民主化過程空有轉型，而無正義。筆者已於他處仔細討論過此問題，在此只想強調，轉型正義被汙名化本身就是對於民主的認識不足。或許這與華人以和為貴與務實的特性有關，所以不想追究過往的不義，只想著眼未來。然而，與之更密切的可能是銅板另一面的事實：對於民主的實質精神不求甚解，不管公平、正義等抽象價值，同時把「國家」與「民族」等概念混為一談，因此造成國家認同感模糊不清——*甚至認為上述自由主義所堅持的「中立原則」可以應用在國家認同這「私領域」之上*。

　　島上的多數人至今仍把選舉與民主劃上等號，毫不理會彌爾所指出的民主制度之首要前提：共同的國家認同感。反對轉型正義者習慣援引美國「自由之家」的報告指出，台灣早已是個民主國家，而不理會該報告內容也提及的自身限制，亦即該報告是在假定檢測對象沒有國家認同問題的前題之上所進行的調查，當然不會以族群衝突作為民主程度的指標，所以不全然反映台灣現實的民主狀況。支持轉型正義者則主張，空有選舉制度，但不允許人民自行作主，

決定集體的未來前途，便不是民主。

　　對於不加思索便接受「自由之家」報告的人而言，當然將轉型正義支持者視為操弄族群議題的政客，但這並不全然正確。放眼國際，現今有為數眾多的國家正在努力落實轉型正義，期待正義得到彰顯之後的人民可以和解，重新凝聚人民的團結，進而培養積極的公民精神，而這些國家無一有類似台灣的國家認同之混淆問題。當然，反對者可以指出，推動轉型正義的國家並非都順利達到族群和解。這是經驗事實，但是，至少這些國家都以立法或政治的手段宣示，追求正義、人權與憲政民主是所有族群的最大公約數。沒有國家認同問題的社會都得如此作，我們有何更好的條件不做？

　　塑造一個健康的民主政治文化，需要時間以及策略，但置之不理企圖讓時間去治療一切，也是一種鄉愿。社會是有機體，有集體記憶，鑲嵌於集體記憶下的族群衝突，也會因為人的複製與再複製記憶而持續下去。不過，人的記憶不只是束縛而已，也是我們賴以通往解放的門窗。我們用什麼方式來對待與處理「范蘭欽」，將是未來集體記憶的一部份。立法杜絕旨在族群傷口上撒鹽的仇恨言論是一種方式，既可宣示社會對類似言論的拒絕，也可作為未來公民教育的教材。接下來的重要挑戰則是：如何將法律設計成不會淪為政治鬥爭工具的惡法？

　　葉浩，任教於政治大學政治系，研究政治哲學與國際政治理論，目前正進行有關東亞處理戰後歷史問題的相關理論研究，譯有《觀光客的凝視》。

從傳播媒介觀點看郭冠英事件

魏玓

　　關於郭冠英事件的爭議，牽涉多端，其中言論自由與族群平等的理念與法律問題，已有許多專家發言，我不敢掠美。從傳播媒介研究的角度來看，言論自由及其社會對待的衡量，無法僅從片面或單一環節來看，而必須從是誰在說話（有關社會身份、社會位置）、說話的脈絡（有關言說的環境和媒介）、說話的內容（有關修辭、主題和理念）、說話的對象（有關被說者或被指涉對象的社會身份和位置）、以及說話的效果（有關言說之後的個人層次或整體社會結果）等綜合觀察。

　　以上5個環節，其實是傳播領域在研究傳播過程時所用的基本範疇，但一般社會上有關新聞自由或言論自由的辯論，卻經常缺乏這種多環節的視野架構，本次事件也不例外。我認為，要談言論自由，從以上5個環節來看，內容應該是最不重要的。所謂最不重要，不是指內容真的不重要；相反，內容是言論自由的核心，其挑戰尺度和多樣性程度最能反映出言論自由狀況，也因此相關討論最不該以內容為衡量的起點，內容也最不該受管制。正如郭冠英事件中，他用了多不堪的字眼，其實並不是關鍵所在。我以為，其他的4個環節，比起內容來，更是考量和討論的關鍵。而其中，我特別要分析的，也是我認為一般討論最容易忽略的，就是發言脈絡，亦即傳播媒介

的問題。

　　我首先要提的第一個媒介問題涉及部落格。部落格是網路平台
上新興的傳播媒介形式，本質上是個人或人際媒介，而且經常被認
為是最能代表網路時代眾聲喧嘩、百花齊放的新媒介。郭冠英的言
論發表在部落格上，而且是以范蘭欽筆名為之。或有曰，部落格原
本應該是一個提供匿名言論自由的地方，因此郭冠英的行徑，必須
考量這個媒介特性。

　　但是這個說法只對了一半。第一，有人借用部落格媒介特性，
在上面「發表」心聲，但事實上是欲蓋彌彰，或只是假仙、搞低調。
因為其實心裡面還是想讓人家看到、想和不認識的人分享、想引起
更大的效果。第二，就算是寫部落格的人真有心要低調，但是對網
路傳播略有所知的人必然曉得，網路技術其實並不保障匿名。無論
是國家機器、情治機關的介入，或者是「網友」的「人肉搜索」，
其實任何匿名文或匿名者都有破解和曝光的一天。這個媒介特質影
響到的大概有兩種人，一種是那些想紅又害羞的「悶騷」年輕網友，
另一種是專制社會中那些真正的異議份子，但是郭冠英顯然不是這
兩種人。

　　此外，網路的傳播過程（如同其他管道的傳播過程）並不是線
性到底，跟其他傳播過程各自獨立的。而所謂的傳播效果也不只是
（幾乎不可能）原來單一傳播過程的結果。我要說的是大眾媒體的
角色。正如2008年陳冠希「豔照門」事件中，大眾媒體迅速主導了
原來只發生在網路空間的議題發展和後續社會效應，郭冠英事件也
是在大眾媒體的推波助瀾下，帶來了不成比例的社會結果。根據我
很粗略的選樣和觀察，3月13日民進黨立委管碧玲公開質詢范蘭欽部
落格言論當天，TVBS的相關新聞是四則，自由時報是1則，隔天便
分別增加到了6則和4則，第三天是10則和3則，第四天是6則和5則。

這還不算新聞台24小時的重複播送次數和總計時間。至此,郭冠英的言論當然已經不再只是網路傳播,而是大眾傳播的問題了。

　　大眾傳播自有與網路傳播相當不同的邏輯、動力和效果。以當前台灣的新聞媒體生態來說,一方面是政治立場極端化以及追逐聳動話題的收視率導向,使得新聞媒體必然不成比例地升高此一事件的重要性;另一方面,政治和商業力量的扭曲,也必然使得相關資訊愈來愈片段化(到後來,我們只是不斷地看到一些單詞,如「鬼島」、「台巴子」等),無法讓社會理性地理解和討論這個事件。更重要的是,在這個脈絡演變之後,再直接引用言論自由或族群平等的理論概念來詮釋,便是太過簡單也不恰當了。

　　我同意自由主義的言論自由精神和目標,但討論言論自由時不能去脈絡,或者是沒有將脈絡問題給系統化,特別是不能沒有把言論的「媒介」問題納入考量。我們經常聽到的討論說法,例如「如果是『公開』發表⋯⋯」、「如果是在一個私人場合」、「如果是新聞報導」等等,其實都牽涉到了「媒介」的問題,而不同的媒介都有不同的傳播特性和傳播效果,一概而論言論自由,不僅思想上不恰當,也很危險,甚至將違反自由主義提出言論自由的初衷。試想,郭冠英的言論自由、陳水扁的言論自由、黎智英的言論自由、李濤或鄭弘儀的言論自由,跟你我升斗小民的言論自由,從內涵到效果當然都有差異。我認為,第一,我們不僅要認識到其間的差異,還應該將這些差異理論化、問題化。第二,去脈絡化、沒有意識到發言位置和發言媒介之重大差別,光是目的論式地保障言論自由,並不能真的實現言論自由,反而讓某些言論或發言者凌駕、壓迫其他言論或發言者。對此,自由主義者必須拿出行動方案來,而不是只有言論自由這個理念。

魏玓，交通大學傳播與科技學系副教授，媒體改造學社與台灣研究季刊社成員。目前研究焦點在影視政策、影視文化與全球化、媒體的政治經濟學等。

歧視仇視的言論也享有自由嗎？

謝世民

　　眾所周知，自由主義對於個人的言論和表達自由非常重視，一向將它列為一項基本權利，以凸顯它的重要性，不容許政府恣意限制。生活在憲政民主社會的人，一般而言，很少會懷疑言論和表達自由權是一項基本權利，而且對於涉及言論的具體問題也有一定的共識：例如，政府一定不得限制人民公開批評其施政的自由，但言論自由權並不保障任何人利用不實廣告欺騙消費者的自由；不保障教唆犯罪的自由；不保障毀謗和公然污辱特定他人的自由；不保障洩漏軍事機密的自由；不保障我們在深夜使用擴音器進入住宅區演說的自由；不保障任何人在戲院或人多的公共場所裡開玩笑地喊「失火了」的自由。不過，言論（與表達）之自由這項基本權利，到底旨在保障什麼樣的自由，以及為什麼這樣的自由如此重要，大家並不一定真的有共識。否則，對於「社會公認猥褻的言論」、「歧視或仇恨的言論」等等是否受到言論自由權之保障，我們就不會還有難以解消的爭議。郭冠英事件之後，許多人強烈認為，我國有必要制定《反歧視法》或《族群平等法》，禁止「讓特定族群感覺受到歧視或仇視的言論」。對於這樣的立場，我目前傾向於持保留。我認為，一旦對於言論自由權有了較為完整、準確的理解，我們應該可以看出，有很好的理由反對政府以強制的手段去禁止「社會公認猥

褻的言論」以及「歧視或仇視的言論」。

　　言論自由權到底在保障什麼樣的自由，應該不是一個定義問題。我們無法簡單說，言論自由權只保護「言論」自由，而不保護「行為」自由。不過，有些論者認為如此，而且相信可以根據這個區分，得到重要的結論。根據他們的觀察，一個人在特定脈絡下說出某些語句時，只要他的「說」在張嘴發聲、以及對聽話者的影響之外，本身就構成某種行為(例如，一個人說出「我答應」構成了承諾、說出「你被解雇了」構成解雇聽話者)，那麼這樣的言論就不只是言論，而是行為，也因此就不受言論自由權的保護。當然，他們承認，即使是行為，也可能列入其他權利的保護之下，不過，此說所要強調的是，我們的言論一旦構成行為，便不受言論自由權的保護。我們也許會質疑說，區分言論和行為似乎沒有意義，因為言論一定是行為。當一個人說出某些語句時，他至少是在陳述、報告、描述或者表達些什麼，而我們很難說陳述、報告、描述或表達不是「行為」。對此，論者往往進一步去區分「改變他人權利義務」的行為與「沒有改變他人權利義務」的話語言說，並在這樣的基礎上主張：一個人說出的話語言論，一旦構成了「改變他人權利義務的行為」(這裡的權利義務可以不是道德或法律意義上的權利義務，而只是社會意義上的權利義務)，便不受言論自由權之保護。他們主張，如果「社會公認猥褻的言論」構成「剝奪了女性的言論自由」和「將女性置於被宰制的地位」，那麼「社會公認猥褻的言論」就不受言論自由權的保障，因為「剝奪了女性的言論自由」和「將女性置於被宰制的地位」，乃是改變女性的權利義務之行為。根據類似的分析，這些論者往往也認為，某些讓特定族群(弱勢族群)感覺受到歧視或仇恨的言論，既然構成了「將這些族群的道德地位降格」的行為，便也不受言論自由權的保護。這些論者指出，男女享有平

等的「言論自由權」、人人享有平等的道德地位，應該是現代公民都必須同意的政治原則，因此也可以作爲政府禁止「社會公認猥褻的言論」以及「歧視和仇恨言論」的正當依據。

這樣的論證運用了當代語言哲學的研究成果，說服了不少人，但我自己並沒有完全被說服。言論自由權誠然不容許政府把我們的言論消音，也許也不容許政府放任他人把我們的言論消音，不過，這並不等於說，政府必須確保（而且可以使用強制手段去確保）他人會認真對待或考慮我們的言論。即使「社會公認猥褻的言論」確實使得某些男性無法嚴肅對待女性的言論，但這並不等於說，女性因此沒有享有平等的言論自由權，否則，我們似乎也必須同意，算命師和星座作家不受科學家和知識分子認可，便可以抱怨他們的言論自由權沒有受到平等的保障了。同理，政府在分配職務工作、教育和醫療資源時，我們誠然有權利不受到歧視對待，也有權利主張政府不得放任他人（公司、商店）歧視性地對待我們，但是這並不等於說，我們有權利主張政府不得放任他人發表任何「會讓我們覺得受到歧視或仇視的言論」，除非是針對性和惡意極爲明確的公然污辱；否則，我們也必須同意，具有省籍偏見或性別偏見者也可以抱怨說，他們時常被政治正確鼓吹者在言辭上批判、嘲諷甚至鄙視了。

除了公然污辱特定個人的狀況，我原則上反對政府概括性地去禁止人民發表「帶有歧視或仇恨態度、睥睨或辱罵特定族群」的言論（例如「台巴子需要被專政」、「中國豬滾回中國」、「男人都是沙豬」、「女人都是妓女」、「原住民智商偏低、生性懶惰」、「漢人有上癮基因、嗜賭」、「台灣人貪財好色怕死愛做官」），我也反對政府禁止「社會公認猥褻的言論」（所謂的「硬芯色情」）。因爲不論如何小心翼翼地去排除「有藝術價值或學術研究意義的猥褻言論」，或者不論如何小心翼翼地去排除「無意污辱、歧視或仇視特

定族群的政治不正確言論」，政府禁止「社會公認猥褻的言論」和
「會讓特定族群感覺受到污辱、歧視或仇視的言論」，都侵犯了個
人的言論自由權。依我對自由主義的認識，言論自由權是在保障「個
人透過接收言論、表達言論去建立自我、表現自我或去塑造其社會
和道德環境」之自由。這樣的自由，不排除具有工具性的價值(有助
於真理之發現、民主政治之健全、或有助於每個人發展他的能力以
資形成價值觀、人生觀、實現他的人生理想、過一個比較幸福快樂
的生活)，但更重要的是，它具有構成性的價值：以這樣的自由為條
件，社會才可以公平地要求個人去為自己人生的成敗、圓滿與否負
全責。

　　如果言論自由權所保障的是一種構成社會正義或公平的自由，
那麼，這項權利便不容許政府基於它(或社會大多數人)對一項言論
的內容本身或其影響無法苟同、或有負面的評價，就來限制個人發
表該項言論的自由，除非政府能夠先證明，基於內容或影響而限制
該項言論的自由，對於「避免立即而明顯的危險之發生」、或者對
於「避免侵犯他人基於社會正義而享有之權利」有其必要。不過，
由於這項權利過於抽象，又包含有例外但書，大家在面對實際的問
題時，對於政府限制言論自由的具體措施是否侵犯了個人的言論與
表達自由權，容易作錯誤判斷。這樣的錯誤(就像任何其它認知上的
錯誤一樣)是無心的，起因於缺乏理解。一般人習於訴諸言論自由的
工具性價值去為言論自由權辯護，但忽略了它也是社會正義(或公
平)的構成性條件，因而難以說明政府不可以禁止「社會公認的猥褻
言論」，以及懲罰「讓特定族群感覺受到歧視或仇恨的言論」；而
由於保障社會公認猥褻的言論、歧視或仇視的言論，相對於禁止這
類言論，很難說因此有甚麼具體好處，一般人自然地就容許政府去
禁止；而若是自己的人生觀、價值觀或偏好又是社會主流所認可和

鼓勵的，我們的自在感往往就遮蔽了他人因為言論受政府限制而面臨的不公平條件。一般人容易接受「社會公認猥褻的言論」和「歧視或仇恨言論」不受言論自由權的保障，原因或許在此。

我之所以要強調政府原則上應該容忍「歧視和仇恨言論」（以及「社會公認猥褻的言論」），不是因為我認為這樣的言論本身具有「價值」。無庸置疑，這種言論通常沒有什麼價值，而且往往令人為講者居然有這樣的偏見而汗顏；稍有知識和教養的人應該都會鄙視講這些話的人，甚至應該去孤立講這些話的人，或想辦法讓這他們感到可恥臉紅。我主張政府不應該禁止，但是我必須強調，一般有心的公民應該對這樣的言論公開表示態度，嚴厲譴責這類言論，讓這樣的人有所警惕、知道收斂自己的無知和偏見。不過，這不等於說，保障這類言論的自由，沒有任何價值。恰恰相反，我認為保障這類的言論自由，具有構成社會正義（公平）的價值。這些（從我們的觀點而言）犯錯的人，很可能真的相信自己所說的意見，絲毫不覺得自己刻意扭曲事實（也許還曾認真做了些研究）、也並不以污辱特定族群為樂，而只是將他們所看到的表達出來，試圖「更正」我們，以讓整體社會和道德環境更合乎他們的理想。禁止這類的言論自由對這些人並不公平：如果這些人因此非常不快樂，那麼再要他們為自己的人生缺憾負責，他們可以合理地抱怨說，自己被剝奪了影響他人的機會而陷入孤立無援，結果活在一個「眾人皆醉，唯我獨醒」的境地，他們焉能負責？

另有一種論調說，政府之所以原則上應該容忍「歧視和仇恨言論」，理由在於人民在一定範圍內享有在思想上或言論上犯錯的權利（甚至在行為上犯錯的權利）；言論和表達自由權所要保障的，有一部份就是人民這種犯錯的空間。然而，這種說法，通常又不排除說，政府之外的力量可以（而且應該）動員起來，去撲滅這些錯誤的

言論和思想。除非我們認爲社會也應該容忍(然而,這樣的論調真的
認爲歧視和仇視言論是錯誤的嗎?),否則只有訴諸我所強調的「構
成社會正義(公平)之自由」,才能理解這樣的雙面態度。

　保障每個人塑造自己的社會和道德環境之自由,構成了社會正
義的必要條件,但是保障每個人塑造自己的物理環境(是否興建高速
公路、鐵路、公園、核能發電廠等等)之自由卻不是這種條件(或者
即使是,保障的程度應該有所不同,因爲人必須時時集體決定改變
物理環境(維持現狀本身也就是一種決定),而這樣的決定必然會使
得某些人失去了改變(或維持)物理環境的自由。相對地,我們並沒
有必要(除非丐題)對社會道德觀念和風氣形成集體決議。因此,要
充分落實社會正義、要尊重構成性的言論和表達自由權,我們便不
可以藉由政府的強制力去貫徹主流或多數人的立場(觀念和品味),
去禁止「社會公認猥褻的言論」和「社會公認無價值的歧視和仇視
言論」。

　社會正義不僅保障了一種力道甚強的言論自由權(保障了少數
人冒犯或「污染」主流社會的自由),而且也蘊含了某種的政治中立
性:政府不應該介入社會和道德環境的塑造。這種中立性往往讓人
以爲政府沒有立場推動價值教育、補助藝術活動和投資文化建設,
除非政府和學校也一樣推動「社會公認猥褻的言論」以及「社會公
認無價值的歧視和仇視言論」。然而這是誤解。政府可以補助藝術
和文化的生產,只要這些藝術和文化的繁榮興盛對任何觀點和品味
的言論(包括社會公認猥褻的言論)都提供了創作、演繹的養分和元
素(當然,我們必須承認,這不容易判定),政府就沒有違反政治中
立性,而學校的價值教育可以強調尊重多元、協助學生認識價值的
基本元素,避免鼓吹特定而全面的價值觀,並以陶養憲政民主社會
的公民品格爲主軸去設計課程和教學活動,包括在政治上謹守容忍

「對特定族群不容忍」的言論。這些說明，雖然簡略，但應該足以讓自由主義政府維持其立場的一致性，而又不會動彈不得。

談到容忍，讓我最後說一下郭冠英被免職一事。依我初步的推論，如果新聞局因為郭冠英的「歧視和仇視言論」而將他免職，那麼新聞局恐有歧視對待郭冠英之嫌。也許我們必須同意，郭冠英的言論使得他無法勝任現職或某些其它職務，因此調職是必要的行政措施。但是，「政治正確」是否是一個人有擔任公職資格的必要條件呢？我們想像一下，若是公務員高普考的一項錄取條件是「思想純正」或「從未發表社會公認無價值的歧視或仇視言論」，各位會如何反應？也許政務官需要具備這樣的條件，但是常務文官資格若包含這一項，則政府難逃在工作機會的分配上歧視對待某一類人的嫌疑：倘若某甲考上了某一公職，但是某乙去爆料說某甲曾經發表歧視言論，並經相關機關證實，因此使得某甲落榜，這是我們可以接受的作法嗎？即使某個常務文官沒有歧視對待民眾的作為，即使也無惡意要污辱特定族群，他只是發表了一番(或幾番)「社會公認無價值的歧視和仇視言論」，我們便不能容忍嗎？若然，校園裡的老師和學生是否在言論上也必須受到類似的限制？對於後一個問題，目前我傾向於認為，如果這樣的言論不構成騷擾(並非持續性的、沒有固定型態的、沒有明顯惡意的)而影響到學生們的正常學習，那麼學校不得設限。同理，常務文官在執行公務之外的時間和場所發表「社會公認無價值的歧視和仇視言論」，我想我們也應該容忍。

謝世民，現執教於中正大學哲學系，專攻政治哲學與道德哲學。

郭冠英與族群平等法：
談外省族群的政治策略

梁文傑

　　單純從公務員行政倫理的角度看，郭冠英被解職事件並沒有太多討論的餘地。他主張「歹丸現在走的是死路，根本沒資格回歸，只有武力解放後實行專政」，而且「武力保台後也不能談任何政治開放，一定要鎮反肅反很多年，做好思想改造，徹底根除癌細胞」。有這樣主張的人，當然不適合當公務員，尤其是擔任一個駐外單位的長官。郭冠英應該慶幸，因為在台灣這個「鬼島」，他只是當不成公務員而已。換了在美國，他會因為忠誠問題而被CIA監控和調查；換了在他熱愛的中國，他不只當不成公務員，還會因為「陰謀顛覆政府罪」被送入大牢。

　　但郭冠英被解職的真正理由卻不是忠誠問題，而是因為他那句「高級外省人」和「台巴子」的名言觸動到省籍問題的敏感核心。

　　對於生活在台灣的人來說，外省人[1]有優越感是許多人共有的觀感。根據《財訊雜誌》的調查，即使到了現在，依然有25.4%的人認為外省人是有優越感的。換算成人口比例，在本省族群中有33%的人認為外省人有優越感，相當於每3個本省人中就有一個有這種感

---

[1]　本文所用的外省人、本省人、客家人、閩南人等等，皆以社會上的習慣用語為準。

覺[2]。郭冠英事件令公眾驚訝的是，居然有人敢如此毫不修飾地宣揚其偏見。而對於絕大多數外省人以及馬英九政府來說，郭冠英的行徑更是令人難堪，因為他不但透露了外省人在民主時代不敢言宣的秘密，也危及了作為少數族群的外省人在台灣的生存策略。這才是郭冠英被解職的真正原因。

郭冠英無疑是那種把外省人比較高級的說法看得很認真的人。這種說法有其歷史，而隨著國民黨來台的外省官員、資本家及其家人子弟無疑是這類說法的始作俑者，集其大成者則是白先勇的小說。

《台北人》裡的外省女性，如尹雪豔、被王雄熱愛的麗兒等等，都是靈性與美貌兼俱，可遠觀而不可褻玩，必需保持距離的人物。而本省女性則一貫是低下無知的性工具[3]。〈那片血一般紅的杜鵑花〉的主角王雄熱切地愛著外省大小姐麗兒，但礙於身份地位，自然不可能有結果，在受到本省女傭喜妹的嘲笑後，就憤然強暴了喜妹，把壓抑的欲望全發洩在她身上。〈花橋榮記〉的主角盧先生終日等著留在大陸的未婚妻來台團聚，在受到欺騙之後，遂和粗俗不堪的本省洗衣婆阿春「姘」上了。兩個故事的主角原本都有高尚的愛情目標，但都終於自甘墮落。高尚的目標都是外省女性，而墮落的對象都是本省女性。白先勇對王雄和盧先生當然是極其憐憫的，因為對白先勇來說，墮落到與本省女性在一起，本身就是值得憐憫的，而他們的下場也註定要極悲慘。所以王雄自殺了，盧先生的身子也被阿春「掏空」，神經失常地死了。

白先勇的「高級外省人」世界觀是「昔日王謝」對「尋常百姓

2　《財訊雜誌》民調，第326期，2009年5月號。
3　類似的觀點請見楊馥菱，〈歷史記憶的召喚與國族認同的消解：評白先勇的《臺北人》〉，《成大中文學報》，第七期。

家」的輕蔑，但輕蔑的背後也潛藏了對台巴子野人的恐懼。對流亡的貴族們來說，台灣是化外之地，本省族群則是隨時可能反叛的化外之民。他們知道自己在台灣的統治地位是建立在多麼脆弱的基礎上，所以除了極少數人之外，他們在台灣民主改革的過程中是缺席和保守的。他們對於標榜「台灣民族主義」的民進黨極為恐懼，並時時警惕著任何對外省族群的不滿和批評。雖然他們也越來越認同自己是台灣人而不是中國人[4]，但恐懼感卻使他們在政治上高度凝聚，以致於他們在投票時集中支持泛藍陣營，他們的投票意願也遠比本省族群更為積極。

但做為少數族群，他們也學會隱藏自己對本省族群的輕蔑。因為他們深知，一旦沒有了威權政體的保護傘，外省族群的政治地位只能在不觸怒本省族群、不使本省族群凝聚的情況下才能獲得保障。外省族群沒有觸怒本省族群的政治資本，所以雖然他們自己的投票行為是高度族群動員的結果，但卻小心翼翼地保守這個秘密，因為唯有「本省人不一定投本省人，外省人一定投外省人」，才是最符合外省族群利益的環境。他們嚴厲譴責「台灣人要投台灣人」之類的口號是在分裂族群，但這只是因為「外省人要投外省人」是根本無需呼籲即已存在的事實。所以他們希望「不要分本省外省」，認為「台灣沒有省籍問題」，並斷言「省籍矛盾都是政客操作的結果」，而只有極少數的外省菁英，敢公開透露以下這段深層但又危險的想法：

---

4 根據《聯合報》2009年4月7日的民調，在民國86年，外省族群中有五成六自認為是中國人，只有兩成二自認為是台灣人，到了民國98年，只有兩成四自認為是中國人，四成五自認為是台灣人。

> 馬先生是島上大多數人最後的希望，特別是外省族群，大家當
> 然希望他好，不願見他倒。否則，覆巢之下，絕無完卵。好有
> 一比，今天的馬英九，等於上世紀六十年代後期美國舞台劇的
> The Great White Hope（白人的偉大希望）。……我們沒有選擇，
> 只有無條件地支持他。我們和他休戚與共，榮辱同沾。他的成
> 功，是我們的成功；他的失敗，也是我們的失敗。無論成功還
> 是失敗，馬都得一往直前，義無反顧，我們誓做他的後盾。[5]

　　外省族群的政治策略是可以理解的。歐巴馬在總統大選中從來
沒有訴諸過黑人選民的支持，而是不斷呼籲種族和諧，譴責各式各
樣的族群動員言論。麥肯陣營則含沙射影的提醒選民歐巴馬的黑人
和伊斯蘭背景。這不是因為歐、麥兩人在政治信仰和政治品格上的
差異，而是因為根據蓋洛普的民調，占美國人口15%的黑人支持歐
巴馬的比率，始終維持在九成上下；占人口8%的拉丁裔支持歐巴馬
的比率則在60%左右[6]。既然黑人和拉丁人的選票是歐巴馬的囊中
物，他自然要盡力避免引起白人反感，讓白人選票集中到麥肯身上。
我們不知道歐巴馬的反種族主義是不是出於他深刻的政治信仰，但
這肯定是他致勝的最佳策略。

　　正是出於這種策略性的思考，所以當郭冠英事件發生之後，藍
營政治人物對他的譴責並不下於綠營，馬政府更嚴厲到將其解職。
郭冠英之惹怒綠營，是因為他的言論喚起了外省人曾經高高在上的
歷史記憶；郭冠英之惹怒藍營，也是因為他的言論公然肯定了有這

5　傅建中，〈馬英九，最後的希望〉，《中國時報》，2009/1/16。

6　紀欣，〈從性別與種族觀點看美國總統大選〉，http://www.onechina.org.tw/index.asp?ClsID=1998&styleID=217

一段外省人曾經高高在上的歷史。郭冠英被解職，與其說是因為他冒犯了本省族群，不如說是因為他危及整個外省族群的生存策略和政治策略。

對馬英九政府來說，郭冠英是個「不識時務」而必須與之切割的外省人，其不識時務的程度，有如歐巴馬親近的黑人牧師萊特（Jeremiah Wright）。萊特在歐巴馬與希拉蕊初選時說：「希拉蕊不是單親家庭長大的黑人男孩，歐巴馬是，歐巴馬知道身為黑人的意義，在這樣一個國家與文化都是由富有白人所主導，希拉蕊從來就不是黑鬼，希拉蕊從來就不是無名小卒」。萊特講這段話是想幫歐巴馬，但歐巴馬卻說「他的說法令我憤怒，而且應該被譴責」，並要求萊特辭去競選團隊的職務。不是因為這段話有什麼不對，而是因為支持歐巴馬的黑人選民不必聽這段話，支持歐巴馬的白人選民卻可能被這段話嚇跑。

馬英九政府對郭冠英的絕決，對整個外省族群來說顯然是明智的選擇，而越是有權有位的外省政治人物，其態度就越絕決。於是我們看到蔣孝嚴大罵郭冠英是「變態」，並惹來郭冠英的感嘆：「小時我們認識一家，與我們很親，他們是外省人中最『高級』的，高到不能再高了，但在時代的變遷中，他們的生活卻很低級，或許這麼說，『困苦』吧。他們的生活還要靠我家送點小東西而有點歡樂。後來這個人又回到了那最『高級』的環境，他可能不再回新竹看了，也不再認我這個兒時朋友了，但他在我這件風波中，竟罵我變態，我真有相煎何急之痛」[7]。郭冠英顯然不懂，相煎急正是因為同根生。

所以，雖然有個別非政治人物的外省菁英有物傷其類的悲鳴，並以「匿名的言論自由」理論為郭冠英爭取發言權，但總的來說是

7　郭冠英，〈本省外省一家親〉，《中國時報》，2009/5/11。

波瀾不興。畢竟匿名寫文章罵人，說穿了就是在寫黑函，這是不必唸什麼高深的政治理論都能明白的事。「匿名就不必負責」的理論也不屬於自由主義的範疇。[8]但話說回來，解職了一個郭冠英，只是趕走了一個指出國王其實沒穿衣服的小孩，而對於鞏固整個外省族群的生存策略來說，依然是有所不足的。最佳的策略就是以法律的形式把「只有外省族群可以動員，本省族群不能動員」的策略給確定下來。

在這個脈絡下，我們當可理解行政院長劉兆玄為什麼在郭冠英事件甫落幕時就乘勢要推出「族群平等法」。從2004年開始，國民黨和親民黨就有「族群平等法」的提出，計有立委盧秀燕版、立委黃宗源版、國民黨團和親民黨團聯合版。版本雖多，但顯然是互相抄襲，故可視為同一個版本。以國民黨和親民黨團聯合版本為例，其「立法緣由」開宗明義便斷言所有台灣人「不管其祖籍是原住民、閩南、客家或大陸各地，都已經鎔鑄成一個生命共同體，凝聚成為血肉相連及休戚與共的一家人」。而之所以要立這部法，是因為「少數人士一再以分化台灣省籍矛盾、激化族群對立的惡劣方式，在選戰等政治競爭中以不禮貌的言語及行為，例如『香港腳與台灣腳』，惡意打擊對手，意圖謀取個人利益」，所以該草案第七條便嚴厲的規定「以文字、新聞、廣告、政論內容或其他一切形式，於選舉過程中煽動歧視者，處二年以下有期徒刑、拘役或一千元以下罰金」。

這樣的法律(雖然還是草案)既令人憤怒，又令人害怕。

令人憤怒，是由於「歧視」、「族群」等名詞的不確定性和含混性，這部法律所要禁止的就不只是「外省豬滾回去」等粗暴但實

---

8 石之瑜，〈其實是自由與極權的選擇〉，《中國時報》，2009/3/16；〈後現代的法西斯〉，《中國時報》，2009/3/26。

際上沒有多少人在使用的語言[9]，而是要把外省人曾經以少數統治多
數本省人的歷史，及其連帶產生的各種文化上、政治上、經濟上的
現象、語言和情緒等等，都當成不能討論甚至要被刑事追究的禁忌。
這部法律所要取締的也不只是『香港腳與台灣腳』之類的選舉語言，
而是所有關於外省和本省族群確實有不同的歷史記憶和國家認同的
看法，包括了「XXX是外省權貴子弟」、「二二八是外省人和本省
人的衝突」、「外省人比本省人仇日親中」、「白先勇的小說是外
省貴族的世界觀」等等。這些看法當然不一定是對的，但它們確實
是許多人接受的看法。而這部法律正是要把這些看法當成取締的對
象。

　　這部法律要求取消歷史的心理，其實也反映在最近文建會想把
「美麗島世紀大審」所在地「景美人權園區」改成「景美文化園區」
一事。文建會似乎以為，把這個警備總部關政治犯的地方改造成一
個單純的藝文空間，就可以一筆抹去外省少數族群統治的歷史。如
果這樣才能把各族群「凝聚成為血肉相連及休戚與共的一家人」，
那麼國史館也不必再做二二八口述歷史的研究，而德國人所有關於
納粹統治時期的紀念碑、展覽館等等，也都是荒誕的了。德國刑法
第130條第3款規定，對於納粹政體的國際刑法上的罪刑，「公開地
或者在集會上予以贊同、否認或者粉飾的，處5年以下自由刑或罰
金」。這是要求「不得否認歷史」的法律。而「族群平等法」的方
向卻完全相反，是要求「必須否認歷史」的法律。

　　令人害怕，是這部法律可以追究的行為遠遠超出政治領域之

9　外省族群喜歡強調這類語言的傷害性，但就筆者自己的經驗來說，
　　並沒有哪一個人能真正指出到底是誰在使用這類語言。外省族群經
　　常指責民進黨使用這類語言，但也無人能指出到底是民進黨內哪一
　　個政治人物。

外，而深入到一般人的日常生活。儘管這部法律斷言「不管其祖籍是原住民、閩南、客家或大陸各地，都已經鎔鑄成一個生命共同體，凝聚成為血肉相連及休戚與共的一家人」，但真實的情況是，台灣社會各族群之間的矛盾和偏見依然是普遍存在的現象。比方說，根據中研院的社會意向調查，直到現在閩南人中還是有8.7%不願意把女兒嫁給外省人，有15.9%不願意把女兒嫁給客家人；「台灣國語」、「台妹裝扮」依然普遍受到嘲弄；客家人的形象也依然是「節儉」但「吝嗇」。我們希望這些偏見永遠不存在，但人類社會只要有「我群」和「他群」之分，就會為了強化自我認同而製造出種種對他群的偏見。即便只是讀不同班級的小學生，也會覺得「我們班的人比較乖，他們班的人比較壞」。如果我們真要對偏見和歧視的言論以法律相繩，那所有人都可能在不知不覺中被入罪[10]。如果某位外省或客家男性遇到女方家長反對讓女兒嫁給非閩南人，那麼根據這部法律，他是可以控告女方家長「族群歧視」而求取損害賠償的。而如果某位女性因為一口台灣國語和台妹裝扮而被心儀的男性拒絕，那麼根據這部法律，她也是可以向法院提出控告的。再極端一點，如果你在某個場合說了一句「客家人比較小氣」，那麼你也可能被人告上法院。

若與舊刑法一百條相比，「族群平等法」其實是更為無所不包的對言論的管制。舊刑法一百條的「意圖叛亂」只針對那些有政治意含的言論以及政治行動者，「族群平等法」則把這個社會普遍存在的「偏見」、「情緒」和「品味」都列為可以處罰的對象，於是便讓一般升斗小民都可能在不知不覺中入罪。

我們當可同情地理解少數族群的政治策略，正如美國黑人集中

10 吳乃德，〈認同衝突和政治信任〉，《台灣社會學》，第四期。

投票給黑人,卻希望白人不要集中投票給白人一樣,台灣的外省族群當然也有這麼做的權利。但我們必須質疑以法律來逐行這種策略的正當性和可行性,也必須批判以法律來取消政治甚至取消歷史的企圖。

坦白說,台灣的省籍矛盾其實是國家認同分歧的「副現象」。省籍矛盾雖然同時存在於各個領域,但它其實只在政治領域和投票的時候有意義,而社會生活中的各種偏見和歧視性言論,並沒有妨礙這個社會的正常運作。想用「族群平等法」這帖藥去治療甚至鎮壓副現象,猶如為治療睡眠失調而施以大腦部份切除一般,其所害反大於所得。至於問題的根源——國家認同,那是一個需要長時期辯論甚至鬥爭的問題,我們是切不可以希望由法官來幫我們解決的。

讓政治的歸政治,法律的法律,也許是比較實際的作法。

梁文傑,台灣新社會智庫副總幹事,並擔任《新社會政策》雙月刊總編輯。

族群平等法、原住民族與兩個雙重平等

張培倫

楔子

　　族群平等法進入政治議程，似乎也就意味著至少在公共論壇中，不同族群背景社會成員間的「道德平等」已成為共識，而眼前所欲解決的問題，則在於如何讓不同族群社會成員在社會中獲得「待遇平等」，以落實對其平等地位的尊重[1]。無可否認，若以族群區分，長久以來，在台灣最容易因其身分受傷害而使其待遇乃至於機會相形之下處於不利處境的族群，大概就屬原住民族，無論在教育文化實踐或社會政經資源的分配上，其民族整體劣勢處境早已不是新聞，連帶使其族群個別成員之發展前景受到阻礙，甚至令其心生「黃昏民族」（這是孫大川的常用語）之感[2]。

1　「道德平等」與「待遇平等」這兩個概念的內涵與關係，請參見錢永祥(2003)，〈道德平等與待遇平等：試探平等概念的二元結構〉，《政治與社會哲學評論》，6期，頁195-229。

2　原則上，本文使用「原住民族」及「原住民」分別指涉族群集體與族群個別成員，此一用語已是一組法律名詞，見《原住民族基本法》第二條。

　　然而對於原住民族而言，早在族群平等法引發議論之前，我們這個社會早已存在許多機制試圖改善其不利處境，譬如升學優待、工作保障及建構住宅等政策，更不用說《原住民族基本法》(以下稱《原基法》)早已全方位地對政治、經濟、教育、文化、社會安全、社會福利甚至於原住民族地區存放有害物質等事項進行原則性規範。那麼此時又在族群平等法的討論中提及原住民族又有何意義？

　　此一雜想短文，試圖勾勒出內存於近年原住民族平等權利訴求中的一套理念框架。它包含著兩個雙重平等概念，簡言之，原住民族對於整個社會制度的期待包括兩組概念：首先是希望社會制度能夠被調整到讓「個人」及民族「集體」同獲平等對待，其次是原住民族也期待社會制度能夠同時在「肯認」(recognition)與「重分配」(redistribution)兩個側面上關照其平等對待需求。此外，本文也將約略說明戰後台灣原住民族權利制度的幾個發展階段，並以上述理念框架爲尺度，說明原住民族權利如何在此一進程中逐步獲得體認、具現及其困境。這些討論或許可以用來歸納近二十多年來台灣原住民族各種平等權利訴求的本質，並對未來族群平等法中與原住民族相關條文之討論有所期待。

兩個雙重平等

　　總體來看，原住民族各項權利訴求有兩個特徵。首先，原住民族要求的是個人與集體平等。也就是說，此類族群通常不僅要求社會關照其個別成員基於普遍公民身分所應享有之平等地位及相應的個人權利；它更要求社會以族群爲單位，肯定族群間(亦即原漢之間)的集體平等地位，並依其整體不利處境之狀況，配置以適當的族群集體權利，促進此一平等地位之實現。

　　當代政治哲學中由多元文化論所引發的討論，或許可以爲前述說法背書。個人認同之健全與否，在某種程度上會影響其追求或實現人生理想的機會，而由於認同的某些側面與其所保有之族群身分息息相關，因此賦予與支撐此一身分的個人所屬族群是否維持一定的穩定性，也會是個人是否眞能在社會上受到平等對待的重要指標。尤其對於在民主多數決中居於弱勢的少數族群成員而言，若個人所屬族群在社會上受到忽略、歧視、壓迫或污名化，很難說此一個人能與多數族群成員同享自由平等的發展空間。

　　基於此一理由，多元文化論者認爲社會制度應該因應此一情況進行調整，譬如對於本就擁有既定歷史傳承、傳統生活形態且據有一定領域的原住民族或無國家民族(stateless nation)之類對象，爲了尊重其族群自主發展之意願，且避免大社會之決策不當傷害其族群穩定性，賦予它們某些集體權利，譬如民族自治權或對大社會決策的某種程度之否決權、豁免權。也就是說，對於個別原住民而言，其實現人生理想之障礙，部分是由於其所屬族群集體在社會上所遭遇的困境所致，因此對治之道當由此切入。否則，若僅由個人權利設計著眼，而忽略用以維持族群穩定性與避免外界傷害的集體權利安排，對原住民族之保障恐有其盲點。

　　其次，促進平等的方式，在原住民族身上，應同時包括肯認與重分配兩個面向。也就是說，對於原住民族而言，是否獲得平等對待的衡量面向，應指向其認同之健全性是否遭受社會既有結構所扭曲，以及維持差異認同的必要經濟資源是否獲得社會支持。大部分促進原住民族平等地位的制度設計，若僅著眼於其一而忽略另一面向，都可能淪爲跛腳政策。

　　原住民族權利訴求的此一雙重性格，可以借用弗雷哲(Nancy Fraser)對「雙重面向被支配族群」(two-dimensionally subordinated group)處境之分析來理解。弗雷哲指出，單一社會衝突或訴求之本質，某些或者是根源於階級問題，某些或者是根源於認同問題。前者產生分配不當，後者產生不當肯認(misrecognition)，對治之方則分別是重分配與肯認。但許多的社會衝突介於這兩類之間，對治之方應是兩者兼備，單由重分配與肯認矯治是不足夠的，面臨此類劣勢處境的對象，即爲雙重面向被支配族群[3]。

　　原住民族對平等地位之追求及某些相關訴求，即蘊涵此一雙重性格。以民族自治權爲例，此權利訴求通常指世居某疆域的族群試圖行使某種程度的自主或自決權，運作著自己高度掌控的政治組織，並依其自身意願維持著在某種程度上可能與大社會有別的社群生活——包括語言、教育、文化、法律、經濟或土地自然資源運用等等，以追求族群自身所設想的發展前景。對於原住民族而言，此一訴求是一種肯認權利，因爲身爲世居某處且本就保有一定生活實踐模式傳統的族群，若未能依其本身意願決定其現有之社群生活模式，甚至在其文化傳統被貶抑的情況下，接受多數族群所決定的生活模式，這種被迫同化的經驗，對其認同之健全性難說毫無影響。另一方面，在殖民與被殖民關係中，原住民族所遭遇的不僅是被同化的傷害。殖民者向來覬覦其傳統領域內的經濟資源——尤其是土地自然資源，也就是說，被殖民者的弱勢處境不僅在於未受肯認，同時也在於資源未經同意即遭到剝奪，影響其族群運用這些資源發展民族前景的機會。當代的民族自治訴求，內涵通常包括了要求對族群傳統領域內的資源擁有一定程度的掌控權，即是一種重分配訴求。

3　Fraser, Nancy & Axel Honneth, 2003, *Redistribution or Recognition? A Political-Philosophical Exchange*(London: Verso).

　　由此可以理解，大社會在面對原住民族自治訴求時，若僅將之理解爲一種經濟資源競逐行爲，就難以理解其想要透過當家作主，成爲自己主人的想望；同樣地，大社會若只認爲民族自治只是讓原住民族在形式上行政自主，卻未能就其應擁有之資源掌控權，進行必要且適當的歷史矯正行動，就只會讓自治成爲一副空殼子。在此類政策上，無論缺少肯認或重分配，都可能成爲空談。

原運之前

　　總的來說，戰後台灣原住民族的地位與處境，可以以1980年代初展開的原住民族運動爲界，劃分爲前後兩階段：在戰後至該運動開啓之前，政府施於原住民族身上的政策與前述框架存在相當大的距離，造成至今亦難以彌補的傷害；原住民族運動之訴求已初具前述理念框架，並在晚近開始體制化，然而在整個社會未能對雙重平等概念充分理解及做好心理準備的情況下，原住民族所企盼的平等地位，恐怕仍有一段漫漫長路。

　　先來看看前原運階段。在此一階段中，政府並不是沒有照顧原住民族的政策，但若以前述框架爲尺度，會發現大部分政策似乎存在以下特徵：「忽略集體、孤立個人」以及「污名認同、經濟剝奪」。首先，所謂「忽略集體、孤立個人」指的是，就第一個雙重平等概念來看，原住民族所企求的平等地位應同時爲個人與集體的平等，但在此階段中，許多以原住民爲限定對象的政策，常常跳過民族（無論是泛原住民族、各族或部落層次）此一角色，忽略其集體自決意願，而直接以原住民個人或家庭爲訴求對象。這些政策改進個人及其家庭社經狀況的目的誠然立意良善，無論因著經濟或文化因素，原住民族許多成員確實於教育、經濟或土地等問題上亟需大社會的

支持協助，且在這些問題獲得改善後，民族整體地位或多或少也能間接獲益。但這些僅以個人爲單元的特殊權利制度，由於缺乏對族群集體意願之關照或尊重，以及相關集體權利之配套設計，卻反而可能將個人從其母體族群中抽離，造成族群崩解之危機，連帶使個人發展前景蒙上陰影。

其次，所謂「污名認同、經濟剝奪」指的是，就第二個雙重平等概念來看，對於原住民族而言，經濟平等與認同平等同等重要，缺一不可。但此一階段政府卻明顯在進行同化或即漢化政策，不但強迫原住民改用漢族姓名，更視原住民族的文化或生活模式爲落後之代名詞，而強加漢人所自以爲的先進文明於其身上。當然此處並非意謂著原住民族所接受改變的生活模式完全一無是處，重點在於由漢人掌控的政策時常預設著某種族群優越感，而以污名化原住民族價值或實踐的方式迫使其改變甚至順服，甚至最後讓原住民自身產生「污名化的認同」（stigmatized identity），亦即族群成員在潛移默化中認可了漢人文化的優越性，並反過來承認自身的罪惡與從屬地位[4]。此外，即使在某些政策譬如土地保留地上對個別原住民提供了某些經濟保障，但仍承續日本統治時期的掠奪政策，三不五時爲了所謂國家目的或資本家需求而破壞原有之權利承諾，迫使原住民族逐步喪失對其傳統領域資源之控制權。

以此一階段的教育政策爲例，可以明顯看到前述特徵之部分痕跡。譬如原意在保障原住民升學就學機會的優待政策，雖然使某些個人或家庭獲益，但可能在無形中加速了同化之腳步，使族群或其文化更形崩解。其理由在於，由多數族群所掌控的國家機器，似乎

4　污名化認同問題請見謝世忠（1987），《認同的污名：臺灣原住民的族群變遷》（台北：自立晚報社）。

比較習於從自身的角度揣測原住民族的需求，而不太容許其自身以
一民族集體及其發展需求的角度，決定自己需要什麼人才。在人才
培育上，向來重點強調的醫護人員、小學教師、體育或藝術人才，
或者的確爲部落所需，或者的確爲原住民族的強項，但怎麼看都有
以之遂行殖民統治或妝點國家門面之意涵。換個角度想，爲什麼法
律、政策或高等學術人才就不是培育重點呢？在大社會並未充分理
解與尊重原住民族對於其自身族群教育事務之集體自主意願的情況
下，透過此類管道模式培育出的人才，到底對民族集體地位有何助
益，還是只是肥了個人？不過再次強調的是，此處並非完全否定升
學優待政策，關鍵在於其人才培育之模式應在某種程度上與族群意
願有所聯繫，否則其結果有可能只是個別地提昇某些原住民的社會
地位，但此結果未必等於族群平等。

　　缺乏原住民族集體觀點的升學優待或多或少帶有某種同化意
涵，某些透過此管道獲得高學歷的原住民不時會反思，越多的原住
民個人進入由漢人掌控設計的教育體制，並藉以獲得更好的社會地
位，對民族本身是否就是一件好事？也就是說，優待政策越是成功，
是否也就意謂著在此體制內如魚得水的原住民離母體文化更遠？甚
至更不認同自己的原住民身分？不過此類政策好歹讓某些原住民個
人獲得好處。此階段在升學優待之外的其它教育政策，就充滿了污
名及同化的意圖，無論是推行國語運動或教科書中的吳鳳神話，無
一不是將漢人的文化偏見投射其中，不但造成母語大量流失，更讓
所有原住民族擔負歷史罪人之名，無論民族集體或個人之文化認同
均受嚴重打擊[5]。此外，在此一時期的國民教育課程內容中，除了造

5　筆者(漢原混血)至今仍深刻地記得，當轉學就讀都會區國小時，某
　　次與同學衝突打架咬了對方，旁人居然大聲嚷嚷著要同學小心，說

成污名效果的吳鳳神話和不痛不癢的布農族小獵人，原住民族仿佛
消失了一般。無可否認，國民教育在某種程度上原本便旨在塑造集
體認同與傳承文化，而原住民族歷史文化在此一內容中的極端缺如
狀態，也就意謂著族群無法透過正式教育手段延續其文化傳統。同
時由於課程內容率多由漢人所決定，尤其歷史文化相關課程更以漢
族正統史觀為核心，在缺乏雙軌對照的機制之下，下一代原住民很
容易喪失其與母體文化的關係，成年後容易產生認同錯亂現象。

追求主體性

1984年「台灣原住民權利促進會（原權會）」[6]成立，再加上1980
年代後期台灣政治全面走向自由民主化，讓原住民族獲得了發言的
空間，前述困境開始有了解決改善契機。原權會於1988年通過〈台
灣原住民族權利宣言〉，其中不但明示「台灣原住民族不是炎黃的
子孫，原住民全屬南島語系，與認為自己是炎黃子孫且均屬漢族的
閩南人、客家人和外省人不同」，更指出「台灣原住民是台灣的主
人」，以及原住民族被外來民族征服殖民的歷史事實。此一觀點將
原住民族所面臨的不利處境，明顯由統治者眼中單純的個人經濟劣
勢問題，轉而提升至民族集體受壓迫或族群文化存續受威脅問題，
甚至意涵著前一問題是由後一問題所造成的，對治之方也當然也要
從後一問題的解決著手。自此之後，原住民族權利訴求就跳脫單純
的個人或家庭生計問題，而採取集體以及認同與經濟並重的策略，

(續)————————————————
　　　　筆者是會吃人肉的山地人，而那時班上國語課才剛上過吳鳳的故
　　　　事。
　6　後於1987年改稱為「台灣原住民族權利促進會」。

不斷挑戰國家整體既有體制,試圖將之改造以適應原住民族主體性或自主意願[7]。

　　此一歷經約20年的原住民族運動,最主要的訴求可以歸納為三項目標:正名、還我土地與自治。正名權指的是自我定義或命名的權利,在整個原住民族運動中,此一訴求最初主要指的是族群整體的自我定義,也就是揚棄外部社會所強加帶有原始、落後甚至歧視的山胞此一名稱,改用原住民(族)一詞稱呼自身,並藉以進一步突顯自己才是台灣真正的主人。同樣的理念後來也延伸個別族群的自我定義[8]、族群成員個人的傳統命名權[9]以及族群傳統領域名稱的自主權[10]。

　　還我土地訴求主要指的是,由於原住民族相信其族群生存與文化存續之困境,部分起因於其傳統領域在漢人入侵、墾殖或國家法制化過程中受到壓縮,因而要求以漢人為主的國家,承認在現有各族群中,原住民族為這塊土地最早的主人,同時也要求其為殖民統治過程中對於原住民族土地之掠奪、詐取不當法制化等行為道歉,並歸還其不當占有之原住民族土地,或至少做出適當的補償。1988與1989年,由原住民族社團組成「台灣原住民族還我土地運動聯

7　此一歷程之細節可參考林淑雅(2000),《第一民族:台灣原住民族運動的憲法意義》(台北:前衛)(尤其第四章),以及趙中麒(2003),〈關於台灣原住民「民族」生成的幾個論證〉,《台灣社會研究季刊》,51期,185-224。原運相關資料請見夷將・拔路兒(編)(2008),《台灣原住民族運動史料彙編》(台北:國史館)。
8　譬如原稱雅美族的族群自稱為達悟族,太魯閣族與撒奇萊雅族也認為與先前被稱呼的族群有別,而也分別從泰雅族與阿美族中獨立而出。
9　也就是不用漢人姓名依其自身文化恢復傳統命名方式。
10　譬如高雄縣三民鄉改為那瑪夏鄉。

盟」，掀起了兩次還我土地運動，其訴求重點就在於要求政府在土地保留地之政策與管理上趨向合理化，以免傷害僅有之生存空間。而1993年重組過後的還我土地運動，更將訴求全面提昇爲族群與族群之間的歷史不正義問題，強調原住民族土地被外族侵略的歷史，主張國家應承認原住民族對於這塊土地的自然主權，並要求其解決此一歷史不正義狀態。

原運中的自治權之訴求，意指原住民族要求對民族或其傳統領域內事務擁有自我決定或管理的權利，廣義來說，這包括於中央政府設置統籌原住民族事務之權責單元(譬如行政院原住民族委員會)以及民族自治區之設置。自治權可以說是原住民族運動最根本且最完整的訴求，許多原住民族團體認爲原住民族困境乃源於政策無法自主，處處受制於人，因而主張設置原住民自治區，以某種程度的自決權改善民族處境，彰顯主體地位。

以上訴求已明顯蘊涵前述兩個雙重平等概念框架：首先，貫穿三大訴求的主軸是對於族群主體性的追求。也就是說，原住民族不再自滿於被動且個別地接受大社會的恩給，而是以族群集體爲單位，要求控制國家機器的漢族承認各族群間互爲主體的平等地位。既然族群間是平等的，因此如何稱呼自己就應該尊重原住民族的集體選擇，或者無論就原住民族地區內的社群運作方式，或整體國家可能影響該族群的政策，也該在尊重其集體意願下讓其保有一定的自治或自主權。其次，在尊重原住民族主體性的前提下，三大訴求總體而言含括了肯認與重分配兩個面向。正名訴求在爭取大社會正視原住民族自我命名的權利，不願活在他者的錯認之中；還我土地則要求大社會正視其族群傳統領域資源被剝奪之事實，同時由於原住民族深刻體認到，土地之流失即代表族群賴以延續生命的根據地的瓦解，更使此一訴求由單純經濟層次拉到認同層次問題。民族自

治訴求更明顯地是期待透過族群當家作主，於教育、文化、語言的事項上維持自我認同的健全性，並藉由自治權限中所掌控的政經資源，維持支撐族群認同的社群生活。

既期待又怕再度受傷害

在進入這個世紀之前，前述訴求大多於體制外進行，或者由原住民族團體提出，或者出現於國會族群代表的政見之中。這些訴求開始進入白熱化階段，是於世紀之交隨著台灣整個民主改造工程及政黨輪替同步進行，其中最具代表性的成果當屬2005年的《原基法》。

這部集大成的法律，訴求「保障原住民族基本權利，促進原住民族生存發展，建立共存共榮之族群關係」（第一條）。該法所列舉的第一項重要政策規範，即在尊重原住民族意願前提下實施原住民族自治，並提供自治所需之充分資源，以保障原住民族的平等地位與自主發展，甚至規定政府與原住民族自治間發生爭議時，由總統府召開協商會議決定之（第四、五、六條）。此一規範等於承認了尊重原住民族集體意願之必要性，這意謂著在國家的眼中，看到的不再只是一群個別的「原住民」，而是看到有一個「原住民族」集體，此一轉變對於族群集體平等概念之發展意義非凡；尤其自治爭議由總統協調之設計，更等於間接承認這塊土地上存在著一個擁有半主權的政治實體。這些規範，很明確地呼應了前述個人平等與集體平等並重的理念。

此外，《原基法》還更全面地針對原住民族教育、語言發展、文化保護、部落山川命名、媒體近用、民族尊嚴與基本人權、生物多樣性與智慧創作、經濟、土地自然資源、住宅、工作、醫療、社

會福利、傳統習慣等權利進行原則性規範,甚至連在原住民族地區存放有害物質也不能違反其意願(三十一條)。這些權利內容幾乎含括了肯認與重分配面向,這意謂著大社會同意對於原住民族平等地位之落實,兩個面向相互支持,缺一不可。

在原住民族平等地位之實踐上,《原基法》似乎已撐起兩個雙重平等理念框架,尤其將之以基本法方式呈現,以總綱之方式指導其它相關法規之修訂、制定與廢止,看來原住民族獲得平等待遇的日子已然不遠。就此而言,在族群平等法中提及原住民族不就顯得畫蛇添足?至少就原住民族事務而言,族群平等法有什麼能夠超越《原基法》之處?很難想像對原住民族而言,還有什麼前述雙重平等理念框架所遺漏的重要價值?不過《原基法》的後續進展並非那麼順利,或許可以由此看出,族群平等法對原住民族追求平等地位及相應權利訴求有何意義。

根據《原基法》第三十四條的規範,各種促進原住民族平等地位與機會的相關子法,早應於2008年2月立法(包括修訂、制定與廢止)完竣,但或者事涉重大政經利益,或者整個政府部門與大社會的多元文化素養或意識仍未完備,至今完成立法之子法仍屈指可數,絕大部分應進一步立法之條文,其後續工程極度牛步化,尤其期待最為殷切的民族自治區法仍束諸高閣,使之對原住民族的平等地位之助益仍未具體且大幅展現[11]。比喻言之,該法雖已撐起雙重平等理念框架,但就如同空有骨架的一把傘,沒有傘面根本無法擋雨遮陽,缺少具體子法及其它相關法律制度完整配合的《原基法》,也

---

11 或許也由於民進黨執政時期立法院中兩大勢力的對峙,在沒有任何一方占有絕對多數的情況下,原住民籍立法委員成為關鍵少數,讓此一蘊涵前衛理念的法律如早產兒般面世,自然其後續的成長茁壯並非易事。

不可能庇蔭原住民族獲得平等對待。

　　從消極的角度來看，這些牛步現象讓原先對該法期待甚深的許多族群成員早已產生信心危機，又如何能對擬議中的族群平等法期待過多？會不會那又是一把空有骨架的無用之傘？但從樂觀的角度來看，原住民族平等地位與權利之追求，本就是從極為困難的處境出發，在一連串的抗爭與反思之間，原住民族與大社會逐漸有機會理解族群平等的雙重意涵，因此才有屬於理念宣示性質的《原基法》的出現，如今若能藉由族群平等法的討論，讓大社會重新再思考此一雙重平等理念之意涵，或許總會出現由理念全面性地跨向進一步實踐的機會，由此來看，是應該對族群平等法有所期待。不過《原基法》的負面經驗也警示著大社會，如果《原基法》的落實在不久的將來仍持續牛步化，而族群平等法又僅是錦上添花，這美麗的衣裳恐怕會讓原住民族再度受傷害！

　　張培倫，佛光大學哲學系助理教授，研究道德與政治哲學、應用倫理學、原住民族發展議題，最近專攻「積極賦權行動」的道德論辯、人體試驗中的原住民族集體同意權、原住民族知識體系之建構等主題。

回應與
討論

偶然還是必然？
野草莓學運的結構限制與機運

謝昇佑

一、楔子：兩種批判的態度

　　何東洪教授在《思想》第11期撰寫了一篇對台北野草莓學運的參與觀察及評論，《思想》為了開啓討論，希望野草莓的參與學生[1]也能提出一些看法。我寧可將編者的意圖理解成參與角色對運動體驗的各自表述，而不是針對何文進行回應。原因有二，一來，在一定的前提下，何教授的批判我可以同意；二來，這場運動（如果它算一場運動的話）始終只有強勢與弱勢的參與者之別，沒有為整個運動留下擔綱者的位置，因此，任何人也就難以「代表」野草莓學運集體，對任何批判提出回應；在這樣的框架下，「回應」自然只能是各自表述。

　　這個處境多少正反映了何教授對野草莓學運的批判：零散、缺乏組織、沒有明確的運動目標和領導核心。的確，若從「訴求、動員、組織」三重標準來估量這場「運動」，野草莓恐怕難以構成「及格」的社會運動。也的確，社會運動需要一群有共同理念的人推動、

---

[1]　本文所討論的「野草莓」僅只限「台北野草莓」。省略「台北」不提，單純只是行文方便，無他意。

有方向的捲動其他人的投身參與，而不是烏合之眾或者去中心的群流盲動；甚至可以從這個角度更基進地質疑，「野草莓」究竟稱不稱得上運動。然而，「理論」的觀察總是帶著彼岸世界的理想性格，此岸的現實才是我們要面對的真實處境。橫擺在眼前的事實是，在這個政治激情的島嶼上，一個偶然的政治事件，幾個老師和學生在沒有時間做好內部組織，或者說，根本沒有意圖讓這個事件延燒為大規模社會運動的狀況下，一則在PTT2透過老師個人版的連署、私人網絡串連快閃行動的號召訊息，出乎意料地演變成長達兩個月的街頭抗爭事件。何教授在文末留下了一句「後現代主義無法上街」的感慨結語，但後現代主義卻已經上街。

因此，綜觀何師全文，倘若其所謂的「批判」意謂著事後對運動發展的一種徹底自我反思、檢查的描述性書寫，確實可以同意他點出了整個運動發展某種意義上的限制和困境；但若其批判建基在預設了某些人作為實際「經營」這場運動的「主體」，並以一般特定社會議題的社運模式為準，來對假定的野草莓運動經營者進行運動倫理、路線問題或者道德立場的批評，我就無法同意了。不能同意的原因不在於反對「下指導棋」；事實上，作為行動的主體，任何與其行動相關的批評或意見，勢必都在行動者意願接受時，才會發生效力，就此而言並沒有所謂「下指導棋」的問題[2]；因此，我反對後一種批判態度的關鍵，純粹是因為這種批評誤認了這場運動的「本質」，因而是指向虛空的批判。

2　反過來說，除非行動者自認為是處在受迫條件下接受建議，或者是給予建議者認為自身說話的角色是一個會（或必須）形成壓迫式命令的位置，才需要有迴避「下指導棋」的焦慮。但據我個人的觀察，在野草莓學運中，多數有自主性的參與學生和懂得節制自身權力的野教授之間，在互動上並不會有「下指導棋」的焦慮。

二、定位野草莓：事件、結構與行動的辯證

　　要澄清、定位野草莓學運，必須從「事件發生」與支撐事件之「結構因素」之間的辯證關係來思考，而這裡所謂的結構因素，至少包含了當時引導事件發生的社會氛圍、事件發生後團體內部的動力關係、以及長期歷史脈絡中台灣內部儼然成形的社會對抗結構。基於篇幅限制，本文無法以學術論文的規模來處理這些問題，不過大體上我的描述將順著這樣的思考架構前進。以下，我將先粗略交代引導野草莓學運這個事件發生的社會氣氛，接著說明團體內部動力的關係；至於歷史面向的結構因素與事件的辯證關係，將在下一節中交代。

　　時間拉回11月6號、7號的場景，學生們在行政院門口「等待」官員的回應或者警方的驅離。當時氣氛詭譎，雖然聚集學生集體表決過，倘若遭受驅離，即轉往自由廣場，但由於被驅離的可能時間無法估計，而且從7日上午，行政院門口的學生便已開始來來去去，呈現不穩定狀態，因此似乎也沒有多少人認真對待轉進自由廣場這件事。猶記得7號中午，我還曾向一名當時所謂決策小組的同學提及，自由廣場是否該開始張羅；但以當時的氣氛，這樣憂慮和考量的確顯得有些杞人憂天，那時候不少學生和老師的想法反倒是，政府應該「夠聰明」，不會驅離學生，因為7號已是星期五，接下來兩天是假日，而10號開始，一些大專院校便進入期中考週，學生自然會回學校。換言之，種種跡象顯示，當時確實沒有多少學生和老師做好轉進自由廣場進行長期抗爭的心理和物理上的準備，更別提經營一個長期街頭抗爭運動的組織。甚至就連一開始發起到行政院聚集的老師和同學也沒有預期，這會是一場超過3、4天的抗爭。從11

月6日當晚在行政門口，不斷向群眾廣播呼籲停止捐款的動作，也可以明證，發起行政院門口聚集的活動，沒有做好發展成為大規模學運的意圖。

然而，歷史的發展總是由一次又一次的意外引領著。7號傍晚，警方突然強勢驅離同學，我猜想他們萬萬沒想到的是，當時整個驅離過程，學生透過網路直播的方式，即時的傳送了出去，因而，就在不到兩個小時的時間內，超過原本聚集在行政院前人數數倍之多的學生，頓時湧進了自由廣場、各方物資更是頃刻大舉湧入，更重要的是，從轉進到自由廣場那時候起，群眾湧入金錢資助與物資，已不是現場呼籲停止的廣播可以控制的[3]。換言之，當時社會期待一場學運發生的壓力，使得轉進自由廣場的學生無法拒絕金錢和物資的不斷湧入。然而，明眼人都不難看得出這局勢不妙：一群沒有組織、沒有準備、只是一開始因為偶發政治事件而激情聚集的學生，現已騎虎難下。面對大批的資源挹注和社會的關注，聚集的學生已然不是說散可散、說走可走，就地組織化勢在必行！而此時，參與的老師們也越來越多，無論是基於對學生的責任還是對運動的期待。

這是野草莓學運發生的歷史現實：一群氣憤政府當局在陳雲林事件上限制人民言論自由作為的學生，由網路串連而出，彼此間沒有傳統社團組織的連帶關係，並且這些一時間群聚起來的學生，也根本沒作好擔綱一場大規模學運主體的準備。但就在還來不及把問題想過一遍、也還來不及認識旁邊的陌生人、還來不及澄清彼此的

3　我便親眼看過，當時雖向民眾表達不再接受捐款，但民眾竟還是硬把數千元鈔票塞給學生；而該名學生亦非常有品格的把錢交給當時的負責行政的同學。這樣的情況層出不窮，因此當時負責財務的同學當機立斷，設立接受捐款的單一窗口而不是拒絕接受捐款。這個判斷，我個人認為是正確的。

運動目的之前，局勢就將之推上了火線。然而，就如何文所提到，問題還不在於缺乏有經驗的運動者參與帶領；事實上，甚至連何文中稱許的樂青、青年九五的學生也大有人在場；亦不乏工運系統、參與NGO的學生，各校異議性社團的頭人也為數不少，其他像是個體戶的禿鷹也頗多。因此，關鍵的問題反倒是為什麼意見領袖之間無法合作？這些有經驗的同學為何無法領導運動？何文中所提到有老師感嘆若是誰來主導運動就好的想法，顯然沒有把握到運動發展的現實難題。

　　換言之，參與學生內並不缺乏卡里斯瑪型的領袖型學生，但有趣的是同學之間竟非常有默契在避免個人成為「運動明星」，於是，「一場沒有明星的運動想像」在學生之間油然而生。究其因有二，一來打從運動雛形開始，「野百合學運」的幽靈便一直在，但是對多數野草莓的參與者來說，「野百合學運」那種「一將功成萬骨枯」的結果，並不是大家心中理想的典型，因此多數具有領袖魅力的同學，一開始就有意識地收斂自己的權力。雖然，大家都知道閹割掉權力中心的運動節奏，會帶來不可預期的後果，但在野百合學運的「陰影」下，仍然選擇了嘗試一條不同的路。就其結果言，你可以看到整個台北野草莓運動的發展上，所謂的「核心成員」，從來不是以單一色台大或國立大學的學生為中心，碩班或博班的學長姐在當中也沒有任何較高的待遇，不管你的出身，大家就是平起平坐討論、決定。從行動主體的意願來說，這種共同參與、集體決策是帶有正面意義的抉擇。

　　不過，反過來，亦不得不承認，會造成無組織化的結果，也有團體動力上的結構限制。事實如此：諸多意見領袖之間彼此的背景差異甚大，對運動的期待和想像不同、甚至因為過去就分屬於不同意識型態的異議性社團；換言之，在這些足以影響運動方向的意見

領袖間，從開始就存在一定程度的不信任。理論上，不同行動旨趣的行動者原本就該組織成不同性質的社團，彼此再針對特定議題合作，然而，野草莓學運並不是在這樣的節奏中發生。如前所述，學生們所接收到的物資和上百萬的捐款，並非學生登高一呼而來，相反地，這些資源的挹入，是台灣政治對抗格局下，積怨已久的一方，迫不及待學運發生以作為他們政治情緒出口的一種「另類群眾運動」。政治激情的群眾，一看時機彷彿成熟，便已「先一步」挹入物資與金錢，等待學運發生；相信熟稔台灣長期高度政治對抗文化的人，都能默會這種政治狂熱的作為。而這樣的結果促使了不同理念、不同運動目的、不同意識型態的團體和個人，因為這些眼前的資源「被迫」綁在一起，成為看似一體的「野草莓學運」。

姑且不論大家綁在一起的動機是覬覦資源或基於運動倫理的自我要求，欲善盡對民眾捐款的責任；不可避免的後果是，內部疏離的人際網絡加上外部過度資源的挹入，使得諸意見領袖間相互猜忌、互不信任的態勢儼然而成。在運動開幕式中便已沒有信任基礎，日後的發展也就註定了不可能在理想的溝通情境中進行。稍有敏銳度的人都不難預見，「亂局」將是這場運動無法避免的性格，縱使是再有能力的行動者，可作的選擇也著實不多；要不以開放的心態面對各種運動可能的發展，並且跳入戰場，在那個何教授戲稱為班會的決策帳棚中「廝殺」，引導這場運動前進；不然就只能作壁上觀，冷眼看這亂局，偶爾放兩支論述的亂箭技術性干擾。

暫用一般日常用語來區分，野草莓學運的性質是屬於政治衝突的運動，而非特定議題倡議的社會運動。雖然野草莓「學運」看起來聚焦在集會遊行法這個特定議題上，但修法的訴求作為凝聚分歧參與動機的「戰術意義」，大過於參與學生和老師們對這個議題的實質關心。事實上，整個在廣場時期的「運動發展」，始終困擾著

如何找到合適的議題來整合分歧的運動想像。決策帳棚內一次又一
次的內鬥式的辯論、不同意見領袖間私下合縱連橫的動員串連，無
非都企圖降低這場運動特殊發生條件所招致的複雜性：劃定參與者
的界線、穩定決策機制、澄清各路來者的目的以定位運動。當然，
這也就使得野草莓「學運」看來像是一場大學生的自我成長營，或
者說如常見的批評：勇於內鬥、怯於外戰。但只要我們回到上述實
事本身來看這件事，其實便會對帳棚內直接民主的決策模式會心一
笑：沒有人不明白這種討論模式會是運動組織化的阻力，但這卻是
各方頭人角力的唯一戰場，在尚存活的諸意見領袖間建立起信任之
前，這種決策模式勢必因其「功能」而持續存在。同時，急於超越
「帳棚」壟斷領導權力的企圖（儘管就理想上的社會運動邏輯來說這
是正確的決定），在當時運動發生條件下的權力布局中，必然是失敗
收場。野草莓事件發生的「先天結構」，已然暗示了會在內耗中進
行的命運。但關鍵的問題還是在於：既然這個結果是可預期的，那
麼你選擇偏向虎山行？還是寧作壁上觀？

三、野草莓作為徵候：深層的結構困境

　　一種對野草莓學運的常見評價，是以運動訴求的完成度和傳統
社運標準的組織動能來斷言這次的學運失敗。事實上，對於有自知
之明的參與者來說，此種論斷早已是預期的結果[4]，不過，這樣的批
評並沒有把握問題的層次與事件／結構之間的辯證關係。本文澄清

4　事實上，早在廣場開始聚集的第三天深夜，我便與當時尚未熟識的
　　張之豪談及此事：這場運動不可能達到一般社運意義下成功的結
　　果，所以只能寄望在拼「運動意義」這件事上。

這些辯證的脈絡，不在於為種種意義下的「失敗」辯護，而是為了
讓深刻的反身批判得以可能。

　　肯定有人會不滿地質疑，縱使上述事件發生的偶然性因素和團
體動力上存在內部矛盾、縱使同學期待沒有英雄的集體領導，也不
足以說明整體運動會散漫至此；換個歷史情境，仍然有可能很快的、
有效率的組織起來。為澄清這個問題，我們須要從歷史的縱深，進
一步思考野草莓事件的發生與深層社會文化結構的辯證關係。我們
不妨作一次反事實的(counter-factual)的歷史假設：倘若台灣長期以
來，校園裡一直存在活躍的異議性社團，學生參與公共事務和社會
議題的熱誠始終高漲，並且不同社團和校際間的串連也功能彰顯，
那麼，即便運動發生背景如上所述，似乎也有可能很快地能系統化
就地組織起來，並能掌握運動議題的發展，且深化論述。

　　當然，這個反事實的假設，無從驗證真偽，但卻有助於看到野
草莓學運遭遇組織發展困境所透露出整體社會困境的徵候。野草莓
學運的困境確實不能只單單歸咎「環境因素」，至少學生的深化論
述能力之不足，說明了野草莓參與者的思想準備不夠。不必遮掩，
從野草莓運動「開幕」迄今，我相信多數參與者可以朗朗上口廢除
集遊法的意義、以及要求警方恪守警察職權行使法的理由何在；但
能深入闡述自由與人權理念、國家權力與個人自由辯證關係等等根
本問題的，肯定是寥寥可數。然而一個運動真要走得長遠且具有革
命性，就必需能夠思辨撐起整個社會運動正當性的社會及政治哲
學，甚至是存有論上的問題。

　　事實上，任何社會運動勢必都包含著撐起整個運動意義的基礎
理論問題，諸如在樂生運動中，會面對運動基調究竟該放在使漢生
病友從歷史客體變成歷史主體的軸線上，還是建築物保留與否的問
題？或者質疑樂生運動訴諸社會「同情」以保留樂生院的路線，如

何不會是繼續複製漢生病友作為歷史客體的邏輯？又如標榜左翼路線的社改學生，必須面對倘若不是缺乏現實感地迴避國家理性來談論一種純粹人民幸福的菜單，那麼怎麼平衡國家利益／國家理性和社會公平／人民主權的可能矛盾，以及經濟上的弱勢是否就能自證成道德上的優越性與正當性？

表面上看起來，野草莓學運參與者在論述能力上明顯低於其他社運的參與者。或許有人會以這受到運動型態、組織模式等等原因的影響來辯護。我卻認為，野草莓不過是個明顯的徵候，在其他的社運中其實也一樣。表面上其他針對特定議題的社運模式，在經驗事實描述、評論的論述豐富，但是真正能深入整個運動正當性之基礎原理原則，進行抽象思辨的，跟野草莓學生一樣，仍是少數。運動需要思想力量的支撐，不單純是熱情。參與公共事務和社會運動的動力不是來自物質利益，而是價值信念的堅持；並且對價值信念的堅持不能是未經反思的盲從，否則純粹熱情和訴諸教條化素樸道德直觀的行動，跟盲目宗教狂熱的信徒沒有兩樣。

指出學生的論述能力不足，不是要歸咎於學生個人，而是要批判台灣高等教育體制奉行技術至上、專業主義的邏輯。不妨檢視我們的高等教育中的主流論述：為了讓學生適合真實的社會環境，所以應該讓大學的環境盡可能擬真現實社會處境的限制，產（官）學合作遂為主流。假如此等論調考量的真是讓學生體驗現實，並且有限度地執行，當然可以接受；但在新自由主義的思維中，恐怕真正的目的只是為了使培養出的學生，易於嵌入資本主義生產體系的勞動網絡，得以迅速成為資本生產積累過程的有用勞動力。高等教育樂於配合資本主義生產制度，提供勞動力強度的訓練，除了因為從中得以獲取龐大的現實利益外，另方面，恐怕也是因為資本主義文明中的教師，早已率先成為「沒有靈魂的教學專家」。

　　台灣高等教育的設計，讓學生毫無選擇地成爲資本主義結構的
承擔者。「沒有辦法」常常是我們用來搪塞、遮掩不敢面對價值選
擇的藉口。的確，任何社會實踐的場域，都必然遭遇在理想與現實
之間取得某種程度妥協的實踐困境；然而，正因爲真實社會處境中，
「妥協」是不可迴避的結果，學院環境的意義反倒是應該讓學生有
充裕的時間去準備、澄清，什麼是必須堅持的原則，什麼是作爲一
個專業者，即便喪失眼前利益都必不可退讓的價值和社會的責任；
而非過早地讓學生面對現實的無奈，一切盡是妥協。非線性的社會
演化建立在對行動可能性的豐富想像，而行動的想像則建立對理想
的堅持。實用導向的現實主義者，只是屈就既有社會結構和權力網
絡的一再複製。沒有價值信念的涵養、過度鼓勵操作性應用學科的
教育導向，高等教育訓練出的不過是一批批高等技工；這些其實都
是老生常談的問題了，但在野草莓學運的經驗中，再一次於欠缺深
化論述和戰術戰略思考能力的學生數量上，表露無遺。

　　野草莓事件所顯露的另一個徵候是，台灣社會過度政治化和逃
避政治的雙重病態。一個成熟的公民社會，本應什麼問題都能談；
社會議題、政治議題，甚至是嚴重分歧的國家認同問題皆然。但在
我們的社會中看到的是，要不是過度政治化，凡事以藍綠甚或統獨
爲標籤；就是過度逃避政治，不斷遮掩自身政黨或國家認同傾向。
這是台灣社會普遍的政治困局：對抗式的社會結構。野草莓參與者
有意識地在超越藍綠框架，就其努力的成果來說，某種意義上可以
說是超越了藍綠，但卻也沒有超克藍綠。說它超越的原因是，參與
者中確實藍綠皆有，甚至在國家認同上，統獨皆在；然而，說它沒
有超克的原因則在於，這些不同政治光譜的參與者，其實也只是彼
此有默契地避談這類話題的「共在」，而不是真誠對話。當然，這
是整個社會的病態使然，我們看到主流媒體上，政治人物毫不遮掩

的以其政治立場為座標定位各種現象；而反對這種「野蠻爛戰」的社會改革者，竟然只能是消極的「逃避政治」，以純粹社會議題化的姿態來掩飾、逃避帶有特定政治立場的各種社會運動。有趣的是，由於野草莓運動的特質，使它無法完全將這場運動以社會議題加以包裝、設法去政治化（雖然也嘗試過），但卻也因此暴露了所有「逃避政治」式的社運模式內在的尷尬。難道我們不須懷疑，「超越藍綠」、「去政治化」或許本是個假命題？誠實的面對自身的藍綠、坦然與異己者溝通，不必刻意政治化或逃避政治，才是應當追求的社會處境。

歸根結底，社會運動根本不可能逃避政治。假若我們接受阿倫特的說法，政治行動既是人天生的秉賦也是存在的價值，其意義也就是人可以超越僅只為了生理生存必需的勞動，建立超越私利之公共領域的恆久秩序[5]。那麼，既然社會運動的目的是追求公共領域的正義原則，其本質也自然就是政治行動。另方面，縱使從日常生活的語用來思考政治議題與社會議題的劃分，我們一樣可以質疑，在今日台灣面臨中國崛起的壓力、國際強權勢力藉機勒索、大資本家的資本恣意進出台灣、公務員品格堪慮、象徵國家正義的司法獨立性還不堪信任的現實處境中，我們若還不去考慮台灣的國家主權和國家權力在現實上的功能，又怎能確保我們對社會公義的倡議有落實的可能？然而，問題的根源恐怕在於，我們始終缺乏一個「安全的言論空間」，讓台灣社會中最極端化的政治議題有對話的可能。而所謂「安全的言論空間」，不僅是一個可以對話的物理場所，更重要的是，我們必需試圖在對立的僵局中，提出更上位的問題框架，

5　H. Arendt, *The Human Condition* (Chicago : University of Chicago Press, 1958).

以打開對話的空間。某種意義上來說，野草莓學運的出現，確實在基本人權這個問題，隱然打開了各種僵固立場進行對話的空間。

四、結語：期待深化的學生運動

　　一旦看出野草莓學運在發展上所遭遇的諸多困境及其徵候意義，也就窺見了它可以進一步前進的方向。參與野草莓運動的學生本身，有沒有足夠的能量去打開這個空間，是需要進一步思考的課題；而為了深化自身經營運動的能力，首先參與者就必需反身批判這場運動，看到自己的限制與不足。我相信，只要我們懂了從「失敗」中解讀所蘊含徵候的意義，這個失敗絕對會變成下一步前進的重要資產。野草莓的參與學生也不必妄自菲薄，因為，假若從整體社會系統的角度來思考，野草莓學運的意義，並不是從行動者自己設定的標準和成就感來評價，而是就運動對整體社會結構帶來的影響來斷定，當然，有沒有造成結構的影響見仁見智；不過，至少前述野草莓學運突顯出的結構困境，就是現在還持續奮鬥著的野草莓學生可以努力的方向。另外，我同意何教授批評離開廣場後租用實體空間的決議，但這個批評之所以有意義，不應該在於「租用空間」這件事的本身，而是要評估，租了空間後有沒有深化運動意義和效果的相對行動。運動不能期待有「高檔」的設備和享受，但也不必以自我剝削的手段來證明參與運動的價值。

　　無論如何，最為關鍵的，仍然是學生組織和學生個人累積運動能量的問題。除了批判反省運動經驗之外，個人思辨力的提升無疑最為首要。然而，思想不會在嘴泡式的辯論中深化；不斷參與論壇與聽演講，自己卻不閱讀、反思，終究也只能是鸚鵡。我寧可相信，閱讀深邃的哲學作品，仍然是社會運動者獲得革命武器的最好方

式;因為,在閱讀和反覆思索此等作品的過程中,我們正經歷著「紋心」的過程。最終,養成的細膩思維,會在實踐的戰場上發揮作用。至於組織,則除了訴諸實踐的熱誠,加上志同道合同志間的串連、並在大大小小的實際行動中積累信任和合作方式之外,在這個帶有後現代主義性格的社會氣氛中,社會運動者也需自問,在每一場運動中,究竟只為了滿足自己衝撞體制的快感,或者意識到自己肩負的責任?假若沒有對社會共同體的集體利益的想像和責任,社會運動者不斷挑戰法制和規範的行為,便與盜匪沒有兩樣。因此,運動不能只有眼前滿足每一次衝撞的戰術思考,更要有對整體社會想像的戰略考量。借用阿圖塞對馬基維利的評價來說,我們要努力的是「打開一個新的空間」[6]。

社會運動者,必須在自我反思、批判的過程中,不斷地既調整卻又堅持自己的價值信念,而在行動上,也要既要富謀略,卻也要有實踐的單純熱誠。「我只有一個激情、只有一個需求、只有一個我自身的完全感覺,這就是去影響我周圍的人,我幹的愈多,我便愈覺得快樂。這難道是一種幻想嗎?也許是的,但是,它的根底裡包含真理。」[7]費希特如是說。

謝昇佑,台大城鄉所博士班。興趣在現象學與馬克思哲學,發表過〈歷史處境中的行動主體:馬克思哲學的現象學詮釋〉等文章。

---

6 *Machiavelli and Us*, L. Althusser ; edited by François Matheron ; translated by Gregory Elliot(New York : Verso, 1999).

7 《激情自我:費希特書信選》(洪漢鼎、倪梁康譯,2001,北京:經濟日報出版社)。

開放社運的想像

許容禎

一、黑衣行動？學運？

在一場與反對拆遷都市原住民部落(如三鶯、溪洲)的社運者閉門會談中,有位光著頭的社運人士問:「妳們覺得社會運動是什麼?」

電子媒體、報章雜誌上出現許多熱血沸騰的社運形式;由一小批人領頭,高舉旗幟、高呼口號,鼓動群眾上街抗議、衝撞,英雄般地為不公正之事發聲、為受害者抱不平、要求歸還特定權利。但是,社會運動只能是這樣嗎?在工會辦公室中默默處理行政事務、為一場演講設計文宣甚或攝影、或者在老農面前解說即將通過的法案,這些,算是社會運動嗎?

如果社會運動只是反對者的運動、受害者的反撲、或關注於特定利益者操弄群眾的方式,多挾帶悲苦形象,且抗爭方式幾乎與暴力聯想在一起。那麼執政者無論如何修集遊法時,自然有謂「問題在暴力」。但我認為問題在心態:不論執政者或社運者,皆以過去的模式界定社運,因而預設並框限未來運動形式的可能性。

閱讀《思想》第11期上何東洪教授的〈我的台北野草莓雜記〉一文,促使我開始思考「社會運動」的型態、對運動的想像,以及

過去經驗中的社運造成的可能性與限制。何教授文中提出，一場社會運動，該由「訴求、動員、組織三者交互關係過程中」的標準檢驗，以此，野草莓學運並不合格。用同樣標準看待1970年代英國的社會運動，諸如佔領空屋行動、街頭塗鴉者、甚或錄影行動者，亦難以稱得上合格。但這些行動確實讓人注意到特定的不公義、開啓對議題的討論，造成較爲長期的改變。或許換個方式看待社會運動，將其視爲以議題主導、開放性政治結合的社會活動。依不同時代背景與相異的問題，異議者採行不同運動模式。是故，我們應該由「野草莓學運」如何出現與持續、組成分子、資源的進入與運用來觀察，才較能了解學運如何運作，以及爲什麼會被各種不同的方式解讀。

雖是到了9日才定名，但野草莓學運始於11月5日，由張貼於李明璁教授BBS個人版上的文章所引發。該文書寫著對於陳雲林來台前後政府提高維安以致妨害言論、表意自由的不滿，因此號召行政院前的黑衣靜坐行動。並沒有拿著傳單上街面對面溝通、邀請、與傳達理念，以往沒有打過照面的人，僅透過網際網路，基於種種不同理由，靠閱讀相同文章，便出席活動。這個活動沒有主持人、沒有招待者，甚至不需要知道與會者彼此的名字；群眾不見得認識發起者，更不一定認識在台上說話的是誰。最初，野草莓學運是場無名之宴。

說來有些不可思議，但是野草莓學運確實是這樣誕生的。一篇表達對特定而偶發的政治事件不滿的文章，不斷被轉錄、聞者相邀，進而號召其他人共同參與。此黑衣行動，僅告知原因、時間與地點，並未過問參與者究竟抱持什麼理由加入，甚至最初也沒有過問參與者身分，彷彿是另外一個BBS上的個人版。所謂的「動員」狀況，並非原先發起人所能估量，參與與否依賴於讀者自己的選擇；至於後續的動員，更加難以掌握。

　　談野草莓，應當從我個人的參與談起。迄今都說自己的加入是意外：11月5日沒見著文章，次日也是應朋友之邀到行政院前，還因為圍成糾察線的人牆以理念區隔靜坐區與圍觀者，而我既然只是應邀、又未讀文章，僅能在外圍觀看。隨後我與糾察同學聊起「為什麼」以及「如何」的問題，糾察同學說明理念後接著說：「只要撤除具有立場標誌的服裝、旗幟，著黑衣，我們很歡迎妳進來。」正因為該位糾察解說加入的標準是對理念的了解與否、而非身份，我對這群黑衣人抱持正面觀感，願意更進一步認識。

　　行政院前的黑衣行動的第二天，總算是坐進裡頭，開始了我第一次持續性針對特定議題的抗議行動。那麼其他人呢？人來人去。待11月、12月過去，一月到來，參與人數由500多人，降到不到50人，更甚不到5人。何教授文中將人員流失與會議形式關聯，但我想不只如此。或許在討論引發議題的型態、及這場學運如何持續後，才得以釐清原因。但只有諸多事情整理過後，我才得與這場自己參與其中的學運進行對話，然後再來談談「學運」這件事。因為我未曾參與其他縣市的串聯行動，本文中的野草莓學運，僅就台北場的狀況說明，但用語上不再特別區分。

二、談談野草莓

　　那天，同學們告知關於「一群學生，因為抗議警方的暴力與限制言論自由，正靜坐在行政院前」，我便陪他們一起到行政院。於此之前，我不認識李明璁，也不知道集遊法為什麼要改，但是強烈反對基於保護國賓而過份提高維安層級，包括限制言論自由、以優勢的警力維安，甚至使用了暴力對待手無寸鐵的人民。

　　第一天，甚或接續數天，我對所參與的場合十分疏離，其他人

應該也是一樣的疏離——我想這樣的疏離來自於這場學運的特性。
「個人參與」不代表認識他人、與會的彼此不見得相識，且參與者
的「參與」不等於對行動的發展有靜坐以外的想像。「參與」是對
社會現象的不滿與反思，透過靜坐表達不滿情緒；但認同李教授的
文章而參與，不代表已有「行動」或是「組織」的準備，反倒是一
天天的靜坐、會議、討論、爭辯、BBS筆戰下，使行動與組織成為
必要，亦使參與者對議題持續對話、反省。

　　一開始的行政院前，由老師與幾位學生引導場子、教導安全守
則。接著才有初步的組織化，將參與者編組、選小組長擔任決策小
組成員，原先彼此不認識的人們開始組織起來做些事情。由行政院
轉入自由廣場後，一來已吸引媒體與大眾注目，二來物資挹注與參
與者漸增，因而第一批具備幹部性質的同學開始運作：對大眾、媒
體、同學及支持者發言，同時安排活動並維持廣場日常庶務。

　　為什麼野草莓學運的幹部僅能處理庶務與對外發言，未能引導
學運的走向？若以傳統社運模式觀之，多以一群已組織的成員為中
心進行群眾動員，較易於控制運動方向。顯見對這次學運未能引導
方向的答案是未能良好的組織化。但以此設想，將難以理解「就地
組織化」對野草莓學運的困難度。若要說學運特點，這是一場缺乏
領導核心的聚眾行動。如果只是一場快閃或是短期行動倒還不會有
太大問題，但是當資源與種種期待開始挹注，參與者與幹部討論到
如何運用資源以及回應期待時，便會產生諸多問題，促使了進一步
的組織化。野草莓學運的幹部從無到有，且一直未能強力主導學運
走向，原因可能有二，一來幹部與參與者就對群眾的影響力上，立
足點相同；二來當推參與者彼此信任不足。

　　立足點相同，源於野草莓學運的網路動員特性，參與者多因認
同文章而來，沒有核心組織、群眾不固定、彼此也不見得相識；其

中學運的幹部皆透過自願或推舉，從無到有，立足點與參與者並無不同。再者，正因缺乏強力的領導團隊，便以大會爲中心，定下「集體決議制」爲決策模式，因參與者的散亂與流動特性，更加難以形成核心決策與領導團隊。

　　廣場的大會上，常被提出討論的問題包括收場與否、幹部及職權、如何用錢以及訴求是否調整等；大大小小的事情爭執不休，更難談組織與信任。故三個月的廣場生涯中，野草莓僅在毋須處理信任問題的部分，進行較高度的組織化，也因此維持廣場數月的運行無礙。事後回頭檢視，龐大的資源挹注，對無組織、無核心的野草莓學運既是得以維持的原因，卻也是爭議的源頭。從中可見另一個難以克服的困難在於「信任」。如何能在短時間內，於一個未經組織卻集中了大量資源、參與者卻又是彼此陌生「網友」的行動中，形成運作良好的組織？這個課題一直考驗著廣場上的野草莓歷任幹部。

　　除了上述組織型態外，社會運動須面對資源的運用與成效。野草莓學運採取的決策模式，難以精緻的運用資源：所有事情交付大會討論，廣場的情況是瞬息萬變，討論時間也有限，太多事情納入議程，就算已進行了冗長的討論，仍然是匆促提案、討論、通過，許多的決策後果並沒有被完整設想。雖有階段性變更，然權力集中於廣場大會這點是不變的；在不確定權力核心的組織型態中，參與者爲了塑造較適當的討論與決策機制，而修訂廣場會議模式。但幾次修訂會議模式後，仍未能減少討論瑣碎事務佔用的時間，包括對組織型態、訴求等，故討論中幾乎無法包括資源運用的成本分析。

　　即使知道對資源的運用應先分析成本，但若真如此，將大幅降低活動的密度與張力，同時學生們的「班會」可能淪入對各種細節的爭辯。廣場常態性的花用，沒有活動時庶務維持費用爲三到七萬，

中小型活動動輒5萬10萬、大型遊行耗費百萬，資源消耗之快確實可議。或許能夠藉由後續討論，找出這樣的動員、運作模式下，妥善運用資源的方式，以為這種新的動員模式的借鏡。

但轉進實體空間後，延續這樣的運作模式著實不妥，連早先運動的參與者都回頭質疑，進而引發對資源運作方式與妥當性的討論。辦論壇講座的經費，與維持廣場高張力、高密度活動所需的經費，本難相提並論。實體空間一案，被期盼作為廣場轉進時的整頓、組織之用。一方面實體空間不若充滿緊張感的廣場，期待藉此開展出新的可能，例如廣場時期便廣泛討論的組織化、推展校園深耕與串聯行動。另一方面得延續並緩和廣場的節奏，整頓先前資料。例如，野草莓學運的財務就透明度而言，雖被期待任何時候都要能做到這點，但是以其「無組織的組織」特性，在廣場這個開放空間上對帳、查帳、整理剩餘費用，既困難又風險高——以個人參與查帳的經驗，即使轉進空間，都需要花費一個月進行，廣場時期除了參與者彼此認識不足外，人力與技術也都是問題。

三、想像的社會運動與對社會運動的想像

自黑衣行動開始，成員間的學校、系所、立場、政黨、信仰等等各異，僅能說皆對現狀不滿而聚；定名為「野草莓學運」後，開始以一個整體的方式對外發言。這群人採用「學運」為名，然而一旦學生運動被社會大眾期待是改革、進步的、甚至是悲壯與衝突的，同時蘊含特定運作形式，以達到特定效果，這群高舉保障人權及言論自由等價值的和平草莓族，完全不及格。

這就回到最開始的問題，社會運動是什麼？為什麼必然有特定形式？為什麼必須與苦情相連？為什麼不能只是說出對現狀的不

滿，進而要求改革、或與大眾接觸交談並求逐漸改變？

　　猶記得某紀錄片中，訪問者問達賴十四世，面對現下劇烈的宗教衝突，應當如何解消這些對立宗教的仇恨？達賴以歡笑、包容回答了這問題。正因爲衝突矛盾由來已久，難以立時解決，且彼此刻板印象仍舊，不如先輕鬆些，相邀野餐遊玩後，再來談這些嚴肅的事。如果社會運動是對現實體制的反省，那些對於現狀有所不滿而提出訴求的人，不論採取激情的宣揚、或是推行草根式的基層教育、聚眾上街抗議示威等行動，我認爲都應該等同視爲社會運動；否則，限定反省與改革的形式反會扼殺多種可能。舉凡同志嘉年華會、嬉皮、佔領學校、空屋行動、街頭塗鴉等，或憤怒、或快樂、或悲傷，不同形式的社會運動，展現出時代背景下的個人、也反映出該時代的問題，驅使人反思習以爲常的現狀。

　　野草莓學運開始於偶發性的事件，經網路動員而爲聚眾；從定名開始，「學運」對外被視爲整體。參與者多爲七年級生，一般認爲沒吃過苦、不能刻苦耐勞、抗壓性低，戲稱草莓族；其並未以受難者或是受害人的形象發言，只是以其不野的和平調性反思現狀，並期望能夠引發社會大眾與學生對此持續關注。這個特性導致學運以較爲歡愉的基調進行，導致了一些負面評價。再者參與者的網路使用者－閱讀者特性，去留取決個人閱讀與選擇，成員沒有相互約束或留守的責任與義務，做爲整體，顯現爲野草莓學運的自由性格；因此不論成員的參與、對外發言或參與者的解讀，都從個人選擇出發，基於觀看角度不同，解讀多少都有差異。故而學運發起的種種活動，實源於個人「選擇」的訴說方式，故有諸如發傳單、造塔、蓋靈堂、遊行等迥異的表現方式，不連貫而各有特色。

　　結合次文化特性，野草莓學運展現出的網路世代、宅與草莓族性格，以之反省社會現況。太多因素使學運綿延：因特定政治事件

所聚集的群眾、政府便宜行事下對人權的壓迫,以及社運界與教授們長久耕耘。這群野草莓未以受難者或是受害人的形象發言,只是以其不野的和平調性反思現狀,並期望能夠引發社會大眾與學生對此持續關注。

野草莓學運的動員、維持、決策與運作,皆非傳統的核心組織領導、口耳相傳的動員形式;其發起亦非自許為受害者發聲,而是對於政府特定作為的不滿,反而藉由參與學運,認知到國家如何以行政權箝制人民。如果以預設的社運模式考量野草莓,並以「訴求達成與否」要求檢視其成敗,其實反而難窺其全豹。也許對於種種學運的疑義,恰巧傳達出野草莓學運的特質:由讀者(或參與者)自行解讀其所參與的諸活動。身處其中之際,立場與動機各殊的人唯有透過不斷溝通,才能達到較大的共識,減緩不信任與彼此差異的代溝,從而共事、共同反省所處的社會及世代面對的問題,以及共同分享對未來的藍圖。

許容禎,野草莓學運參與者、台灣大學政治研究所學生。

书評書序

SDX & HARVARD-YENCHING ACADEMIC LIBRARY

现代政治的
正当性基础

周濂 著

生活·讀書·新知三联书店

三联 ✳ 哈佛燕京学术丛书

概念區分的局限[1]：
評周濂，《現代政治的正當性基礎》[2]

曾瑞明

　　現代政治的一個特點，是其正當性(legitimation)出現危機。這個問題一直變異。它的首次出現，是在啓蒙前後。當時人們意識到政治權威不再是神聖不可侵犯，並開始思考爲何要無條件服從某些人的統治。但在多元主義，甚至虛無主義盛行的今日，正當性的問題又有了新的形式。周濂在書中指出，「第二次正當性危機所面臨的問題是：在一個各種價值目標相衝突的社會裡，如何能夠成功地調停各種對立的正義思想，並爲一個共同接受的政治秩序提供道德基礎？」[3] 我們要問的，是擁有不同人生觀但卻要共同生活在一起的人們，應該接受怎樣的社會或國家。這也是對國家評價性的向度，即在解咒後的世界，怎樣的統治才有正當性。而正當性的基礎，必須令持不同價值觀的人都能夠接受。

正當性與同意的緊密關係

1　周保松先生就這篇書評給予了很多寶貴的意見和啓發，在此致謝。
2　周濂，《現代政治的正當性基礎》(北京：三聯，2008)。
3　同上，頁17。

　　周濂這本發展自博士論文的作品觸類旁通，網羅了多位重要政治哲學家的理論，例如洛克、西蒙斯、羅爾斯及哈貝馬斯等。但本書結構嚴謹，緊握一條主線，就是一直強調正當性(legitimacy)和證成性(justification)一對概念的劃分。作者反對把這二者混為一談，並認為這會造成正當性評價發生混亂[4]。而他在這本書的主要工作正是把握兩個概念的差異，並以這對概念作為基本分析的框架。

　　這兩個概念有什麼不同？周濂認為政治正當性是回溯性的，關注的是權力的來源和系譜，是從發生的進路去評價權力或者國家。而證成性則是前瞻性的，它關注權力能否達到目的。另外，正當性在自由主義傳統下，關注的是國家與個體之間的特殊關係，而證成性則關注國家與作為整體的主體的一般關係。他認為兩者在概念上可以區分，但聯繫卻很密切，它們是「相互分離又相互影響的不對等關係。」不過，周濂也承認證成性有邏輯上的優先性。

　　周濂認為只有政治義務的互動解釋才可能在政治正當性與政治義務之間建立起邏輯關聯性。他提供了這樣的論證：前提一是政治正當性與政治義務之間存在邏輯上的關聯，所以如果能夠證明政治正當性的理論同時也可以證明政治義務；前提二是現代政治的正當性基礎是被統治者的意志表達。前提三是在諸政治義務理論中，只有政治義務的互動解釋才具有自願主義的性質[5]。

　　周濂把政治義務(political obligation)與政治責任(political duty)區分開來，他認為前者必須依賴於人們的同意，而後者則不必，因後者是一些自然責任(natural duty)。不過值得追問的是：為什麼非自願的政治責任不足以解釋正當性，而必須透過人們的同意？如果

4　周濂，《現代政治的正當性基礎》，頁22。
5　同上，頁63。

這解釋不了，前提二就沒有支持，而前提三指出的政治義務的互動解釋才具有自願主義的性質也就顯得不那麼重要了。很明顯，周濂很著重「同意」作為正當性的條件。

令人疑惑的，是「同意」或「認可」是不是構成正當性的唯一條件？是不是必要或充份的條件？我認為它不是構成正當性的唯一條件，因為還有是否滿足自然責任的道德要求、是否滿足人們需要等條件，這皆是構成正當性的重要元素。它也不可能是必要的，因為如果這樣的話，沒有一個政權是有合法性的，因為她不可能得到所有人的同意。它也不可能是充份的條件，因為我們很有理由質疑一個由一群邪惡的人民同意的政權也有正當性。如果我們不那麼看重同意的力量，而較重視其他規範性的條件，周濂的結論是否成立便值得商榷。但周濂的確很著重同意和認可的力量，例如他認為羅爾斯便犯了混淆這兩個概念的錯誤，正是從強調實然的同意（real consent）的洛克主義到強調假設的同意（hypothetical consent）的康德主義的範式轉換。

在以下部分，我將探討這對概念的劃分是否合理，並追問接受這個劃分會帶來什麼影響。

正當性的基礎在哪裡？

其中一個支持周濂堅守這兩個概念的原因，是他認為我們在日常語言中普通人也反覆使用「正當性」這詞彙[6]。但我對此有所保留。如果真如周濂所說，哲學家無權取消任何一個日常概念，那一些支持「取消主義」（eliminativism）的心靈哲學家便不可以取消心靈這個

6　同上，頁240。

概念了，因為心靈正是我們日常經常使用的概念。但問題的核心，
卻是心靈這個概念是否有理論價值。周濂也意識到這個批評，他也
提到Zelditch亦提出以服從、相信和規範等更有效清晰的概念去取代
正當性。但周濂認為正當性這概念是更整全的，因它覆蓋了「道德
評價政治權力關係」的整體。

但正當性在現代社會面對一個很大的困難，就是如果正當性需
以回溯的進路去判斷時，那麼在現代政治的脈絡，我們該以什麼標
準去判斷政治正當？周濂曾引用了約翰·麥克里蘭(John MacLyan)
說過的一句話：「詹姆斯二世是不好的國王，但統治資格名正言順。」
詹姆斯二世雖欠證成性(他的管治不好)但具正當性，原因是他合乎
了「僅嫡子有權繼承皇位」的政治傳統和原則。但在現代政治脈絡
裡，我們還可以接受「僅嫡子有權繼承皇位」這個傳統嗎？如果不
能的話，那我們可以用什麼標準去判斷正當與否？不少哲學家把正
當性收歸證成性概念下，便是認為判斷正當的標準正是證成性的標
準，它們都無需訴諸傳統或習俗。宗教或傳統支持的正當性其實是
被普遍的道德證成性取代。擁有不同人生觀、傳統的人便是據此規
範性要求共同生活。

有一點值得注意的，是周濂同時認為證成性在邏輯上優先於正
當性。他認為國家和政府是為了一個目的存在，例如促進自由、公
義或提高人民福祉等。要是政府未能實現這些目的，人們定必要求
政府交回權力，政府亦因此會失去正當性。缺乏證成性涵蘊了缺乏
正當性。如果這樣，我們為什麼不把證成性等同於正當性？正當性
豈非一個多餘的概念？不過，周濂認為有證成性，也推不出有正當
性。例如，我們可以設想一個在沒有人民同意下，以叛變奪得了政
權的軍政府，即使其後能提高人民福祉，她卻沒有正當性。那麼，
人民的同意，便是政權是否具正當性的重要條件。

　　但「人民的同意」這個洛克一直強調的條件爲何又有道德效力呢？人民又根據什麼來同意？這個問題對於德國社會學家韋伯是沒有意義的。韋伯認爲只要人民相信統治者具有權威，願意服從其管治，該政權便有正當性。人們爲何相信，爲何因相信而同意，韋伯並不在意。因爲他是以一個社會學家的經驗探究的角度去了解正當性。但從哲學家的角度看，卻不會認爲以上問題沒有意義。當中的關鍵，是現代政治中的正當性要求本身應有一個規範(normative)的要求，而政治責任和政治義務本身也是一個道德責任。這恰恰有別於周濂把政治義務和政治責任區分開來。

正當性的普遍規範要求

　　如果某個國家某個政權的人民的同意是一種如謝佛勒所稱的「個別化傾向」(particularizing tendency)，它的優先性也不會在普遍性的公義要求(putatively universal claims of justice)之上[7]？羅爾斯和哈貝馬斯等便反對這種個別化傾向，認爲有普遍的道德價值讓我們去決定支持或反對一個政權。哈貝馬斯在〈論透過人權達到正當性〉一文便闡述憲政民主如何經程序性證立[8]。程序同樣面對一個問題，就是程序爲何有效力呢？哈貝馬斯指出國家的權力見於法律，法律一方面要求市民接受，但市民也要求它是值得接受的。要得到市民的接受，它要通過一個程序，就是一理性的法律產生程序，例

7　Samuel Scheffler, "Liberalism, Nationalism, and Egalitarianism," in *Boundaries and Allegiances*, pp. 66-87.

8　Jürgen Habermas, "Global Justice through Human Rights," in *Global Justice and Transnational Politics*, edited by Pablo De Greiff and Ciaran Cronin(MIT Press), pp. 107-213.

如經過討論（discourse）。哈貝馬斯認爲這個程序如果能成立話，一些傳統的自由權利便必須得到保證。例如要確保每個對話者的自主和平等，否則便無法證明該法律具正當性。

一旦滿足了對話的「倫理條件」，所得的法律便有正當性。其實，這是正當性歸屬於證成性。另一方面，現代政治認爲權力的來源是來自人民的授與，但爲什麼人民有這種權力？首先人人都是平等的個體，沒有一個人天生有權力去叫他人服從，因此推出一個能叫人服從的政府必然是經過人民的自願。一個授與權力的方式，是否合乎平等這個道德原則也是證成性的要求。

周濂認爲晚近以來以國家能力來成爲道德評價國家的重要標竿，例如能否提高人們生活質量、確定社會安定，因此把正當性埋沒。他因此認爲必須區分證成性和正當性，否則會成爲一些非民主國家乃至暴政國家的辯護工具[9]。但我認爲這是過慮，哈貝馬斯的理論闡釋了何謂以道德證成國家，即如何以道德的普遍證成性取代傳統的正當性，當中並不需要堅持證成性和正當性的區分。哈貝馬斯或會指出，在周濂的例子中，人們是混淆了證成性中的道德評價和國家能力，一個有國家能力的政權並不涵蘊它是道德的。

證成性與正當性區分的後果

周濂如果要嚴守最高度的證成性也不可以推導出正當性，是否要接受一個政治正當性的多元主義，甚至是相對主義——即沒有一種普遍的標準去判斷哪種國家有正當性，而要依照一種歷史和傳統的判決？但畢譚已指出可以有一普遍適用的合法性標準，例如一個

---

9 周濂，《現代政治的正當性基礎》，頁179。

政權有沒有違反我們的道德標準、一個政權有沒有滿足人們的基本
需要等——即一個理性而又道德的主體都要求的東西是否能得到滿
足[10]。這種政治正當性並非回溯性的,即並非關注權力的來源和系
譜。對此,周濂又會如何回應?

在本書討論羅爾斯的部分,我們找到答案。他提到羅爾斯其實
並不反對把正當性和證成性區分,只是反對把證成性解釋為「國家
與個體主體之間的特殊關係」,而把它視為「國家與作為整體的主
體的一般關係」。前者需要個別主體同意而後者則不必。周濂認為
羅爾斯這樣做有兩個原因,第一、這是因為正當性和正義可以存在
差異,即一法律可以經人們的同意而本身是不正義的。這其實支持
實質性的正義標準,即不是我們選擇某命題是真,所以某命題真,
而是因為某命題真,所以我選擇它。但由於實在論於今並不為人普
遍接受,因此哈貝馬斯和羅爾斯都會接受只要是在理性上為所有人
接受,它便是真的。我們便是依據我們的正義原則去決定一法律是
否正義。周濂指出這時候「程序的正當性就與正義(證成性)融為一
體」。但周濂同時認為這種做法只適於回答民主社會內部的穩定性
問題,而非民主社會是否正當的統一性問題。意思即是在民主社會
裡正當性可以消融於證成性中,但在非民主社會裡則不一定可以。

但在非民主社會裡是否也當該這樣消融,即以道德或正義等證
成國家而無需再外尋正當性?如果不能的話,那是為什麼?我們不
能回過來說因為證成性和正當性是兩個不同的概念。周濂最後指出
他更願意接受堅持正當性和證成性的區分,這是因為歷史尚未終
結,我們還未走到全球都是自由民主社會的關口。但一旦我們接受
這個區分,後果是不是要接受了民主制並沒有普遍性?我在本書並

10　David Beetham, *The Legitmation of Power* (Macmillan), p. 22.

未找到清晰的解答。

　　我的觀察是周濂嘗試用一些隱藏的信念，例如民主制度沒有普遍性，來證成正當性和證成性的區分，而非這個概念必須這樣證成。我又想起J. L. Mackie在著名的作品《倫理學：創造對與錯》(*Ethics： Inventing Right and Wrong*)中批評道德討論停留在概念澄清的層次中。他認為有些問題並不是概念澄清可以解決的，例如道德是否客觀這類問題，即使你如何條分縷析道德這個概念也沒有用，因為那是本體論的問題而非概念解析的問題。我因而期待周濂在他下一本書更深入討論「民主制是不是現代政治正當性唯一源泉？」這類更實質的問題。

曾瑞明，香港大學哲學系博士生。

青年羅爾斯：
宗教的而非政治的

鄭焙隆

　　最近，哈佛大學出版社出版了2002年過世的哲學巨匠約翰‧羅爾斯的新書，書名是《罪與信仰的意義初探》[1]，主要內容來自羅爾斯1942年於普林斯頓大學就讀時繳交的畢業論文，另外收錄了一篇他於1990年代寫成的短文，題爲〈論我的信仰〉。羅爾斯生前的好友約書亞‧柯恩與湯馬斯‧內格爾，合寫了一篇引論發表在《泰晤士報藝文副刊》上，標題爲〈羅爾斯：論我的信仰〉[2]，中心論題則如副標題所示：「羅爾斯的政治哲學如何受到他宗教信仰的影響？」

　　大家過去並不知道，居然還存在二戰前羅爾斯宗教信仰的文字紀錄。普林斯頓大學宗教系的艾瑞克‧格果里教授在圖書館裡發現了這麼一份青年時期羅爾斯的文件，題目是〈罪與信仰的意義初探：

1　Rawls, John, *A Brief Inquiry into the Meaning of Sin and Faith: With "On My Religion"* (Cambridge, MA.: Harvard University Press, 2009)

2　Joshua Cohen and Thomas Nagel, "John Rawls: On My Religion — How Rawls's Political Philosophy Was Influenced by His Religion," *The Times Literary Supplement*, March 18, 2009. (http://entertainment.timesonline.co.uk/tol/arts_and_entertainment/the_tls/article5931573.ece)

一種立基於社群觀的解釋 〉[3]。

　　爲人們所熟知的羅爾斯，關懷所在並非宗教救贖或至善的問題。相反，在他爲當代政治哲學奠基的著作中，信仰、信念的多元與歧異，乃是當今世界無法迴避的問題，人們一選定立足點就面臨衝突，但衝突來源之真假，卻並非可以確證。這個觀點，是羅爾斯遺留給當代世界的恆久寶藏。1971年出版的《正義論》，爲自由主義提出了一套典範性論述；1993年的《政治自由主義》則做出進一步嘗試：羅爾斯以「政治的而非形上的」正義原則，總結了他關於自由民主憲政體制的論證。他認爲，若正義的原則被確證、落實，則宗教與意識形態的衝突將被排出政治場域；他也認爲，在自由民主國家的公共政治文化中，確實存在累積已久且可被辨認的交疊共識──關於正義原則與社會基本結構的共識。

　　羅爾斯是個很特別的自由主義者。他的正義原則獨立於所有宗教，也不欲偏袒某特定的整全性學說。我們或許以爲，羅爾斯像許多當代自由主義者一樣，本來就親近世俗文化，不曾深刻地接觸宗教信仰。然而事實是，他並非不熟悉宗教文化抑或信念之於人的重要性，反是基於深刻的經驗，一再反思後，有意識地邁向自由主義；這是一個選擇。在羅爾斯早年的成長過程，宗教不曾缺席：他上過美國聖公會的預備學校，甚至到大學畢業前，仍認真考慮是否應入神學院研習。不過，後來他同其他人一樣從軍。由於「戰爭的經驗與對納粹大屠殺道德意義的反思」，在此期間他放棄了基督教信仰，並於3年後回到普林斯頓大學攻讀博士學位。此後，羅爾斯不再如青少年時期浸淫於宗教的氛圍，但即便如此，他的哲學關懷並沒有真

3　　"A Brief Inquiry into the Meaning of Sin and Faith: An Interpretation Based on the Concept of Community."

正離開宗教、信仰的意義和問題。我們該合理地將他的正義理論部分當作是對宗教衝突問題的回應、提倡普遍性寬容的努力，或說爲獨立於宗教信念的政治正當原則之思索與辯護。

　　有見於羅爾斯在當代政治哲學中無比的重要，能考察其早年思想興趣、關懷與轉變自然是極有意義的。戰後回到學校的羅爾斯，在博士論文中探討「理性在倫理論證中的角色」；隱然可見，他對民主公共討論性質的研究已揭示後來的思考方向。意外的是，撰寫大學畢業論文時的羅爾斯，不僅沒有流露自由主義氣質，甚至不甚在意政治的或正義的哲學問題。如何了解這種轉變呢？〈論我的信仰〉提供了某些線索。羅爾斯自述戰後幾年對宗教審判法庭的研究；在那期間，他放棄基督教信仰，更明白拒斥任何以政治權力建立宗教權威之正當性。然而，〈論我的信仰〉並未述及羅爾斯戰前的思想狀況，從而，這篇年輕時的論文更形重要，有志研究羅爾斯哲學的人將獲益匪淺。

　　〈罪與信仰的意義初探〉聚焦於神學及倫理學。青年羅爾斯的根本主張，是要倡議一種藉著信仰而取得和諧的社群觀[4]。在這個理想觀點中，個人屬於共同體而非脫離社會的存在；共同體同時具現了信仰和道德。「人類的本質特徵」被闡釋爲「我們傾向於共同體的能力」而「罪惡扭曲我們的基本天性且會摧毀共同體」，只有「信仰可以透過融入共同體而實現我們的天性」。在這個理想共同體中，個體與個體因共同的信仰得以建立和諧的良善關係，個人也因社會而得到實存的生命位置與意義。

4　應注意這篇文章寫作於1942年，因此理解時不應與後來的「社群主義」(Communitarianism)混淆。這裡視前後文譯爲「共同體」或「社群」以使行文通順，但不意指羅爾斯本人對該詞語的使用有不同。

這種非政治、純宗教道德式的共同體觀點，也許要使許多人大
吃一驚。畢竟，在《正義論》引起的廣泛、複雜辯論中，常有人責
備羅爾斯無視於社會、社群的存在，卻提倡一種空洞、缺乏目的及
意義的個人觀。現在看起來，一些標籤貼得並不恰當。舉例而言，
在檢討傳統社會契約論時，羅爾斯早期闡述的社群觀強烈反對這類
論點，而在後來著作中他則創設了「無知之幕」，一種構建他契約
論證的關鍵概念；對照看來，前後兩種立場連續不變的共通點是，
人們因「社會塑造和支持他們」才能作爲人而存在。柯恩與內格爾
認爲，〈罪與信仰的意義初探〉批判了只存在自利動機的個人主義，
然而奇怪的是，「羅爾斯有時候竟被指控忽略了人的根本社會天
性」，但即使在成熟著作中，他也「從未主張那種他曾在該論文所
批判的個體主義」。今後關於羅爾斯正義理論的爭辯，也許能從這
個思想的連續性中獲得一些合理解釋，多少更貼近羅爾斯的原意。

　　年輕的羅爾斯尤其反對扎根於唯我主義（egotism）之上的罪
惡。這種罪被定義爲「對共同體的拒斥」。唯我主義不僅扭曲自我，
還產生最主要的罪：驕傲自負。驕傲使人有自私、虛榮等欲求，更
將衍生出對優越感的渴望，使人與人、團體與團體間處於相互壓迫、
宰制的關係。在這段論證中，羅爾斯有意揭示由一整個團體所表現
的、魔鬼般的驕傲形式——而納粹主義由於「全心全意地皈依於排
他性的唯我主義」，則成爲最顯著的例證。他對這些邪惡世界觀的
抨擊，與往後在《萬民法》對納粹主義的評論，有高度的關聯。

　　寫作〈罪與信仰的意義初探〉時，21歲的羅爾斯渴望個人與社
群間的理想調和。柯恩及內格爾認爲，今天出版這篇論文，我們更
能理解羅爾斯青年時期的思想脈絡，特別是這篇論文中，幾個後來
在成熟著作中清晰一致的共同主題：放棄對個體至善的求索，著重
於人際間關係的道德；堅持信仰共同體的組成須以獨立的個體爲前

提；拒絕將「社會」視作利己個體的契約或協議；譴責基於排他和
等級制的不平等；以及對「應受」(merit)概念的拒絕。當時的羅爾
斯雖未著墨自由主義政治理論，其氣質卻已流露出對平等理想的把
握。論者也指出，該論文與羅爾斯後來的著作間，「最顯著不連貫
之處」在於「缺乏相對於純然道德社會觀之政治的社會觀」。

　　柯恩和內格爾合寫的引論，將以更完整的版本收錄在《罪與信
仰的意義初探》書中。兩位編者嘗試說明，當年在撰寫大學畢業論
文的羅爾斯並非自由主義者，但也並非像大多自由主義者一樣，沒
有領受宗教的薰陶洗禮。他受到宗教信仰及其道德思考的影響至
深，並終身貫徹這種信念。作爲當代政治哲學領域最重要的思想家，
成熟的羅爾斯並未因爲放棄基督教信仰就輕忽、抗拒宗教問題，而
是讓宗教衝突與寬容的主題處於問題意識的最中心，尋求解決它的
正義原則、政治領域的確立，以及社會基本結構的制度設定。政治
的正當性並非來自貶抑宗教，反而正是由於認知到，宗教信仰在某
些意義之下是終極、至上、無可取代的，才使羅爾斯投入一種能調
和政治與宗教的自由主義視野。它希望共享的政治原則獨立於任何
特定的宗教或意識形態、得到所有合理觀點的背書，或至少能得到
多數合理信念的支持，以維持其穩定性。一方面，羅爾斯回應針對
自由主義的批評，以其政治哲學體系證明自由主義政治並不只是在
辯護一種整全性的自由主義人生觀；另一方面，他對反於針對宗教
的懷疑主義，肯定了宗教信仰的重要性與合理歧異的多元論。羅爾
斯的自由主義能一再地反思，並最終在前述兩者之間建立一個完整
而有力的理論；這個過程不僅豐富了思辨的意義，也以理論成果示
現了心靈的大度包容與穩重。

鄭焙隆，台灣大學政治研究所碩士生。

《思想》求稿啟事

1. 《思想》旨在透過論述與對話，呈現、梳理與檢討這個時代的思想狀況，針對廣義的文化創造、學術生產、社會動向以及其他各類精神活動，建立自我認識，開拓前瞻的視野。

2. 《思想》的園地開放，面對各地以中文閱讀與寫作的知識分子，並盼望在各個華人社群之間建立交往，因此議題和稿源並無地區的限制。

3. 《思想》歡迎各類主題與文體，專論、評論、報導、書評、回應或者隨筆均可，但請言之有物，並於行文時盡量便利讀者的閱讀與理解。

4. 《思想》的文章以明曉精簡為佳，以不超過1萬字為宜，以1萬5千字為極限。文章中請盡量減少外文、引註或其他妝點，但說明或討論性質的註釋不在此限。

5. 惠賜文章，由《思想》編委會決定是否刊登。一旦發表，敬致薄酬。

6. 來稿請寄：reflexion.linking@gmail.com，或郵遞110台北市忠孝東路四段561號4樓聯經出版公司《思想》編輯部收。

致讀者

　　在民主社會裡，「族群平等」與「言論自由」都是崇高的政治規範，不僅不容違逆，更應該儘量落實。不過，如果這兩項原則竟然發生牴觸而無法兩全，那該怎麼辦？台灣稍前爆發的「范蘭欽事件」，生動地展現了這種「價值衝突」的難局。圍繞著是否應該立法禁止涉及族群歧視與仇視之言論，各方的意見相當分歧。《思想》為了讓歧見有機會對話交鋒，籌辦了一次座談會，參與者在會後再將意見寫成文章，即構成了本期的專輯。這些作者的著眼點與立場迥異，但是他們並不自說自話，而是相互澄清與批評。這樣的爭論，當然要比不可能也無必要的「共識」更有意義。

　　其實，「族群平等」與「言論自由」都是極其複雜合混的概念，正需要社會藉著個案所引發的爭議來進行集體學習。這種集體學習，可能才是社會處理爭議時最困難也最關鍵的一步。讀過這個專輯裡的六篇文章，你不見得會被誰說服，但是你一定會對問題有更全面而較細緻的認識。寬宏的認識加上有理由的堅持自己的一得之見，乃是這個價值多元時代對知識分子的基本要求。

　　歷史爭議則是社會藉著集體學習認識自我的另一條路徑，台灣史與中國史共同提供了多樣而棘手的題目。今年是民國98年公元2009年，也就是民國與人民共和國分據海峽兩岸的第六十個年頭。平時我們受制於當前和眼下的急迫恓惶，難免視短見淺。一旦將視野沿著歷史縱深拉長六十年或者更久，再循著當年的移民潮放眼世局中的兩岸，觀察那個年頭如何塑造了台灣與大陸兩個社會的面貌

與命運迄今，所見所感會大有不同。本期楊儒賓先生的文章，便是這樣一篇具備豐厚歷史感和天下觀的台灣史解讀。當然，這又是一個爭議性很大的議題，必須容許不同的史觀、迥異的歷史記憶來交鋒；並且這個議題涉及大時代與大世變，眼光也不能局限在台灣島內。圍繞這個主題，我們歡迎更多的討論。

　　《思想》本身從伊始便立志不受制於台灣視野，所以即使條件有限，我們仍勉力設法呈現島外的關懷與思潮。所謂島外，一個意思是地理的：不僅包括大陸與港澳，也延伸到星馬以及其他華人社群。另一個意思則是歷史與結構的，關切在帶動世界性、歷史性變動的大轉折，避免島內的風波齟齬擋住視線。朱學勤與錢理群都是在大陸上備受矚目的獨立知識人，本期發表朱先生對2008年大陸思想狀況的報導，以及錢先生有關中國思想與中國革命的訪談，都值得讀者重視。朱雲漢先生的新作所討論的，則是「人類社會數百年難遇的歷史分水嶺」，有助於讀者釐清一個新時代的基本動力與面貌。其他多篇文章的主題自有特色，例如現代性的雙重走向、例如1968運動的族群面向、例如品特的戲劇、例如阿敏的歷史分析觀點，也都充分表現了這份刊物「擴大視野」的願望。

　　最後，「野草莓」成員對本刊前期何東洪先生文章的兩篇回應，要請讀者參考。我們邀約這些文章，固然是因為有義務呈現另一面的意見，但更重要的則是考慮到：野草莓作為一個公共運動，也有義務向陌生的關心者(不一定是支持者)說明自己的想法與期待。《思想》作為一份以公共性格自詡的紙本刊物，自然樂於發表這些文章。

編者

2009年初夏

台灣哲學學會與《思想》季刊年度徵文啟事

2009年度主題：資本主義的未來

2008年以降，由美國次貸風暴所引發的全球金融危機，迅速演變為全球經濟危機，其嚴峻程度為1930年代大蕭條以來所僅見。如此規模的經濟危機，除了再次凸顯出資本主義的高度不穩定性外，亦同時暴露了資本主義的全球擴張程度。世界各地人們儘管有各自的文化、種族、政治、宗教等等分歧差異，但在全球資本主義的作用力下卻被迫分擔惡果，已經連結成了一個「危機共同體」。

此次危機將於何時見底，目前尚未可知。但從各國政治領袖所推出的種種救經濟方案不難看出：自東歐和蘇聯陣營瓦解、中國改走資本主義道路以來，資本主義作為主導性的社會經濟體制，即使其主導能力已經殘缺不足，卻仍然沒有其他制度可以取代。

儘管如此，這次的全球金融與經濟危機，再次提供了一個反思「資本主義的未來」的契機。百年以前，馬克思和韋伯對資本主義現代性的起源、性質、動力、危機趨勢及未來，提出了諸多歷史與政治經濟學的分析、以及高度倫理性的批判。如今，採取他們的宏觀視野，重估資本主義的性格，尤其提出道德上的評價，診斷與針砭其未來，論述資本主義繼續存在的正當性何在，毋寧格外有意義、且深具理知與實踐兩方面的挑戰性。

我們邀請各方面的關心人士，不拘學術專業，從各自的觀點立場，以及不同的關懷和價值觀出發，論證己見，深入闡發這個主題。

注意事項：

1.作者身分、學科專業、居住地不限。
2.來稿請用中文撰寫，行文請盡量避免註腳、引文、外文；但是說明性的註解不在此限。
3.我們期待來稿是您參考理論資源後發揮一己思考的結晶，非必要請勿贅筆解說、重複名家的論點。
4.台灣哲學學會與《思想》將委請學者組成委員會匿名評選，原則上推薦一篇；入選作品將刊登於《思想》，並由《思想》提供獎金新台幣一萬元，不另發稿費。
5.來稿請另頁繕寫標題與作者個人資料。
6.來稿字數限在5,000字至10,000字之間，請勿超過。
7.來稿請寄：kalos.tpa@gmail.com或(116)台北市文山區指南路二段64號政治大學哲學系劉夏泱先生收。
8.截稿日期：**2009/09/30**。

訂購網址：www.linkingbooks.com.tw/reflexion/

第1期：思想的求索 (2006年3月)

價值相對主義的時代／江宜樺

怨恨的共同體：台灣／汪宏倫

從「思想」到「我們時代的思想狀況」／錢永祥

「當代思想狀況」的診斷／孫治本

「文化大革命」就是形形色色的人相互報復的革命／丁學良

思想的溫柔與殘暴：柯斯勒百年誕辰讀《正午的黑暗》／唐　諾

韋伯《新教倫理與資本主義精神》一百年／張旺山

訪談侯孝賢：2004的政治參與／陳光興、魏玓

韋伯新傳記引起爭議／彭淮棟

第2期：歷史與現實 (2006年6月)

轉型正義和歷史記憶：台灣民主化的未竟之業／吳乃德

當穆罕默德遇上言論自由／陳宜中

當代台灣歷史論述的雙重挑戰／王晴佳

百年前的台灣旅客：梁啓超與林獻堂／謝金蓉

水龍頭的普世象徵：國民黨是如何失去現代光環的?／鄭鴻生

施琅連續劇爭論與中國大陸政治文化／成　慶

香港《二十一世紀》施密特專輯／李國維

兩位女性主義元老的生死恩怨／李樹山

俄國哲學史新論／彭淮棟

第3期：天下、東亞、台灣 (2006年10月)

第4期：台灣的七十年代 (2007年1月)

第5期：轉型正義與記憶政治 (2007年4月)

第6期：鄉土、本土、在地 (2007年8月)

第7期：解嚴以來 (2007年11月)

第8期：後解嚴的台灣文學 (2008年1月)

第11期：民主社會如何可能 (2009年3月)

思想12
族群平等與言論自由

2009年6月初版　　　　　　　　　　　　　　定價：新臺幣360元
有著作權・翻印必究
Printed in Taiwan.

著　　　者	思　想　編　委　會
發　行　人	林　　載　　爵

出　版　者	聯經出版事業股份有限公司
地　　　址	台北市忠孝東路四段555號
編輯部地址	台北市忠孝東路四段561號4樓
叢書主編電話	(02)27634300轉5226
總　經　銷	聯合發行股份有限公司
發　行　所	：台北縣新店市寶橋路235巷6弄6號2樓
電話	：(02)29178022
台北忠孝門市	：台北市忠孝東路四段561號1樓
電話	：(02)27683708
台北新生門市	：台北市新生南路三段94號
電話	：(02)23620308
台中分公司	：台中市健行路321號
暨門市電話	：(04)22371234ext.5
高雄辦事處	：高雄市成功一路363號2樓
電話	：(07)2211234ext.5
郵政劃撥帳戶第0100559-3號	
郵撥電話：	27683708
印　刷　者	世和印製企業有限公司

叢書主編	沙　　淑　　芬
校　　對	劉　　佳　　奇
封面設計	蔡　　婕　　岑

行政院新聞局出版事業登記證局版臺業字第0130號

國家圖書館出版品預行編目資料

族群平等與言論自由/思想編委會編著.
初版．臺北市．聯經．2009年6月（民98）
336 面；14.8×21 公分．（思想：12）
ISBN　978-957-08-3435-2（平裝）

1.族群問題　2.言論自由　3.文集

546.507　　　　　　　　　　　　98010207